THE EYE OF THE I

真我之眼

讓虛幻無所遁形的
真實覺醒世界

David R. Hawkins 大衛‧霍金斯 —— 著

魏佳芳 —— 譯

這是一條窄路，能走的人少；

這也是一條直路，充滿平安與喜樂……

沒有時間可浪費了。

榮耀歸於神！

題獻

在我年幼時，人類遭受的所有巨大痛苦自發性地向我顯現為一種浩瀚無際的理解與了悟。這是一段令我震驚的經歷，讓我從此致力於採用所有可行的方法來減輕人類的痛苦，包括科學、哲學、靈修、神經化學、醫學、精神分析、幽默感、精神病治療、教學及療癒。然而，最好的方法仍是我所獲贈的這份禮物，也正是有了這樣的了悟，我才有能力療癒人類受苦的根本原因。

這樣的殊勝恩典，我願與世人分享；並祈願它能成為催化劑，化解造成人類痛苦的某些根源。

我的所有努力都是為了成為上帝的僕人，進而成為全人類的僕人。我為能夠分享自己所獲贈的能力而心存感激，書寫本書的靈感全來自那些聽聞者臉上流露的喜悅。透過本書所有的文字與對話，他們的愛得到了回報。

提醒

敬告傳統宗教人士與視靈性探索為畏途的人，本書內容可能會令你感到不安，最好繞道而行。

這些教導的目標對象，是致力於靈修及有志於尋求開悟體驗的學生，要踏上這條「因徹底了解真相而達到開悟」的道路並不簡單，你必須捨棄自己的信念系統。唯有如此，終極實相才會自行揭露，成為你一路追尋的至高無上的「真我」。

因此，本書的內容可以說是透過「真我之眼」（The Eye of the I）所探得的觀點。

目次
CONTENTS

Part One 神聖示現

Part Two 靈性探索的過程

- 冥想與靈性意志
- 教條與信念系統
- 飲食、儀式、練習、呼吸技巧、禱詞及象徵性符號
- 音樂、焚香及建築之美的作用
- 靈修的本質是什麼？
- 靈修對日常生活的改變
- 為何靈性探索的過程需要「修練」？
- 祈禱有什麼作用？
- 祈禱的療癒力
- 何謂奇蹟？
- 靈修者的心態
- 成年後，還像個小孩的人類
- 活出自己的本質
- 愛不是擁有，是一種存在方式
- 避免樹立「敵人」
- 放下苛刻的觀點
- 解開內疚
- 意願使力量得以顯現
- 明白「真理」取決於背景
- 不執著的處世智慧
- 接納
- 避開偽上師
- 避開謬誤的教誨

第 10 章　與神同在，發掘內在神性

- 神性的特質有哪些？
- 神的實相
- 神無所不在，超越所有形式
- 神就是自由、喜悅、家及源頭
- 神是無限仁慈的
- 神可能會突然或意外示現

* 編按：霍金斯博士在撰寫本書期間，經常處於高層次的無我意識狀態，因此原文書中部分內容沒有主詞顯示。為了輔助讀者理解，繁體中文版在盡量保留作者書寫風格的堅持下，也做了些微調整。

關於本書

　　本書所涉及的範圍廣大而浩瀚，不只包括傳統所謂「開悟」的高階意識狀態所詳述的主觀經驗，同時也首次將靈性資訊以如此方式加以連結，並賦予新的脈絡，使讀者能夠以理性與智能來了解其義。

　　這種科學與靈性之間的相關性，代表著線性與非線性次元之間一種凝聚性的整合。作者以「超越對立」的方式化解了科學與宗教、物質與靈性、小我與聖靈之間，多年來看似無法解決的衝突和僵局，從而釐清了人類歷史上所有未解的謎團與難題。讀者透過本書所達到的意識擴展，將使問題自行解答，真理也不證自明。

　　本書的呈現方式將使讀者在線性與非線性的領域之間往返，最終會驚喜地發現，原本無法理解的事物不但變得可以理解，甚至是一目了然。

　　閱讀過本書的讀者，其意識等級透過實驗而被記錄下來，都呈現出顯著的提升與進步。心靈力（power）能夠毫不費力地達成外力（force）無法達成之事，因為心靈力所到之處，是外力無法企及的。

　　本書同時針對讀者的自我（self）與自性（Self）而寫。雖然傳統上要達到開悟境界的一大門檻，就是所謂的「超越二元性與非二元性的對立」，這個觀念可能聽起來晦澀難懂，但是在讀完本書之後，

這個關鍵性的覺知障礙將會自行解除。

＊　＊　＊

本書內容分為以下四個部分：

一、描述主觀的靈性覺知狀態

二、靈性探索之路

三、經由了解意識的本質來通往開悟之路

四、與來自不同國家的各種靈修學生及團體，舉辦講座、對話、
　　訪談及小組討論

由於內容包括與許多不同團體的對話及演說，因此乍看之下，有些主題似乎重複出現了。但事實上，這是有意為之的，因為每一次的解說都各有不同的背景、脈絡及問答順序，而且重複出現的主題都會揭示另外的微妙之處。

一九八五年時，全世界有高達八五％人口的意識等級位於正直（integrity，能量等級 200）的水平之下，現今（譯註：指本書出版的二〇〇一年）這個人口比例已降到七八％以下。研究指出，這是因為人類全體在靈性覺知方面的進步使然。

本書的獨特之處在於，作者不是傳教士或其他與宗教有關的人士，也不是神學家，而是一名實實在在的臨床醫師，在教育、科學、醫學、精神病治療、精神分析及研究等方面都有廣泛的經驗，而且在

臨床與科學上著作頗豐。在諸多領域上，他被譽為成就斐然的天才。當他豁然開悟的那一刻，還在紐約市規模最大的精神醫療院所任職。

　　此外，還有一個獨特之處是，他的強烈靈性體驗開始於童年，成年後再度出現，並在中年時以勢不可當的形式迸發。這也導致他有好幾年的時間過著隱居生活，最終深入探究意識的本質，從而催生了《心靈能量：藏在身體裡的大智慧》（*Power vs. Force*）這本書及其相關論述。

　　另一個令人感到好奇的地方是，儘管他的靈性體驗來勢洶洶，但直到《心靈能量》一書出版之前，卻長達三十多年沒有對外透露。當被問起原因時，他只是淡然地回答：「無法以言語形容。」

　　《真我之眼》是作者更進階的一本著作，成功地將以往不能理解的東西透過可以理解的方式來呈現。經由充分、適當的陳述及解說，作者將那些隱晦難懂的部分變得通透明白、顯而易見。正是這種傳達與寫作上的天賦，獲得了德蕾莎修女的好評。

　　我們可以說本書的真正作者，是意識本身。

──────── **前言** ────────

　　自古以來，關於開悟狀態的描述一直是許多人關注的焦點，有關的報導更是影響了個人及整個人類社會。從統計上，可以看出這種經驗難得一遇，因而引發人們的好奇，也突顯了這類資訊彌足珍貴。

　　雖然早就有靈性文獻以各種語言描述過開悟狀態，但許多描述不是不可信，就是過於簡略而不完整。有些內容還出現翻譯上的錯誤，或是因為多個世代的口語傳承而在最終的經文上產生了不少謬誤。因此，有些經典內容並不正確，降低了原先開悟導師所陳述的真理等級。

　　這就是為什麼使用現代語言來清晰重述高階意識狀態的演進會如此珍貴。除此之外，當前許多靈性專著大都缺乏對開悟的細節解說和描述，而這些微妙部分對高階探索者卻是至關緊要的。《真我之眼》出版的目的，就是為了傳達可以驗證的訊息，而且其真理等級可以被測定；以專書方式提供大量禁得起驗證的有用訊息，這也是史無前例的做法。直到今日，靈修學生想要更上一層樓，還是只能仰賴著信心、信念、有名望的靈修導師，或甚至是道聽塗說的傳聞。

　　懷疑論者抱怨，他們缺少的正是對真理的驗證，而這個巨大的「懷疑障礙」是必須被克服的。因此，在《心靈能量》書中的每一頁、每一段話、每個句子以及每個陳述的真理等級，都經過了測定及

驗證。如此看來，懷疑反而成了教育的推動力，而本書撰寫的目的，正是為了完整地分享作者的經歷。

《心靈能量》這本書以「榮耀歸於至高之神」作為結語，而本書則是以描述所謂「靈性的終極體驗」為開端。當然，這其實不是一種體驗，而是靈性的永恆狀態。這樣的狀態是靈性自己創造出來的；它以真實來呈現自己，為自己發聲。真理是不證自明的，它憑藉自身莊嚴偉大的本質，呈現出圓滿、完整、通透且難以抗拒的諸多美德。

Part One

神聖示現

近代關於開悟的其中一種描述是：
突然間，無限覺知取代了普通意識，
在神聖的恩典下，自我轉化為自性。

The Presence of God

第 **1** 章

開悟的真實體驗

　　多年的內心掙扎、痛苦，以及看似徒勞的靈修，最後在一種黑暗的絕望中告終。即使我退回到無神論的角落，也沒有從這無休無止的探索中得到解脫。理性與理智太過脆弱，無法勝任探尋終極真理的艱鉅任務。到了最後，心智本身遭受到了痛苦及毀滅性的挫敗，就連意志也被摧毀了。然後，發自內在的一個聲音喊道：「如果有上帝，我願尋求祂的幫助。」

　　隨後，一切都停止了，進而消失無影，不復記憶。心智（mind）及個人自我（personal self）的所有感覺都消融了。在那個令人震撼的時刻，個人自我被一種無限的、無所不包的覺知所取代。這種覺知光芒四射、圓滿、完整、靜默，就像開悟者所保證的那種「一切如是」的本質。神性的偉大、美麗與祥和綻放其光芒，那是一種自主的、終極的、永恆的、完美的顯化及未顯化的自性，也是至高無上的神性。這是我對神聖示現的描述……

臨在，照見本身的自性

　　周遭一片寂靜，所有動作都慢了下來，逐漸靜止不動。萬物散發

著強烈的生命力，每一個個體都能覺知彼此。這種光芒四射的神聖本質令人難以抵擋，它將萬物涵容在它完整的「一」之中，使萬事萬物透過覺知及分享「存在」的基本特質，相互交流、溝通及和諧相處。

臨在（Present）是一種連續體，完全占據了先前在普通感知中出現的空白空間。內在的覺知與自性並無二致，它滲透進所有事物的本體中。覺知，是覺察到覺知本身和它無所不在的本質。「存在」及它本身有形或無形的顯現都是上帝的化身，平等體現在所有物體、人、植物及動物之中。萬事萬物都因為存在的「神性」而連結在一起、合而為一。

無所不在的本體（Essence）涵蓋了萬物，無一例外。房間所有的擺設在重要性或意義上，都與岩石或植物無異。沒有任何一物被排除在全體（Allness）之外，全體無所不包、完整圓滿，以及一無所缺。萬事萬物都是同等珍貴的，因為唯一真實的價值是這一切存在的「神性」。

「自性」是完整圓滿的，它無所不在，無需無求，沒有渴望也沒有匱乏，也不可能出現不完美或不協調。在自性眼中，每一物都像藝術品一樣完美和諧。所有受造物的神聖性（Holiness）讓萬物彼此尊敬，所有一切都被賦予了偉大的光芒，在虔敬中沉寂下來。由此，神啟（Revelation）徐徐地滲透進一種無限的平安與靜默。

若從自性的眼中來看身體，能看出身體與其他萬物一樣，都不屬於個人，如同家具或其他物體一樣，只是萬有的一部分。肉身不具有個人性質，也沒有任何身分認同。它能夠自發性地行動，正確地執行

身體功能，毫不費力地行走及呼吸。它是自我驅動式的，不用外力驅動，所有行動是由神性的臨在決定並啟動。身體僅僅是軀殼，如同房間裡的其他物品一樣。

與他人對話時，身體會適當地透過聲音回應，但交流時所聽見的訊息會與更高層次的意義產生共鳴，揭開每一句話更深層次及更深刻的含意。此時，所有的交流都獲得更深層的理解，幾乎每個聽起來簡單的問題，實際上都是關於人類自身存在的問題陳述。表面上，所有措辭看似膚淺，但在更深的層次上，卻有深刻的靈性含意。

當身體做出適當的回應時，每個人都認為那是「我」在進行對話。這種想法非常奇怪，因為實際上根本沒有與這具身體相關的「我」。真我是無形無相的，而且不局限於一處。事實上，身體是以平行的方式，同時在兩個層次說話及回答問題。

在臨在的靜默下，心智是安靜的、不言不語，而且沒有任何畫面、概念或想法產生，因為並沒有「人」在想那些畫面或念頭。既然無人在場，也就沒有思考或做事的人。所有一切都是自行發生的，這是臨在本身的一個面向。

在普通的意識狀態下，聲音會壓過寂靜的背景並取而代之。相反的，在臨在的狀態下，雖然可以聽到聲音，但聲音反而成為背景。臨在的寂靜勝過一切，因此寂靜實際上不受聲音干擾或取代。無一物能夠干擾這種寂靜或擾亂它的平和。即便有動作或行動，也不會擾亂到這種全面性的寂靜。這種寂靜超越了動作，但也包含了動作。

由於時間不存在，只有一個持續不斷的「當下」，萬物都像慢動

作一樣在活動。沒有事件，也沒有事發生，因為所有的「啟動」與「停止」、「開始」與「結束」，只發生在觀察者的二元意識中。一旦這種意識消失，就沒有可描述或解釋的連續性事件。

此時，一種自行揭示的全然知曉取代了思維，這是透過燦爛自明的本質所給予的完美理解。猶如萬物都在無聲地說話，以絕對的完美來充分呈現自己。以此方式，萬物展現了各自的光輝並揭示了內在的神性。

臨在以極其溫柔的方式沁入萬物的圓滿本質之中，它的接觸具有一股融化般的力量。臨在的真正核心是內在的自性。在俗世之中，我們只能觸及到事物的表面，但在臨在的世界裡，所有事物的內在本質是彼此交織串連的。臨在是上帝溫柔之手的輕撫，同時也是無限力量的所在及展現。當它觸及萬物的內在本質時，你會覺知到其他的人事物也都感受到了臨在。

這種溫柔的力量無遠弗屆，由於它的圓滿及無所不在，對立是不可能存在的。它遍及萬有，從這股力量中誕生了存在本身；換言之，萬物的存在是由這股力量所創造出來，同時也因為這股力量而得以維繫。這種力量正是臨在本具的特性，顯現出存在本身的精髓，它同樣存在於萬物之中，毫無遺漏，因為臨在充滿了所有的空間及物體，每一片葉子都分享著這種神聖臨在的喜悅。

萬物都處在一種寧靜的喜樂狀態，因為它們的意識就是一種神性的體驗。萬物的獨特之處，在於一種寂然且始終存在的感恩之情──感謝自己被賜予機會去「體驗神的臨在」這份禮物。這種感恩正是禮

拜儀式所要表達的，所有受造物及存在都反映了上帝的榮光。

　　人類的外表呈現出一種全新的氣場。一體自性（The One Self）*
透過每個人的眼睛閃耀著光芒。人人臉上都散發出耀眼的光彩，且同
樣美麗。

神性的化身

　　最難描述的，是人與人之間的交流，進入到了一個不同的溝通層
次。人與人之間充滿著愛，所有的對話也變得更祥和與友愛。你從一
句話所領會到的意義，也與其他聽到的人所領會的不一樣，就像是有
兩個不同層次的意識在同一個形式的場景運作；或是有兩種不同的劇
本，透過相同的話語表達出來。話語本身的意義，透過彼此的高我轉
化到了更高的層次，產生出更高層次的理解和交流。此時，可以明顯
看出，人們的低階自我（lower self）並不知道他們的高我正在更高
層次交流。人就像是被催眠了一樣，相信的是普通自我所在的那個實
相，但這僅僅是一種無意識的行為，如同電影中出現的場景及角色。

　　只要忽略低階自我，高我便能直接相互交流，而一般的自我意識
似乎覺察不到這種正在進行的高層次對話。與此同時，人們的直覺可
以感受到某種不尋常的事情正在發生。意識到自性的存在，會創造一

---

* 譯註：神性即自性，神的臨在即自性的臨在。自性是非個人的，因此稱一體自性，等於一般所說
　的大我。

種使人感到極度喜悅的能量場。正是這個能量場創造了奇蹟並帶來和諧，為所有體驗到它的人帶來平安喜樂的感覺。

那些不遠千里前來尋求答案的訪客，在這種氣場下會突然領悟到答案，答案源自內在的了悟，使原先的問題顯得無關緊要。這種現象是因為臨在將「問題」的幻相放在一個新的情境下，使得這個問題消失了。

身體持續地運作，反映著意識所要傳達的意圖。肉身的延續沒有太大的意義，它顯然是宇宙的產物。從世間有形有相的所有東西，可以看出無窮的變化，而且無一不完美，無一物比其他物更好或更糟，也沒有所謂不同的價值或意義。完美的自我認同，定義了所有存在之物本具的價值──萬物都是內在神性的同等展現。「關係」是二元意識的一種概念，在實相中，並不存在所謂的關係。萬物僅僅如其「所是」地存在著，並把存在的具體性質展現出來。

同樣的，如果沒有一個以固有思維來分門別類及看待事物的觀察者介入，就沒有需要被解釋或描述的變化或移動。每一個「事物」僅僅是為了展現神聖本質而不斷進化。因此，進化是意識的一種表現方式──從較高能量的抽象層次，到較低能量的具體形式層次，最終成為實體的物質。換言之，**創造的顯化方式，是從抽象的無形無相，透過漸進的形式，進入最終的能量模式，然後成為具體的物質。這股顯化的力量，正是神性的全能展現，並以持續創造來表達。**

創造就在當下、此刻。當下是連續性的，所以不可能有開始或是結束。有形之物或物質本身只是一種感官現象，而不是存在的必要條

件。存在本身是無形無相的，卻也在一切有形的萬物之中。

　　萬物始終都在創造的過程中，這意味著萬物都是神性的化身，否則根本沒有存在的能力。一旦意識到所有存在都在反映創造的神性，就知道萬物都值得尊重與敬畏。這也說明了為什麼「尊敬所有生命及大自然的靈性」，會成為許多文化的特徵之一。

　　眾生皆平等。只有物質顯化會隨時停止，本體並不受影響，而且始終保留以物質形式再出現的潛力。本體只會受到進化本身的力量所影響。出自本體的物質會以哪種形式顯化，會因為已存在物質是哪種形式而受到影響。所以物質顯化的內涵，可能會促使更多的本體顯化為有形的形相（form），或是相反，這要看當下的條件而定。有人可能會說，受造物是在實現本身內在神性的指令或習性，傳統上稱此為天命或命運，亦即潛能的開展，以反映出既有的先天條件（梵文稱為古納〔gunas〕，中譯為屬性，包括變性、悅性及惰性，或稱為行動、覺知和抗拒）。人可以影響這些條件，將渴望和期待顯化為事實。透過選擇，人類的意識可以影響結果，但是創造的力量是神的職權。

　　創造的本性超越了時間、空間和因果關係。它是一份臨在的禮物，在覺知的意識中自行揭示。萬物的本質皆是神聖的，因受造本身就是出於神性。一旦放下二元感知的批判與成見，萬物的極致完美就會顯露出來。

　　藝術試圖提取這種覺知，我們可以從攝影或雕塑作品所捕捉到的那一瞬間的定格畫面看到這一點。每個靜止的畫面都顯露著完美，只有將單一視角從疊加故事的扭曲中抽離出來，才能欣賞到這種完美。

在它進入歷史，也就是物質形式即將消逝前，透過藝術，才得以將那一刻的場景保存下來。當任何一刻從背景抽離出來時，其純真的本性都是顯而易見的，如果將它投射到有順序性的選定時間中，便會發展成一個「故事」。一旦被二元思考轉化為故事，就會被貼上「好」與「壞」的標籤。我們很容易就能看出，「好」與「壞」的源頭實際上只是人類的渴望。如果某件事是被渴望的，就成了「好事」，如果不合人意，就成了「壞事」。人如果能在觀察時去除主觀的評判，那麼唯一能看到的，就只是不斷在改變及演化的形式而已，在本質上並沒有優劣之分，也沒有可取或不可取之處。

萬物顯化的潛力是由它們的本質與存在條件所決定，偉大之處在於，萬物的存在本身就彰顯了神聖創造的榮耀。僅僅是「所是」（being）的本質，無論是有覺知或無覺知的存在，全都是在實現上帝的旨意。正是因為神的旨意，未顯化的部分才得以顯化，造化指的就是我們所見證的顯化過程。

對普通意識來說，造化的本質並不是那麼淺顯易見的，因此心智製造出了一些無解的難題，例如：為何良善的上帝會允許如此多的「邪惡」發生？答案是：一旦超越二元感知及對現象的武斷分類，就不再有所謂的善或惡，可見宇宙本身是無害的。人類的心智建構了它自己的目標及渴望的場景，並衡量事情的發展是否與這個場景一致。悲劇或勝利只會發生在受到局限的二元心智之中，並不是獨立存在的現實。在有限的感知中，世間的所有一切看似出現又消失。然而，實相超越了時間、空間和形式，是非物質的，所以無論人或物的存在時

間是短暫或千年，都無關緊要。努力多活幾年或甚至多活幾分鐘，都是虛幻的錯覺，因為在**線性時間中體驗不到存在**。只有當下這一刻是我們唯一能體驗且正在體驗的實相，其他一切都是抽象概念及虛構出來的。所以事實上，人不可能活到七十歲，因為他只可能活在當下的這個瞬間。

在非二元性的實相中，一切都是圓滿的，渴望也會被感恩所取代。隨著生命的進化，每個生命在任何一刻都能充分展現潛能。心智主導的動機消失了，而行動則作為實現潛能的一個階段而自行發生；因此，行動的背後沒有主導者。在此，每個當下都有一種完整的滿足感。生理需求的享受是行為本身的產物，例如食欲是在進食行為的當下產生的，而不是對下一口的渴望。如果進食時被打斷，也不會感覺失落。生命的喜悅源自每一刻的存在，能夠覺知到這種不間斷的完整滿足狀態，是一種存在的喜樂。

萬有一體的圓滿性是無法體驗出來的，只有成為一體的本身，才能知曉。自性的「真我」是上帝之眼，見證了當下一切的造化。所謂的順序，是由小我（「假我」）的感知所創造出來的幻覺，那是一種觀察焦點的轉換處理，從非局域性轉為局域性，從非線性到線性，從全體性到個別性。感官知覺是小我的眼睛，它將無法體驗的無限，變成能夠體驗的有限，於是產生了時間、空間、時段、維度、位置、形式、限制及個體性等各種感官知覺形態。

第 **2** 章

重返塵世生活

在那段奇妙的經歷之後，我的感知世界被取代了，身分也從一個有限的主體（個人的「我」）轉換到了一個無限的情境。所有一切都被轉化了，展現出美麗、完美、愛與純真。每個人的臉上都閃耀著內在美的光彩，每株植物都以一種藝術形式來盡情展現，每一個物件都是絕佳的雕塑作品。

所有存在之物都毫不費力地各安其位，一切都在共時性中同步發生。這種不可思議的現象從未間斷，生命的所有細節會神奇且自然地接納彼此。臨在的能量毫不費力地完成看似不可能的任務，為尋常世界帶來所謂的奇蹟現象。

有一段長達數年的時間，我經常自發性地出現一般稱為神通的現象（梵語稱之為悉地〔siddhis〕或妙成就），諸如透視、遠距靈視（預見未來的能力）、心電感應及接觸感應＊等都很常見。在人們開口之前，我就能知道他們的想法和感受。神聖之愛的影響力無所不在，體現在一切發生的現象中。

＊ 編按：接觸感應是一種超感官知覺，藉由接觸個人物件來取得與持有者有關的訊息。

開悟時的經歷感受

　　有一股極其強大的能量沿著脊椎底部上竄到大腦，並隨著我的注意力而移動。隨後能量流經臉部，進入了心臟部位。這股能量相當精微，有時會外流到人類受苦的世界。

　　有一次，我開車行駛在偏遠的高速公路時，這股能量開始從胸口向外傾洩，下高速公路來到一個轉彎處，能量忽然湧向一個剛剛發生車禍的現場，並開始療癒它所包圍的每個人。過了一會兒後，能量似乎達到了它的目的，於是忽然就停了下來。接著，我沿著高速公路又往前開了幾英里，同樣的現象又發生了。再一次的，這股美妙、精微的能量從我的胸口湧出，流向一英里外的轉彎處，那裡剛發生過另一場車禍——事實上，肇事車子的輪子還在打轉呢。接著，這股能量湧向了車禍現場的那些乘客。當時我的身體就像一個能量的通道，把一股如天使般的能量傳遞給正在祈禱的受苦者。

　　還有一次，當我走在芝加哥的一條街道上時，這種療癒能量又出現了。這一次，能量湧向的是一群準備打群架的年輕人身上。當能量包圍他們時，雙方人馬開始慢慢往後撤退，氣氛緩和後，甚至還輕鬆地笑了出來。隨著人群散開後，這股能量流就停下不動了。

　　神聖的臨在所散發出來的能量氣場具有無限的能力，人們會想要靠近它坐下來，因為在這個能量場中，他們會不由自主地進入一種喜樂或更高的意識狀態，並體驗到神聖的愛、喜悅及療癒等感覺。在這個過程中，受苦不安的人會慢慢平靜下來且自我療癒。

因此，我一度視為「我的」的那個物質身體，現在自行療癒了自身的各種疾病。令人驚訝的是，我的視力還恢復到無須戴眼鏡的程度。從十二歲開始，我因為視力受損需要配戴三焦鏡片才能視物。然後，在沒有任何預兆下，我突然不用戴眼鏡了，甚至隔著一段距離也能看得很清楚，真的讓人喜出望外。當它發生時，我才領悟到**感官是屬於意識的功能，而不是身體的功能**。這也讓我想到一次的「出體經驗」，在出體期間，看與聽的能力是源自「乙太」體，與物質身體一點關係也沒有。物質身體是在另一個層次，與乙太體隔著一段不小的距離。

如此看來，身體的病痛其實是負面信念系統所導致的結果，而身體確實能因信念模式的轉變而產生實質變化。事實上，人只受制於心智的支配（有許多人透過靈修而幾乎治癒了人類所有的已知疾病，這已是屢見不鮮的事實了）。

神聖能量那種看似不可思議的特性與能力，以及它所帶來的現象，都是能量場本具的，絕對不是個人的。它們是自發性的，而且似乎會因世界上某個地方的某些需求而出現。

有趣的是，許多目睹這些現象的普通人，會否認或忽略這些現象。因為這些現象，完全超出了小我的感知系統及信念系統，因此被視為不可能發生的事。如果被問及這種現象，他們會很快地編出一些看似合理的解釋，就像那些受到催眠的人被要求解釋催眠後的行為時，也會編造一些看似合理的答案一樣。相反的，靈性進化程度相對高的人對於發生奇蹟現象，往往不會有特別的評論，如同那是生命很

自然的一部分。

　　在經歷意識的重大轉變後，「神聖示現」決定了我的所有行為和事件。意識的永久轉變是自行發生的，而且經常會在靜默中持續存在，即便我的身體仍在這個塵世照常說話及運作。經過了多年的努力，為了能夠生存在這個世界，我發展出了不同層次的專注能力。如果情況允許，寧靜及平安會完全接管一切，帶來一種靜默及無限喜悅的狀態。一旦將焦點從外在世界及普通的感知運作抽離出來，無限的極樂便會成為主導狀態，而且只有在非常專注於塵世時，這種狀態才會減弱。自性超越了時間和形式，在它之內，普通意識也具有同步在世俗運作的潛能。

　　然而，要把普通的感官知覺世界視為真實並認真看待，其實是有困難的。我所經歷的意識轉變帶來了一種永久的能力，能夠用幽默的眼光來看待世界。日常生活看起來就像是一齣沒完沒了的喜劇，即使連認真、嚴肅本身也是好玩的。我必須克制自己不要露出一副好笑、玩味的表情，以免有些人接受不了，因為他們都沉浸在負面、消極的感知世界中。

　　大多數人似乎能從負面及消極的感知世界中獲得某種利益，不願意離開這種經驗而進入更高的覺知層次。人們似乎能從無盡的憤怒、怨恨、懊悔和自憐中獲得充分的滿足，從而自主性地抗拒進入理解、寬恕或同情等更高層次。由於從消極性中能帶來不少好處，以至於他們還堅守著明顯不合理且自私的思維模式，就像政客為了獲得選票而扭曲真相，或是檢察官為了達到定罪目的而隱瞞被告無罪的證據一樣。

　　一旦斷捨這些負面的「利益」，世界便會變得無以倫比的美麗，展現無極限的完美，並由愛主導所有的生命。萬物都是發光體，因為神聖本質的喜悅之光會穿透一切的無形無相散發出來，無所不在，也會在感知世界中以有形的方式呈現出來。此時，完全沒有必要去深入「知曉」任何事，因為當我們實際上就是一切時，就沒有「知曉」的需求了。普通狀態的心智，會有「知道關於……」的需求，但當我們就是一切時，就不再需要去知曉什麼了。此時，同一性完全取代了之前的「我」，無一絲一毫的分歧，也無一物被排除在整體及全體之外。自性成了本質，與萬物的本質毫無二致。在非二元性中，既沒有所謂的知曉者，也沒有被知曉者，因為兩者已成為一體。無一物不是完整的。全知就是自我完善，因此不會渴望著下一秒的體驗。渴望是普通心智的驅動力，因為它時時刻刻都感到不完整。

　　這種完整感超越了身體的感官，而渴望和期待也消失了，每個行動都會自然而然地帶來快樂。由於時間感也停止了，所以也不會體驗到連續性的事件，就沒有所謂的預期或後悔。每個當下都是完整的，存在的狀態取代了所有的過去、現在及未來，沒有什麼是需要去控制或期待的，這即是深刻的平安與安詳所不可或缺的部分。一切的需求與渴望，都隨著時間感的結束而停止。「臨在」的無限寧靜，取代了所有的精神及情緒活動。身體只是大自然的另一種產物，依循著環境條件而運作。沒有任何東西是獨立於整個宇宙而運作的，在和諧一致的狀態下，所有的生命及行動都存在於絕對的完美、圓滿及融洽之中。

　　作為行動基礎的動機消失了。如今，生命的種種現象已經處在一

個不同的次元，觀察起來就像是在一個不同的世界。在內在的靜默之中，一切都自行發生，並透過萬物之內的愛來啟動。生命之美閃耀著無限的喜悅、幸福及寧靜，超越了所有情緒。神所賜予的平安是如此圓滿、完整，再也沒有什麼可冀求及需要的了，甚至連「體驗」也停止了。在二元性中，才有體驗者及被體驗者的區別。在非二元性中，這種二元性的認知會被「萬有」所取代，所以在時間、空間或主觀經驗中，體驗者與被體驗者之間沒有分別。

在非二元性的覺知中，連順序都不復存在。覺知取代了所有體驗，在時間上再也感覺不到瞬間或片刻這種觀念，因為只有一個持續不斷的當下。所有的動作看起來都像是慢動作，就像時間暫時停止一樣。無一物不是完美的，也無一物真正在移動或改變；實際上，也沒有任何事情發生。此時觀察不到順序，而只觀察到萬物都處於開展的階段，所有形式都只是感知和心理觀察習慣所造成的一種過渡的偶發現象。事實上，所有一切都是宇宙無限可能性的其中一種表達。進化狀態是受到環境影響的結果，但源頭不在於環境。環境只能用來解釋現象，而我們所看到的現象變化，實際上是任意一點的觀察結果。

若從單一眼光來看，萬物看似存在著多樣性，但若從無所不在的同時性觀點來看，卻只存在著生命一體的單一性。無所不在的屬性抹去了所有感知造作——無論是單一性或多樣性。事實上，這兩種情況都不存在。在實相中，既沒有「這裡」或「那裡」，也沒有「此時」或「彼時」；既沒有「過去」或「未來」，也沒有「完整」或「不完整」，而對於本具的自性來說，更沒有所謂的「變得」完整之說。時

間本身只是一個任意的觀察點，光速也一樣。我們習慣性試圖描述的宇宙，也不是真的宇宙，而是對任一觀察點的描述，由此就可以看出普通心智實際上是如何運作的。

換句話說，我們所描述的並不是一個客觀且獨立存在的宇宙，而僅僅是心智連續作用所產生的架構和形式。因此，科學先天上就有局限，這是二元感知世界的必然結果。感官知覺本身就是一種自我限制，因為它通常只知其一不知其二，不是真正的知曉（know）。所以我們不該期待科學能超越感知的極限，也不該因此而指責科學。**科學只能把我們帶到覺知的門口，而覺知完全不仰賴於感知**。事實上，科學是靠著科學家的直覺而日漸發展起來的，隨後才有了邏輯推論和證明。我們習慣上把這種直覺之躍稱為創造力，它取代了邏輯並推動進步。由此來看，「發現」才是社會進化真正的主要動力。

在覺知狀態下，心智會安靜下來。邏輯性或連續性的念頭會停止，取而代之的是寧靜與安止，以及毫不費力地獲得源源不絕的啟示。真知灼見會自行顯現，萬有的神性在靜默中閃爍著光芒，不言自明。所有一切在啟示中完整且持續地顯現，沒有必要刻意去追求或是取得，因為一切都已經是完整且圓滿了。所有表面上看到的行為，都是自行發生的。

沒有執行者在背後主導行為，因為人們認為的那個製造經驗的神祕實體已經消失，並融入宇宙極致的「一」之中。自性的完整及圓滿是超越並先於所有的世界、宇宙及時間的，它既不依靠任何事物，也不因任何事物而產生。自性超越了存在，不會受到存在或不存在、開

始或結束、時間或空間的限制及影響，甚至無法被納入「是」或「不是」的概念中。自性既不是顯化，也不是不顯化，它已超越了這種分類概念的範疇。

想要在尋常經驗的世界中有效運作，需要一些關鍵性的調整。在二元性及非二元性的「領域」之間，存在著一種連續性及一體性，因為非二元性也遍及在所有的二元性之中。二元性的局限其實是一種意識，而這種意識上的局限似乎是因為專注在某個焦點的結果。

模糊個人邊界的意識進化

人類看似無辜，這是因為他們對自己的實相毫無自覺且完全無意識。在這種狀態下，他們會受到預設程式及虛妄的信念系統所控制。但與此同時，人類純粹的靈性仍閃閃發光，這是所有人類既有的美好本質。

用現代話來描述，就是人們在無意識下被自己的「軟體程式」所驅動。實際上，每個人都處於意識進化的過程中，只不過有些人比其他人進化得更快、更多一些。每一個進化階段都代表著意識在不同條件下展開，而有不同層次的表象。這就好似每個人都被留置在某個層次，如果本身缺乏意願、允諾或意志力，就無法進入到另一個層次。以電腦來比喻，人類本具的純真是硬體，而行動和信念是軟體。硬體不會受到軟體程式的影響，但人卻會在缺乏覺知或不知道後果的情況下，盲目地遵循這些軟體程式。這種無意識的軟體程式，傳統上稱為

業力。

　　一般人所處的狀態，並不代表有任何道德上的瑕疵或缺陷，只代表著意識場的潛在可能性，而這些可能性會透過每個活著的實體表現出來。雖然在實相中，沒有所謂的「善」與「惡」，但顯然所有行為都會產生後果。儘管如此，在表面差異的背後，實際上只有一個自性實相作為生命的源頭在閃耀。每個實體都活在每一幀定格的當下，而這所有一切其實已超出了他們的覺知。

　　在非二元性中，當下的那一刻不可能出現「問題」、「衝突」或「痛苦」，因為這些都是來自對下一刻的預期或過去的記憶。小我是恐懼的產物，其目的是想控制下一刻的體驗，以確保自己能夠生存下來。小我看似在未來的恐懼及過去的懊悔之間搖擺不定，抗拒採取行動的欲望和時間感，是源自於匱乏的幻覺。人一旦感受到圓滿，欲望就會停息。受制於時間及因果的幻覺而相信生命是有限的人，必會時時刻刻為生存而恐懼。

　　當尋常的人生動機消失後，生活就會變得毫不費力。原來的性格會變得模糊，大約只知道如何從記憶中的舊模式模擬出一般的行為，讓這種狀態得以持續的，是來自一個不同的源頭。先前被視為個人的部分，現在看來顯然不是個人的了。首先，真正的自我無法向他人解釋自己，對這個「我」來說，它就像實實在在的磐石一樣真實，一旦使用言語來表達，聽起來會像哲學般抽象，因為對一般人來說，他們是靠著概念及有順序性的思維模式來運作的。在一般人眼中看似神祕的事物，都只是具體的主觀現實。為了透過言語溝通，我需要努力重

新啟動普通的思維模式。真正的「我」超越了意識本身，但有能力離開極樂境界回到世俗活動。此時，愛成為肉身持續存在的唯一動力。

在這個轉換的過程中，身體會感覺到明顯的壓力，就好像神經系統必須處理比原始設計時更多的能量。身體的神經系統感覺起來像是高壓電線，因為高伏特的能量及電流經過而燃燒著。由於這種情況，我最後必須遠離城市及都市生活，搬到西部的一個小鎮。幾年下來，這個小鎮吸引了許多追求靈性進化的人，他們嘗試過著非物質導向的生活。那段期間，冥想取代了外在的活動，重新回到極樂狀態，這也讓我活得無欲無求，看起來像是過著苦行般的生活。有一段時間，我甚至忘了進食，就像這具肉身完全不重要或甚至不存在似的，有時在鏡子中看見自己的身影時還會嚇一跳。我對外界發生的事完全不感興趣，這種情況大約持續了十年，在此期間，我從正常的運作中抽離出來，以便調整到已取代先前意識的靈性狀態。

這種覺知狀態的其中一個面向是，我能夠在習以為常的現象中看出更大的意義，這是普通的觀察無法做到的。因此，一個有趣的臨床技巧——「肌肉測試」就應運而生了。這個技巧揭露心智與身體的關係，以及顯化與未顯化之間缺失的環節，讓不可見的部分可以輕易被看見。這種臨床現象超越了自主神經系統或是針灸系統，可以用來解釋心靈與肉體之間的連結。顯然的，肌肉測試的反應源自意識的非局域性，以前在局域性現象研究中所受到的限制，反映的是臨床試驗者或實驗者本身的感知局限。

心靈力與意識能量等級

正是因為有非二元性，二元性才得以存在，而肌肉測試就是運用這個事實一個最簡單又實用的工具。我們明顯可以透過測定意識的不同能量場，將這些能量場按等級排列。當我們以數值來做測定基準時，便能呈現自古以來被描述的幾個經典的意識等級。

這個測試方法最令人驚訝的，莫過於它能夠立即識別真偽。這種特殊的能力超越了時間和空間，並繞過測試者的精神和心智。意識具有一種普遍性質，就像原生質（protoplasm）*具有回應刺激的普遍性質：原生質會不由自主地對有害或有益的刺激做出反應，並能區分兩者。它會遠離對生命有害的東西，並被有益生命的東西所吸引。肌肉測試時，若測到不真實的事物，身體肌肉會以閃電般的速度迅速變弱；相反的，如果是真實的或對生命有利時，肌力會變強。

人世間的一切事物，包括想法、概念、物質及圖像，都會引發一種可以證明其為正面或負面、積極或消極的反應。這個回應不會受到時間、空間、距離或個人觀點的限制。

有了這個簡單的工具，就可以隨時隨地解釋並記錄宇宙中任何事物的確切本質。**古往今來所有存在過的事物，無一例外的都會散發出一種頻率及振動，猶如一個永久的印記存在非個人的意識場中，並可以在肌肉測試中透過意識來重新取得。**

---

* 編按：原生質是由多種化合物組成的複雜膠體，是細胞的活性部分，包括細胞質及細胞核。

　　宇宙真相展現在眼前，祕密不可能隱藏。的確，「每一根頭髮」都被數過，而且沒有一隻麻雀會被神忽視 *。「一切都將被揭露」已成為事實。

　　我們在數千個受試者身上做過測定，包括個別測定及小組測定。無論測試對象的年齡及心智狀態如何，所得到的結果都具有普遍的一致性。這個發現在臨床、研究及靈性教導上的應用，都是顯而易見的。

　　我把測試結果及研究發現都記錄在《心靈能量》這本書及〈人類意識等級的定性與定量分析暨校準〉（Qualitative and Quantitative Analysis and Calibration of the Level of Human Consciousness）的博士論文中。後者發表的目的，是為了幫那些無法用人類的普通邏輯或牛頓學說的因果論來解釋的研究，提供額外的可信度及科學驗證。

　　雖然數值化的意識等級以對數值（log）來呈現，但是它所代表的意識場是非線性的，而且超越了牛頓學說所提供的現實模板。這份測量表提供了一個連結，使已知與未知、已顯化與未顯化、二元性與非二元性之間有一個銜接的橋梁。這樣一種工具非常珍貴，很多人第一次接觸到這個研究成果時，都為它所帶來的全新觀點而感到震撼。這個靈性工具是一個大躍進，任何地方的任何人都可以立即判定任一時空、任何人事物的真相，所以一開始可能會對我們所認知的現實造成衝擊。畢竟每個人都認為自己是一個完全獨立的生命，也堅信自己的念頭是私密的。

---

* 　編按：出自《馬太福音》第 10 章。

　　這個研究工具的價值之一，是它能夠用來檢驗研究及實驗本身的真實性及有效性。因此，《心靈能量》的每個章節、每一句話都經過真理等級的測定，並得到了 800 以上的真理等級，這本書也一樣。我們由此可以推論，該書的強大能量能夠自行發揮影響力。而《心靈能量》的發行結果也確實如此，在沒有任何廣告及營銷的幫助下，這本書在許多國家陸續出版，被翻譯成多種語言，引起了廣泛的興趣及討論，也被許多學院、大學及研究部門的學習研討小組所採用。

　　在意識地圖（見附錄二）中，等級 600 是一個大分界，代表從二元性的感知世界跨越到了超越感知的非二元性世界。有趣的是，其肌肉測試與反應的測定值也是 600。但這也意味著，它的真正本質無法得到大多數人的真正理解；即便如此，每個人都可以在自己能應用的範圍內使用這個測試方法。

　　會關注《心靈能量》這本書的人，主要是對靈性、意識研究有興趣的人，以及一些治療師。儘管這本書明確表示能為人類生活的許多領域帶來非常深遠的助益，但是迄今為止，社會中對於使用這項技巧的立即效益卻沒有多大的興趣，換句話說，還有很多人尚未發現這項技巧可以為他們帶來多大的幫助。

Part Two

靈性探索的過程

第 **3** 章

人類意識，通往靈性開悟的橋梁

　　非線性學習往往是精通熟練的結果，而不是透過邏輯順序、經過
處理的思考。意識會趨向進步，而進步是獲得新訊息的自然結果。在
審視新訊息之後，意識能夠整合先前可能被遺漏或不了解的訊息。每
次接觸到新訊息，都會促進意識的整合能力，從而產生新的洞見。

　　研究發現，有一種臨床上非常有用的肌肉測試診斷深具潛力，遠
超出先前預期。就像望遠鏡能夠用來揭示宇宙行星的真相，而不是只
用於觀察樹林裡或鄰居後院發生的事，肌肉測試的作用也是如此。我
們發現，肌肉測試的理論基礎是建立在非局域性、普遍存在的意識特
質上，是客觀且超越受試者個人的性格或特質。

　　我們也發現，身體肌肉對測試刺激的回應，是由意識本身的一種
基本特性來決定的；這種特性能使肌力立即反應，以強弱來判斷真
偽。當回應真相時，肌力會變強，給予「是」或正面的答覆；當回應
非真實的情況時，肌力則會變弱，給予「否」的答覆。在二十年的時
間裡，我們用這種可複製的實驗在數千個來自各行各業的受試者身上
進行研究，結果得到了許多研究團隊的確認。

　　透過臨床的反覆試驗，我們發現肌肉測試的回應能區分有益及有
害的事物。它在辨識身體疾病和確認有益的治療方面，具有一定的診

斷價值。這些一九七〇年代所做的研究，促進了臨床研究的整體發展，也使臨床醫師創辦了肌肉動力學（Kinesiology）及應用肌肉動力學學院。這些研究項目主要吸引了全科醫生及全人照護的從業人員，也引起了精神病學家約翰‧戴蒙（John Diamond）博士的關注，將相關研究提升到了一個新的層次，並開始用肌肉測試的回應來研究心態、情緒、信念系統、音樂、聲音和符號，由此開啟了影響更廣泛的行為肌肉動力學（Behavioural Kinesiology）。

下一步，就是用肌肉測試的反應來分類，最後以數值來代表測定的意識等級。這種分級方式歷來也被用於哲學與靈修傳統，成為所有文化都公認及接受的靈性進步等級。我們發現，這些意識等級可以用對數來作校準。於是，一份實用的意識地圖出現了，它與整個人類歷史相關聯，還可以用來說明整個人類歷史。我們也發現，在 1 到 1000 的任意範圍內，任何測定等級低於數值 200 的事物都是負面的、不利生命的、虛假的，且通常具有破壞性。由此可見，意識能夠區分真偽，這是一個重大的發現。

下一個覺知的大躍進，是發現等級 200 是心靈力（power）與外力（force）的分界線，這使得我們能夠進一步研究這兩個對比領域的不同性質。外力是暫時的，會消耗能量，會從一個地點移動到另一個地點。相反的，心靈力是自給自足的、永恆的、不增不減的、無往不利的。這些研究成果促成了「意識地圖」的出現，以及《心靈能量》這本書的出版。這些不同的意識等級與社會現象息息相關，也跟支配人類意識的主流意識有關。

雖然這些等級的測定可以用數值表示，以便於識別和理解，但是研究也顯示這些等級是目前傳統科學還無法觸及的領域。此一領域暫時被稱為「混沌理論」或「非線性動力學」。非二元性領域無法以傳統數學（比如微分學）來描述。非二元且非線性的實相，正是傳統所說的靈性世界。人類事務背後的力量，就是來自無法界定、不可名狀且無法測量的實相；這些實相構成了人類的動機、重要性及意義。

生命本身已經超出了科學研究的範圍，因為生命是非線性的、動態的。因此，牛頓的線性物理，以及根據牛頓學說所建構的實相標準，都已經不適用。

可測量、可觀察的物質世界，原本就是一個因緣果報的世界，缺乏內在的力量。真正的力量存在於無限強大的未知領域，那個領域是不可見且非線性的。現實無法用時間、維度、地點或度量等術語來描述，而是獨立存在於超越時空的無限可能性之中，也就是傳統所說的「實相」。這些都屬於無限域（infinite domains），只有具特殊天賦的人描述過，而這些人被視為開悟者。

高意識等級的研究與人類歷史上偉大靈性導師的開悟程度，完全對應得起來。研究發現，目前世界上沒有任何人類的意識等級超過1000，而有過如此高數值的人，都被奉為地位超然、偉大的靈性導師，包括耶穌基督、佛陀、克里希那（Krishna）、神的化身、救世主一類的人物。這些人若不是神性導師，就是上帝的窗口。幾千年來，他們的教誨形塑了人類實相的環境，整個人類的經驗都在這樣的背景下發生。

從意識地圖看人類的進化

從意識地圖中，我們還有一個珍貴的發現：宇宙中的萬事萬物，即使是一個小小的想法，都會釋放出一種可測定的能量或振動軌跡；而這些振動事件，會永久被記錄在超越時空的意識能量場中。

在時間和空間之外，沒有「此時」或「彼時」，也沒有「這裡」或「那裡」。所有發生過的事都會留下一個永久紀錄，可以被測定及回溯。宇宙中「曾經存在的」，至今依然存在，而且可以被任何人在任何時間、任何地點辨認、識別及回溯。

事實上，所有被認為「未經記載的歷史」，都被精確且永久地記錄下來，具有可辨識的細節。有了這個認知，就明白經典是可以被驗證的。於是，人類歷史上第一次出現一種可辨別及區分真偽的能力。這個發現引發了大量的研究，且後續觀察結果的精確度也符合學術研究的標準，並以論文〈人類意識等級的定性與定量分析暨校準〉（Qualitative and Quantitative Analysis and Calibration of the Levels of Human Consciousness）一文公開發表。

對於人類意識進化的理解，緣起於一九六五年我所經歷的一個重大轉變及啟蒙的意識狀態。神性覺醒所帶來的光輝、平安、愛、深刻的慈悲及理解，揭示了實相的無限本質，它是超越所有時間、形式、環境及描述的覺知／自性，也是一切存在的根源。

神性覺醒是一種永恆、無限的真知灼見，它照亮了所有的可能性，超越所有的對立或因果關係。啟示會以不言自明、顯而易見的方

式呈現，是所有真理的本質。這種知曉如此圓滿及完整，超越了時間，因此始終都存在。有一種現象可以反映神性覺醒的狀態，那就是：原先無法了解的事物會變得一目了然，因為事物會自行顯現其本質。因此，所有一切都昭然若揭。不管是顯化或未顯化的，都是同一物。

　　真理的本質是主觀性的，它超越了二元性，又在兩者之間架起了橋梁。我們花了數年的時間來完善這座橋梁，讓原本不可言說的世界與具象世界之間的交流成為可能。於是，《心靈能量》一書應運而生。

　　上述發現都有深遠的意義，並演變為持續多年的研究，由同儕及後來的研究團隊進行了成千上萬次的測定，測定對象涵蓋了人類生活的各個面向、事件及歷史人物，也包括靈性教誨、文獻及靈性導師。

　　在上述基礎上，我們開始針對人類的心態、想法、觀念和信念系統進行了長時間的測定，也花了數年整理龐大的資料，連結其中的關係並提取精華，以便提供全面性的訊息。這些資料對人類有明顯的潛在價值，因為這種研究方法可以取得迄今為止人們無法獲得的知識。

　　從牛頓學說的線性因果關係、感官知覺與二元性，到超越感官知覺的非線性實相，這樣的意識大躍進對我們的社會來說實屬不易。然而，對那些想要透過靈性或科學進展來理解生命本質的人，這些研究發現卻非常有價值。

　　另一個重要的發現是整個社會的意識等級分布情況，它充分說明了人類歷史上的許多行為。為何數以百萬計的人、整個世代、文化或甚至整個大陸會被輕易操縱，以至於造成自我毀滅？這可以從我們的研究發現中得到解釋：有高達七八％的世界人口，意識等級低於正直

等級的 200。除了這個限制之外，人類的整體意識等級連著好幾個世紀一直都停留在 190，直到一九八六年才出現了一次突然的大躍進，跨越過 200 的關鍵分界線，從虛假跳躍到正直與真理等級，並到達目前的 207[*]，這代表正直與真理已開始提升。由此可見，對於任何渴望靈性進化或提升意識水準的人來說，意識地圖與肌肉測試是他們可靠的地圖和指南針。

　　由於人類意識受到負面想法的嚴重侵蝕及灌輸，所以七八％的世界人口意識在正直等級（200）以下，意識達到愛等級（500）的世界人口只有四％，而且全世界只有〇‧四％的人達到無條件的愛（540）。開悟（600）是跨越二元性、進入非二元性實相的境界，全世界只有大約千萬分之一的人口（0.000001％）達到這個意識等級。同樣重要的一個認知是：不同意識等級的心靈力，強弱差別非常大。由於這些等級是採用對數來表示，因此即使是很少的百分點，差別也是相當顯著的。如果肌肉測試及意識地圖能夠被用來闡明二元性的巨大障礙（二元性的障礙來自於局域性的感知），那麼遮蔽真理之光的面紗便能撤去。神性無所不在，但卻經常因為人們對心智與身體的認同而受到蒙蔽。

　　真我之眼就是神性（即自性），它以覺知來呈現。阿拉／上帝／梵天／克里希那這些未顯化的超凡神性，會顯化為自性／真我阿特曼

---

[*]　譯註：指本書出版的二〇〇一年。

（Atman）*，也就是我們內在的神性。

　　靈性進化是移除障礙的結果，而不是真的獲得什麼新東西。虔誠能讓心智臣服，斷捨妄念及所珍視的幻相，從而變得自由，能夠更敞開自己來迎接真理之光。

　　開悟指的是一種靈性狀態，表示已經在有意或無意間移除了足夠多的障礙，因此一個更大的背景忽然出現，照亮及澄清了一切，並揭示了一種更擴展的意識場，實際體驗起來就像是一種內在之光。這是覺知之光、真我之光，散發出深刻的愛。雖然對許多人來說，這種經驗可能不會持久（正如瀕死經驗一樣），但是影響卻是永恆且具有轉化能力的。在適當時候，這道光很可能會再返回，重新體驗到一小段時間的無限喜樂、平安與靜默，隨後則是對這份禮物的滿滿感恩。

　　這種難忘的經驗會讓我們渴望回到那種狀態，甚至可能強烈到讓我們願意放棄世間所有。此時，好奇心會被奉獻、臣服及虔誠所取代，靈感會增強，並成為人生的指引明燈。在究竟狀態下，所有人類的欲望都會紛紛退場。於是，這個人就會變成真正的奉獻者，成為神的僕人，願意臣服於此生所能提供的一切。

　　接下來可能會出現的障礙是缺乏耐心，有時會到絕望的程度。曾經到過香格里拉的探險者，會再度冒著生命危險、不惜一切代價地回到那裡。這趟追尋之旅可能會變成一種具有強大驅動力的痴迷，有時還會因為失去那種開悟狀態而感到深切的悲傷，或是為自己可能做了

---

* 編按：在印度文化中，阿特曼是指內在的我、真正的我（真我）。

什麼事才會離開那種狀態而感到愧疚。這時候，人們就會求助於神。

　　絕望、沮喪和自責會接踵而至。不過隨之而來的，卻是更努力精進、奉獻，重新投入這段旅程。此時，這個人的靈魂再也不願意或不滿足於待在沒有神性覺醒的狀態。於是，更深刻的臣服出現了，直到自己終於願意讓原本所認同的「我」消失無蹤。這個「小我」埋得非常深，也比我們想像的更為強大，它的執著會變得非常頑強且猛烈。

　　接下來，經過了最深刻的臣服（光靠個人意志無法達成，要仰賴神的恩典），小我／自我之死的痛苦會浮現出來，幾乎令人無法忍受。隨後，這種痛苦會消融於永恆之中，並在虛空中擴大，處在無所不包的存在狀態，散發著令人驚豔的榮耀與光芒。曾經認為自己是獨立的或是與神性不同的見解，在此時都理所當然地成了無法想像和不可理解的事。

　　在這種狀態下，就產生了知曉或體驗到自己與萬物合為「一體」的潛能。兩者既是同時存在，也可以說都不存在。這就是當下的狀態或情況——所有的潛能、所有的可能性、所有的狀態——你既擁有這所有一切，同時也一無所有。這種狀態是文字、言語難以解釋的。

人人都有靈性種子，為何只有 22% 的人領悟真理？

　　靈性著作的一個難題，就是它們通常無法提供一個熟悉的脈絡，使求道者能夠更容易、更安適地去了解這個主題。比如說，靈性作者或演講者通常會說個人生活無關緊要，雖然這是一個絕對的真理，卻

忽略了大多數人的意識等級並不高，也忽略了人天生都有好奇心，對於資訊的取得都抱著期待。對大部分的人來說，「個人生活無關緊要」這樣的說法毫無意義。

人們很自然地想知道，什麼樣的人才會體驗到不尋常的靈性啟示，並對這些人的性格特徵或生活方式感到好奇，也直覺地認為透過這方面的了解，能有助於一些發現——哪些特徵或特質可以導向靈性覺醒。那些致力於靈性探索或處於開悟意識狀態的人，或許具有某些共同的個性或特徵。

某些特質會促使一個人走上靈修之路，而這些特質可以透過培養、體驗及成功來強化。這些特質包括：堅定不移地專注在同一個目標的能力，以及下定決心投入於某種技能或靈修的能力。這樣的人會願意為了實踐靈性教誨或真理的深刻信念而放下一切。一般而言，他們會選擇寬恕及愛，而不是憎恨和譴責，會願意為了大我而斷捨小我，並渴望理解而不是批判。對靈性感興趣的人之所以會聚集在一起，是因為他們更喜歡和諧與寧靜，而不是刺激和興奮。對於靈性進化來說，最有用的工具或許是謙遜，以及體悟到普通意識的局限性及其後果。為了確保努力方向是正確的，測定每一個教誨、靈性導師、大師或靈性團體的意識等級是有必要的。

從歷史上可以看出，人類幾乎都在盲目地摸索前進，就像船隻在沒有羅盤及地圖的情況下，航行於未知方向的海上。從古至今，確實有成千上萬的人，因為缺乏一種簡單的方法，來克服心智無法區分綿羊及披著羊皮的狼而被摧毀。由於盲目聽從宣傳、口號及某些信念系

統，造成整個國家滅亡、文明喪失殆盡；這些虛假的東西在肌肉測試時，會使肌力變弱。雖然肌肉測試的方法聽起來簡單又原始，但用來做羅盤的天然磁石不也是簡單又原始。

今天地球上多數人之所以可以好好活著，也是受惠於曾經普遍被視為不科學的粗鄙之物，比如培養皿中醜陋的黴菌被發現可以殺死病菌。這個小小的發現讓抗生素得以問世，從而提高了人類的健康品質及預期壽命。

生性單純天真的求道者，往往成了各種意識形態、數據、遊說或魅力下的潛在獵物，而同儕壓力也是使人容易受騙的普遍因素。因此，想要在龐雜的宗教及所謂靈性教導的叢林中尋找出路，便成了危險且困難重重之事。我們需要有內在的信念及引導工具，才能避免成為盲從者，畢竟人類有很強的從眾本能。我們的心智肯定會告訴自己：「這麼多人不可能都是被誤導的。」要回應這種似是而非的論點，我們只需要檢視這些狂熱信徒的組成。人為的錯誤不只是可能，而且是必然的，甚至是顯而易見的。這是基於以下的事實：全世界有七八％的人口，其意識等級低於真理和正直（200）等級。

肌肉測試的反應，完全取決於宇宙意識對真偽的回應。在意識地圖（見附錄二）上，能夠使受試者肌力轉強的測定值，都在 200 以上；凡是虛假或具破壞性的事物，能量測定值都在 200 以下（你會發現，從 0 到 200 的意識等級包括羞恥、愧疚、懊悔、恐懼、仇恨、貪婪、驕傲、欲望及憤怒等）。

真理與正直的等級（200）會使受測者的肌力轉強，由此往上的

等級是勇氣、中立、意願、能力、愛、喜悅及平和。正面等級的測定值從 200 往上到 1000；1000 是人類意識可能達到的最高等級。愛的等級是 500、理性是 400，而能力與意願是 300。全世界有高達七八％的人，其意識等級在 200 以下，這意味著大部分的人都把謊言看成真理。全世界只有二二％的人口有能力了解什麼是真理，而當中只有四％的人能夠達到或超過 500 的等級，也就是愛的等級。在更高的意識等級中，金字塔頂端的人數驟降。開悟的意識等級是 600，在此境界，二元性消融於非二元性之中。意識等級 700 是偉大的靈性導師、大師或聖人的境界，而世間很少有人能被測定為等級 800 或 900。等級 1000 的能量場是人類肉身與神經系統所能承受的最大極限，這個等級屬於歷史上罕見的偉大神性化身；至於能量標度超過 1000 的人，從古至今一個都沒有。

這些數值僅僅是用來幫助理解，用以描述一種辨識方法，因為人類意識天生缺乏辨識真偽的能力。因此，我們有必要弄清楚任何教誨或任何一位靈性導師的能量意識等級，以判別其真偽。

有了這個覺知，我們開始理解人類的偉大神話，這些故事總離不開探索者變化無常的旅程。那些經典故事中的探索者，會受到挑戰、誘惑、欺騙，也會落入陷阱或被野獸困住。一路上，總是有猛龍、烈火、沼澤、水域和其他險境需要克服。在傳說中，成功取決於知曉唯一的祕密，或是取得一小段神祕的訊息，這是突破困境、取得進展的關鍵。若沒有來自上天或是「天上救助者」的幫助，英雄會迷失方向，但最終必定會因神聖的善意安排而獲救；這些善意安排會以某種

形式偽裝，比如一隻指示道路的鳥。肌肉測試就是這樣的一隻鳥，它可以防止人們痛苦地深陷於難以逃脫的泥淖中。

　　靈性探索就像是踏上一條道路、一趟旅程或是一次冒險。遺憾的是，單純天真的探索者往往毫無準備就踏上艱辛的旅程，沒有攜帶必要的工具。在一般的世界裡，我們有許多安全措施可以依靠，比如繫上安全帶、接種疫苗，並接受「有些危險需要防範和克服」的觀念。由此看來，謹慎來自於智慧，而不是恐懼。謹慎的前提是覺知到要避開陷阱。如果開悟很容易做到，它就會成為一種普遍現象，但從統計數字來看，這種機率不到千萬分之一。

　　探索者或求道者也普遍認為，他們只有兩種選擇，不是開悟，就是掉入小我的痛苦陷阱中。但事實上，每向前踏出一步都會帶來新的喜悅以及意識上的飛躍，即使在意識地圖上只是上升了幾個點，但這是一個指數級別的飛躍。一小點的進步，就可以帶來莫大的喜悅與和諧。隨著意識進化，自信取代了恐懼；在情緒方面，安適取代了苦惱，而且生活品質及自在程度都會提高。

在靈修路上，渴望是契機，臣服才是通關密碼

　　除非一個人完全不用努力就自動進入開悟狀態，就像拉瑪那‧馬哈希尊者（Ramana Maharshi）在青少年時期所經歷的那樣，否則更常見的情況都是，求道者在開始渴望開悟之後才會達到開悟狀態。佛陀說過，凡是聽聞開悟的人，將不會滿足於其他任何事物，因此開悟

是一個必然的結果。

　　有時，求道者在付出許多努力和耐心後，也會感到洩氣。在這個階段，小我假設有一個「我」正在尋求「它」（開悟狀態），因此會加倍努力靈修。

　　傳統上，通往神的道路有兩種路徑，一種是經由心（包括愛、虔誠、無私奉獻、臣服、禮拜和崇敬），另一種是經由心智（不二論〔advaita〕或非二元性的路徑）。無論是哪條路，都可能在某些階段比較好走，或是各有階段性的強調重點。但兩條路都有一個共通的想法會妨礙求道者，那就是認為有一個「我」或個人的「自我」或小我，正在努力尋求開悟的目標。事實上，更容易達到開悟境界的心態，是覺知到：**沒有所謂的小我或一個「我」的身分在尋求開悟，而是一種非個人的意識在探索或尋求。**

　　一個有幫助的方法是，用你對上帝的愛來取代你尋求開悟的意圖。我們可以釋出所有對於開悟的渴望，並明白「除了上帝，別無他物」是永恆不變的真理，其他都是毫無根據的虛妄。這跟聲稱自己的經驗、想法與行為，都是出自「我」這個造作者是同樣的虛妄。只要靜心深思，就可看出身體和心智都是宇宙中無數條件因緣聚合的結果。生而為人，我們充其量只是這種和諧的見證者而已。出於對上帝的無限之愛，除了服事神，我們願意斷捨一切動機。因此，成為上帝的僕人才是我們的目標，而不是開悟。想要成為上帝之愛的完美管道，就要全然臣服，並撤除小我所追尋的靈性目標。如此獲得的喜樂，就會啟動更進一步的靈修。

　　從喜樂和謙遜出發，剩下的旅程是必然的。我們終於意識到，**整個靈性探索的過程是受到「了悟自性」這個終極天命所吸引而被啟動的，而不是被有限的小我所推動**。用更淺顯的話來說，求道者是受未來所牽引，而不是被過去所驅策。很明顯的，除非是注定要開悟的人，否則對這個主題根本不會感興趣，連想開悟的念頭都不曾生起。對普通人來說，一生當中可能遇不到一個對開悟有興趣的人。開悟的這條路可能充滿著各種艱辛。

　　在西方世界，對於靈性追求者這樣的角色，從來沒有給過一個正式的傳統地位。我們不會期望某個人結束他的世俗事務、斷捨一切，然後將餘生都用於追求真理。但在某些國家，比如印度，傳統文化中就有這樣的一條道路是被接受的，並視為正常的個人成長。在西方世界，認真靈修的人大部分是跟志同道合的人一起組成靈修團體。這些人通常會遭到他人懷疑的眼光，被視為與社會脫節的人，除非他們進入修道院或神學院。

真正的靈性導師

　　靈修團體往往有自己的修持儀式，如果不謹慎以待，可能有落入陷阱之虞。與平凡世界一樣，靈修圈子也不乏神棍、騙子之流，他們的目的是設下陷阱誘捕天真的人，以獲取控制、支配、權力、金錢或是威望等目的，例如擁有眾多的「信徒及追隨者」。

　　真正的靈性導師對名聲、追隨者、威望或虛飾都不感興趣，如果

測定他們的意識等級，通常都可達到 500 以上，或是更罕見的 700。重要的是教誨而不是導師，甚至許多教誨並不是源於導師本身，因此偶像化或崇拜某個特定對象根本毫無道理。這些訊息是傳遞給人類的禮物，所以我們接收的也是禮物。所以推銷、強迫、控制或收費都是不可取的，因為訊息永遠是免費的，它們是上帝的禮物。一個合法的靈性組織可能會象徵性地收取費用來支付日常開銷，這是每個成員為了共同利益而自願貢獻的。

由靈性導師來傳達教誨，好處不在於語言或文字本身，而是伴隨著語言或文字的高意識能量。靈性導師的高意識等級能夠創造出一種類似於載波的能量，伴隨語言或文字傳遞並賦予力量。

正如《心靈能量》一書所引用的研究，一個意識等級 1000 的神性化身足以抵銷全人類的集體負能量；一個意識等級 700 的人可以抵銷七千萬個等級低於 200 的人；一個等級 600 的人可以抵銷一千萬個等級低於 200 的人；一個等級 500 的人可以抵銷七十五萬個等級低於 200 的人；一個等級 300 的人可以抵銷九萬個等級低於 200 的人。

目前在地球上大約有二十二名聖者，意識等級在 700 或 700 以上，其中有二十人的測定值在 800 或 800 以上，甚至有十人超過了 900，其中一位還超過 990。以上這些數字已經與一九九五年出版的《心靈能量》所記載的不太一樣（當時只有十人超過 700），如果沒有高能量場的抵銷作用，整個人類的負能量累積下來將會導致自我毀滅。

由此看來，下面這段話似乎有一定的道理：上帝將自身的無限力量傳遞到世人身上，就像透過一組變壓器往下傳遞。雖然地球上意識

能量為負的人數遠遠超過正能量的人，但是相對來說，他們個人的力量實際上是非常小的。從一九八〇年代到現在，人類的整體意識一直都是正能量。如前所述，在一九八六年之前的好幾個世紀，人類整體意識等級的測定值一直都停留在 190，接著突然一下子就跳升到 207。

最初神性化身的教誨所產生的力量及意義，影響了數個世紀或甚至幾千年來的人類生活。我們特別做了一項非常有價值的測定，亦即針對偉大的靈性導師及傳承數千年的制度化教義分別測定其真理等級。結果發現，其中有些教義的能量幾乎毫髮無損，但有些教義的真理等級已經嚴重下降，甚至落到了非常低的等級，逼近真理的臨界水準，導致了負面的崇拜，並成為世界上衝突與負能量的根源。要記住，受歡迎的程度並不是衡量真理的指標。由於世界上絕大多數人的意識等級都落在 200 以下，因此有數百萬的人信奉基本上是負能量的「宗教」，也就不足為奇了。

靈修不是宗教，永遠不會造成分裂

人們往往會將「靈修」與「宗教」混為一談，甚至還跟超自然或未知的力量牽扯在一起。事實上，這些領域是截然不同的，而且這種混淆往往造成社會的衝突與變動。

以美國《獨立宣言》為例，起草者非常清楚地指出：人的基本權利是源自於受造者的神性，由此建立了靈性原則。然而，這些原則不同於宗教，因此美國憲法聲明：公民不受任何宗教組織所限制。立憲

者清楚知道，宗教是建立在世俗權力的基礎之上，因此會造成分裂；而靈修是萬物合一，不需要也沒有世俗的組織。《獨立宣言》（真理等級 705）指出，美國政府的權力是來自造物主的靈性原則，並將遵循靈性原則的指導，即人人生而平等，應給予所有人公正和自由。這個鮮明的立場擁有強大的力量，且無須辯護。

　　正如歷史所揭示的，宗教會產生門戶之見，將人們分裂成相互衝突的群體，且往往對文明及生命本身造成可怕的後果。真正的靈修團體只擁有唯一的力量，此力量來自於教義所蘊含的真理。靈修團體沒有顯著的世俗力量、沒有大廈、沒有財富、沒有具政治力的官員，它們是靠著共通的核心觀念——愛、寬恕、和平、感恩、仁慈、非物質導向及不妄自評判——將眾人凝聚在一起。本質上，宗教一開始也同樣具有靈修的核心理念，但是後來被湮沒，也被人忽略了。否則，像戰爭這樣的事根本不可能發生。因此，靈修的真理才是普世的真理，不會因時間或地點而改變，永遠會帶來平安、和諧、愛、同情及慈悲。真理可以透過這些性質來識別，其他一切則是小我的造作。

第 4 章

靈性道路的基本認知

宗教為何會走向靈性歧路？

　　有兩種靈修偏差源自於傳統所謂「真正」的宗教。第一個是單純地錯誤理解或錯誤詮釋了偉大導師的初始教誨。這是因為第一批追隨者未曾開悟，所以初始的教導受到他們的小我所汙染。接著，受到汙染的教誨又被後來的翻譯者及抄寫者放大，並世世代代流傳下來。這種扭曲通常來自於一個事實：小我通常只聽取字面意思，而不是教誨的精神或本質。對教誨的任何轉譯，只要與和平和愛無關，幾乎都是錯誤的。這是一個基本原則，我們輕易就能發現。

　　第二種嚴重的扭曲更普遍存在，來自一般所稱的「教會教義」的靈性教誨。這些教條往往以引發罪疚感的禁令形式出現，但實際上完全是由教會高層及他們所認定的權威人士所編造出來的。那些人根本不具任何資格，只不過是在當時的政教權力結構中取得了政治力量。

　　任何人都沒有理由或用一些似是而非的原因，為了表面上的利益而修改原始的明確教導。幾個世紀以來，人們一直不清楚要成為教徒（比如說基督徒），只要完全遵循偉大導師的初始教導即可，雖然這是明顯易懂的道理。

　　所有偉大的靈性導師都在教導非暴力、不譴責及無條件的愛。因此，我們很難看出那些所謂的教會權威人士，有什麼理由可以只為了「信仰的利益」、「教會的利益」，或為了「剷除不信神的人」、「正義」之戰，而違反這些眾所周知的基本精神。

　　此外，還有許多主題是初始的靈性教誨沒有提到的，於是就出現了可乘之機，讓錯誤的宗教詮釋得以有生存空間。幾個世紀以來，各種形式的「罪」被發明出來，還附上詳盡的解釋予以合理化。在臨床上，這種行徑只能被描述為「對人類事務的病態操縱」。它所造成的傷害不僅是靈性上的謬誤，還包括精神上的虐待，以及對人性的普遍罪惡感。這種對內疚及罪責的過分關注，透過強化對立及認知的二元性，進一步譴責了人類意識。尤其是認知的二元性對人類意識的破壞性影響，使人們更加遠離上帝，並創造出一種只有極少數的人才能超越的障礙：除非近乎靈修方面的天才，才能成功地從這些謬誤構成的強制性陷阱中逃脫。

　　對某些教義的宣揚，更帶來了另一波的破壞性影響，甚至成為可怕戰爭及迫害行為的理論基礎。這些行為總是以宗教之間的差異為出發點，並誇大這些差異的重要性，以便讓宗教能合理化對差異的制裁。這些誤解及偏差，更是特別表現在對性、生育、教養孩子、飲食、日常生活細節、習俗、穿著及政治權力的隱晦干預上。

　　光是穿戴不同服飾、帽子或是否蓄鬍子，就足以引發宗教迫害和戰爭。割禮、週五齋戒、餐前禱告、宗教節日的日期與細節等，全都成了攻擊的彈藥。安息日究竟是在週六或週日，竟變得比真理本身更

重要；究竟是戴帽或不戴帽才能顯示對上帝的敬意，也是一個老掉牙的問題。

宗教利用瑣碎的事物，以忽略及犧牲靈性的真理為代價，導致了宗教本身及全人類的墮落。許多被奉為圭臬的教會教義，實際上是小我的產物。如果耶穌所說的「邪惡存在於旁觀者的眼中」這句話為真，那麼動輒看到罪與邪惡的人，自己就有問題。在維多利亞時代，甚至連桌腳都被視為誘惑而必須用布遮蓋起來。

許多傳統上被認為有罪的事物，其實是某些情緒不安的教會當權者誇大了自己心智中的罪惡感。「你們中間誰是沒有罪的，誰就可以先拿石頭打她。」* 只要記住這個告誡，就能使那些扭曲靈性真相的人啞口無言。

總體來說，這些靈性真理的扭曲，已經自相矛盾地以「神」之名，為神及人類的本質定罪。這種篡奪神的權位，並以上帝之名來發表聲明的行徑，看起來就相當自大且虛妄。任何人如果體驗過神性顯現的絕對實相，就絕對不會做出如此扭曲真理的聲明。

心智是所有痛苦的根源

在找到新方向之前，有必要認清過去的錯誤，並喚醒對超越錯誤

---

* 編按：出自《約翰福音》第 8 章第 7 節。意味著只有完美無缺的人才有權評判他人，而結果是：「他們聽見這話，就從老到少一個一個都出去了；只剩下耶穌一人，還有那婦人仍然站在當中。」暗示沒有人是完美無缺的，因此沒有人有評判他人的權利。

的一種渴望；而這需要勇氣和無所畏懼的誠實。想從許多嚴重、無法治癒或甚至可能致命的病痛中康復，**必須要有面對真相及選擇不同道路的意願與能力**。只要放下否認的態度、承認真理，便可以把意識能量提升到正直（200）這個關鍵等級。

靈性覺醒就如浴火鳳凰，從人類絕望的灰燼中重生。正如德蕾莎修女所言，美麗的蓮花是從池塘底部的淤泥中生長出來的。

我早年時的一段經歷，讓我看到了全人類所遭受的全部苦難。那段經歷幾乎淹沒了我，我感到震驚又難以招架。正如我在本書其他地方提到的，這個經歷很遺憾地導致了一個錯誤，那就是將人類的所有苦難都歸咎於宗教所說的神，因為祂「默許這一切發生」。然而，這個經歷也確實強化了我想要解除人類痛苦的渴望。

多年以後，我成了無神論者，在沒有任何預警的情況下，我在絕望的深淵中臣服於上帝，並有了一次深刻的靈性覺醒，改變了我對神、真理及實相的所有理解。然而，幾年後，我看見及了解到人類意識的極度無知與局限，顯然的，這樣的意識是人類所有痛苦的根源與基礎。體認到無知對人類的巨大影響，以及它帶給人類的可怕代價，我將原本投注於解除身心病痛的心力，轉向了清除造成這一切痛苦的靈修謬誤。

如現實社會所呈現的，人類集體的小我看不見痛苦背後的根本問題。小我的特徵是相信要解決的問題都在「外面」，因此社會上所有的解決方案（包括戰爭），都是致力於解決「那些」問題或「外面的」問題。

心智無法辨別善惡真偽，這才是人類的根本問題。如果沒有自我保護的手段，便會任由謊言擺布。這些謊言會偽裝成愛國主義、宗教、社會福利，以及無害的娛樂等等。

若有一個在家就可操作是與非、對與錯的簡單測試，那麼歷史上所有的獨裁者和煽動者都會垮台。肌肉測試就是這樣的一種工具：簡單地將希特勒的照片放進牛皮紙袋，再讓一個孩子將它放在太陽神經叢的前方，孩子手臂的力量會變弱。同樣的，我們從肌力減弱的測試結果中，可以判斷出史達林、列寧、阿拉伯宗教狂熱領袖、共產主義、柬埔寨和非洲國家的危險領導人，以及那些以真主之名為掩護的獨裁者的真實本質。

數個世紀以來，人類的所有屠殺都是外力（force）的結果，而唯一的解藥就是心靈力（power）。外力是建立在虛妄的基礎之上，而心靈力完全立基於真理之上。「邪惡」一旦被揭露，就會失去它的操控力量，因為它的弱點已經暴露在每個人眼前；而謊言一旦被揭穿，就會崩潰瓦解。不需要美國政府、中央情報局、聯邦調查局、間諜衛星或是電腦來辨別顯而易見的東西，一個純真五歲小孩的手臂力量就是這個世界唯一的真實力量。真理本身的力量是無懈可擊的，且無須人類有任何犧牲。

純真是打開真理大門的鑰匙

純真者的手臂是全世界的黑暗軍團最畏懼的，因為這隻手臂會掀

開他們用來控制七八％世界人口的偽裝。

　　如果一個人能夠不再否認，就能看透謊言、操控及扭曲如何普遍地迎合了人們最低層次的習性，並且擴及到整個社會。熱門的電腦遊戲並非純然無害的，而是經過仔細計算的殺戮訓練機器，它將心智控制在不假思索的殘暴和殺戮模式中，用來麻痺你的靈性敏感度。蓄意殺害土撥鼠不是一種「休閒運動」，而是冷酷無情的暴行。毒品並非「酷玩意兒」，而是奴役你的東西。重金屬及饒舌音樂既不是解放也不好玩，而是一種刻意帶偏年輕人意識的方式。媒體假裝無辜，因為他們從迎合人類的弱點及脆弱來獲取巨大的利益。

　　對那些引誘無知者的大型機構來說，純真孩子的手臂是讓它們害怕的。虛假的「反毒品戰爭」被揭露是販毒問題的根源，是保護、鞏固及充實整個毒品交易網的堡壘。共產主義不是被戰爭擊潰的，而是被堅持開放的戈巴契夫以非暴力方式弄垮的。

　　基督的重生──預示著偉大的基督再臨，從靈性觀點來看，這意味著謊言被真相取代、黑暗被光明取代、無知被覺知取代。

　　克里希那、佛陀、基督和阿拉的重要性及意義，不是他們現身在這個星球上，而是他們所揭示及擁護的真理，以及伴隨著教誨而來且可測定的高等級能量。所有的開悟者都諄諄告諭我們，不要把焦點放在「人」的身上，而是要專注於教誨本身。然而，宗教普遍存在的典型誤解及扭曲，卻恰恰與這個提醒背道而馳。他們崇拜著某個人物、日期、時間及地點，卻忽略了教誨本身。

　　近年來基督／佛陀／克里希那／神性化身的教誨大行其道，似乎

暗示著人類意識等級的轉變，從代表著負能量的 190，跨越到代表著真理與正直的 200，一直到目前的 207。這是人類歷史上首度發生的重大事件，其重要性不可低估。若用類比來說明，我們知道在物質層面上，全球普遍氣溫就算只有微小的改變，也會對整個星球及上面的所有生命產生深遠的影響。相形之下，人類意識從 190 到 207 的轉變，對整體的最終影響遠比地球氣溫的變化更加重要及深遠。

如果基督再臨會藉由跡象顯示，那麼這個跡象已經出現了，而且是最近的事。無疑的，這個跡象所暗示的，以及它對全人類的承諾就是：人類意識已從扭曲的謊言轉向了真理。

可以說，純真孩子的手臂為我們的新文明揭開了第一道曙光。據說，唯有像孩子般的天真無邪，人類才能被領向神及天堂。事實上，唯有透過內在小孩的純真，才能打開通往真理的大門。

孩子的純真本質在每個人的意識中，始終都是不受干擾及玷汙的，這是意識本身最基本的「結構」。若用當代生活來比喻，類似於電腦硬體不會受到在其中運作的軟體所汙染，也像相機不受鏡頭傳輸的影像所影響一樣。

重新找回原始狀態

在我們思索人類意識的局限時，會發現實際上每個人都以一種看不見且未知的方式在改變社會。在無數的對手面前，外力完全不堪一擊，但心靈力不可能有對手或敵人。就像空間一樣，心靈力對攻擊免

疫，且永遠百害不侵。人們總以為是不可控的心智支配、指使著他們，並認為自己是環境的受害者。所有這些，概括了一個人每時每刻的感受，因此人們才會視自己為意識狀態或無常環境的受害者。有一種普遍的觀點認為，人們無法選擇自己目前的心智狀態、感覺基調或情緒。

這種屈服於心智及外在世界的心態，被認為是自然或正常的。很少有人會質疑：「難道沒有其他選擇？」透過自我檢視及向內聚焦，你可以發現所有的意識狀態都是執行某個選擇的結果。這些狀態根本不是由無法控制的因素所決定，也不是無法改變的必然結果。檢視大腦的運作方式，就可以發現到這一點。

實際上，人根本不是由心智所支配。心智呈現的是一連串的選擇，這些選擇會偽裝成記憶、幻想、恐懼及概念等。想要擺脫心智的控制，只需了解到它所展示的主題只不過就像任何一家自助餐廳所提供的菜色一樣，一一陳列在心智的螢幕上。

我們不是因為負面記憶而「被迫」感到怨尤，也不需要對未來抱著恐懼的念頭。這些都只是選項。心智就像電視機，提供人們不同頻道的選擇，因此不必聽從任何特定念頭的誘惑。然而，我們可能還是會陷入自我悲傷、憤怒或擔心的誘惑中，所有這些選項的神祕誘人之處，在於它們提供了某種內在的回報或是隱密的滿足感，這也是想法之所以吸引人的原因。

一旦拒絕這些回報，就會發現在念頭螢幕的後面，始終有一個安靜的、無形的、不會起心動念的、充滿喜樂的空間。這是一個隨時都

可取用的選項，但想要體驗到它，就必須忽略其他所有誘人的選項，主動去選擇它。喜樂的源頭始終都在，而且不管處於任何環境都能隨時取用。只有兩個障礙橫亙在這個喜樂的源頭和我們之間：(1) 無處不在的無知；(2) 貪圖隱密回報所帶來的快樂，因而更看重平安和喜樂之外的事物。

神聖示現的體驗隨時都可能出現，只等待你的選擇；而要做出這樣的選擇，就是捨離其他一切，只選擇平安以及對神的愛。此一選擇的回報是，神性本質會自行顯現。神性本質始終都在，只是因為我們的忽視或遺忘而無法體驗到，或是因為我們做了其他選擇。

沒有過去與未來，只有當下這一刻

神聖示現發生在時間之外，因此不在未來的任何地方，只能發生在當下這一刻。無須其他條件，甚至不可能有其他條件，因為當下即是永恆，永遠不會改變，也永遠不會消失於昨天或明天。事實上，當下是無可迴避的，每個人在當下這一刻都是安全的。

透過觀察便可以明顯看出，唯一看似改變的只有表象。當下始終不變，正如電影屏幕是不變的，改變的是劇本及故事，但也只能發生在當下這一刻。

當下是原始的、超越的、全能的、不可改變的，也是絕對的。對體驗來說，「當下」是不可或缺的必要條件。當下是生存與存在意識的本質，除了這個強烈的、根本的現實之外，你根本不可能存在於其

他地方。這一刻便是一切。一個人的自我意識（即自性）是唯一的眼睛，透過它，一切事物才可能被體驗或知曉。我們對外在環境所產生的真實感是自性所賦予的，讓外在環境看起來變得真實。換言之，真實感源自於自性，是自我意識的一種投射。因此，我們並不是看到一個「真實」的世界，而是我們自己才是讓世界看似真實的源頭。這個世界其實就是個娛樂場，就像消遣一樣，應該輕裝上場。天堂就在我們之內，並由覺知來揭示。世界只是表象，它的通俗劇情是一種認知扭曲的矯揉造作，使得人們認為世界是巨大的、強大的、永恆的，而自性是渺小的、脆弱的、短暫的。然而，事實恰恰相反。

只要不相信認知所定義的表象，我們以為的「真實」世界便會消失。當一個人選擇與內在永恆的喜悅與安樂同在，世界就會變成一個風趣的、好玩的遊樂園，所有的戲碼就只是戲碼。

真理、喜悅與安樂的選項始終都在，儘管有時會被無知及無覺所掩蓋。這種無知無覺的狀態，是因為我們選擇了其他選項而形成一種慣性思維。當一個人因臣服於上帝而拒絕其他選項時，內在的真理便會自行揭示。

人類被扭曲的意識狀態

歷史的殷鑑不遠，事實或真相並非由共通的事實來認定。謊言是人類最普遍的經驗。研究意識時，最重要的發現之一是：被普遍理解及接受為「正常人類經驗」的想法、行為和感覺，嚴格來說，僅僅是

一種被改變的意識狀態。這種現象在一段有限的期間內，會普遍存在於一個受限的社會階層中。事實上，這不是人類的真實狀態。

人類已經習慣了擔憂、恐懼、焦慮、懊悔、內疚、衝突和痛苦，因此這些負面的情緒、態度和感受，都被視為正常生活的一部分。患者會被建議去尋找治療師，以便「接觸並了解自己的感受」。然而，與其接觸這些發酵的妄念，更有利的做法是把它們釋放出去，而方法就是找出妄念的根源，也就是認知本身。

真正的「正常」意識狀態是一種不受任何負面影響，且充滿著喜悅和愛的狀態。除此之外的其他一切，都是來自於幻覺及認知扭曲。正如疾病在人類社會盛行，並不代表疾病就是一種正常狀態。自古以來，疾病多次在社會中蔓延，並造成極大的人口損失，但這不表示這些疾病是自然狀態，所以最後連嚴重的黑死病都消失了。

透過簡單的方法，我們可以發現世界上七八％的人口，其實是心理失常的。這意味著，只有二二％人口的意識等級高於測試值 200，而低於 200 則是極端危險的意識區。

我們可以這樣想，意識狀態的改變是一種人為製造的超自然狀態，或是有點類似於催眠或出神的狀態；甚至還有人稱之為洗腦或重新設定程式。在一項針對普遍性影響的研究中，我們發現了一種反覆誘導人類意識等級的行為，同時也可以明顯地看出，人類的心智一直受到控制和影響，並在系統化且持續不斷的方式下被洗腦；這個判別標準符合科學研究對這類程序的定義。

剛出生的孩子帶著一種未經灌輸及改造過的純真意識，但隨後，

就像電腦硬體一樣，這個意識會被社會有系統地輸入一些程式軟體。但是這個系統有一個明顯且極為嚴重的缺陷，那就是其中沒有一套程式可以用來確認新軟體的真偽（這就像是電腦病毒）。孩子會天真地相信被教導的任何觀念，因此他們不受任何保護的意識會成為集體無知、錯誤訊息及荒謬信念系統的犧牲品。在近幾千年裡，這些信念系統削弱了人類獲得幸福的能力。

　　這種後天的訊息輸入實際上是無法修正的，因為目前沒有可行的機制來測試這些訊息的真實性。表面看來，高達七八％的資料不僅是錯誤的，還具有破壞性及傷害性。這種疊覆在人類大腦的資料灌輸，正是一種基因缺陷的開始。世界上有超過三分之一的人口，他們的大腦甚至無法提供足夠的血清素（serotonin），這是能夠防止人們抑鬱、暴飲暴食、成癮或行為失控的一種神經傳導物質。否則，理性就會在一瞬間被無法控制的情緒爆發完全摧毀。

　　除此之外，理性還進一步受到一個生物學事實的破壞，那就是古老的「爬蟲腦」在結構及功能上仍然存在，它原始的活動力仍維持著一種普遍的動物本能，強化著掠奪的傾向和侵略性。換言之，所有的動物本能仍會持續影響或甚至支配許多人的行為和情緒狀態。人類的動物情緒始終存在且浮於表面，因此很容易受到社會集體思想的灌輸和廣告宣傳的操縱。

　　由此可知，具有動物本能的人類大腦從一開始就有生理缺陷，隨後其智力及接收到的訊息又被有系統地降級，因為人類一生中至少有七八％的時間都在接收不正確的、謬誤的、毀滅性的、負面的及破壞

性的資料輸入。對於全人類來說，這只是一個統計學上的概率，在某些社會中甚至有接近百分之百的大量人口一直在接收錯誤的訊息，比如街頭幫派的犯罪次文化。一旦這種錯誤的訊息輸入成了促發行為的關鍵因素，往往是最具破壞力的。整個國家和文化的總體生產力可能因此被破壞，導致毀滅性的結果。同時，國家的整體經濟也會遭到巨大的破壞，比如二戰時期的德國和日本，影響的不只是無辜的受害者，也包括他們自己的文化。就這樣，整個國家可以被無知、荒謬的宣傳弄得支離破碎，以至於事後看來，很難相信怎麼會有人這麼容易受騙，還為此犧牲了生命。

簡單的肌肉測試就能揭示真相。獨裁者會讓每個測試者的肌力變弱，例如肌肉測試揭示了昭和天皇並非君權神授，凱撒也不是神，諸如此類。

社會沒有任何保護措施，所以只能教導一種人人都可隨時隨地進行的簡單測試。如果它可以廣為人知的話，將會對人類產生振奮人心的全面影響。這種測試非常簡單，加上它的廣泛用途及實用性，因此足以跟輪子、水準儀、電力或電腦晶片等發明相提並論。在零成本的情況下，人類可以收穫無限的好處。一旦人們意識到這項測試也可以用來獲得巨大的利益，或許會引來更多的關注和興趣。

若將肌肉測試應用於商業、研究、製造業和工業上，潛在的好處是能省下無數的金錢成本。反過來說，如果維持現狀，社會上有很大一部分的人能保住既得利益。儘管聽起來令人震驚，但在我們生活的社會中，確實有檢察官故意隱瞞可以證明被告無罪的證據，好將對方

定罪，甚至可能是死刑。這類事件只是一種症狀，顯示出人類意識生病的嚴重程度。

如同 DNA 檢驗，肌肉測試可以立即揭露被告是否有罪，也可以立刻判定證人或證詞的真實性。此外，它還能用來立刻揭露叛國者、背叛者、外國間諜、告密者、騙子、說謊者及各種變節者的身分，以及這些人是否存在。

這項測試可以在幾秒或幾分鐘內，揭露產業間諜或政治間諜、不誠實的員工、毒販、危險人物的身分以及犯罪地點，完全不需花費數百或數千小時的刑事調查來確認一個連續殺人犯或他們的行蹤，所有的罪行都能輕易地解決。每一個犯罪細節，包括過去的罪行或事件都可以精確追蹤，涵蓋時間、日期、動機、證據下落及加害者的身分等，甚至屍體在哪裡、武器在哪裡、動機為何等這類問題也可以得到答覆。

正如羅盤之於航海術、望遠鏡之於天文學、顯微鏡之於細菌學的妙用，肌肉測試也可以讓一個人在幾秒之內，發現宇宙或歷史上任何地方、任何主題的任何事實。肌肉測試是一種非常通用的工具，其真正價值尚未被發掘。

歷史文化對靈性發展的影響

歷史上已經有大量的的靈性教誨，也建立了通往上帝的途徑。這些就是瑜伽士或傳統文化所描述的方式，每一個途徑都各自發展出自

己的流派、宗教、靈性文獻、經典、聖人、導師及歷史人物。從歷史角度來看，這些法門也吸收了不同程度的種族特性及起源地的文化。因此，世界上大多數偉大的靈性傳統都已經認同了種族的影響及文化習俗，而這部分往往會妨礙或干擾到教誨本身的純粹性。

這種情況也導致了世界各大宗教之間的分歧，甚至引發可怕的宗教戰爭。或許，對於靈性真理的全新研究能夠超越這些表面的差異，並能找出所有靈性教誨的關鍵特質，不管其來源是什麼或被貼上了什麼標籤。

什麼是純粹的靈修道路？

事實上，過去並沒有方法用以確定任何靈性教誨或導師的真偽，因此靈修學生只能依賴對導師在修為上的信心，並信任導師的正直程度與其聲望相符。唯一可靠的指引是自己內在的恩典和業力，藉此全心投入一種健全及有效的修行。

幾千年前發展下來的偉大法門，其局限性在於缺少原始的教誨。由於從前是透過口耳相傳來記錄真理，因此難免有疏漏之處。此外，從一種語言轉譯到另一種語言的過程，以及尚未開悟的聽眾很容易錯誤解讀，都會使真理逐漸喪失精確性。

如果使用肌肉測試來校準世界各大宗教的真理等級，可以看到有些宗教的真理等級會隨著時間推移而普遍下降，就像《心靈能量》一書所描述的情況。佛教的真理等級下降程度可能是最小的（相對來說

下降程度非常小），但在其他宗教中，真理下降的趨勢非常明顯。我
們可以透過校準每個世紀的宗教意識等級，來做一個非常有意義的研
究。這種方法，甚至可以用來測出在哪一年及因為哪一個人的詮釋而
降低了真理等級。這樣的情況通常可以在某些特定事件中發現，比如
因為教會當權者的某些決定而導致可怕的後果。此外，對特定時代的
文化和政治力量的闡釋，也可以清楚地界定和理解犯下這種錯誤的原
因。當時所做的妥協似乎是合理的，是基於生存理由而被視為一種暫
時性的措施，但卻造成了長遠的後遺症，因為這些妥協後來都沒有再
修正過。

其中最嚴重的例子是基督教真理等級的巨大下滑，它發生在尼
西亞會議時期。基督教的真理等級原本是 900，後來降到 400，原因
是他們不僅將《舊約聖經》和《新約聖經》合併為一，還加上了《啟
示錄》（這是源自靈界的訊息）。這是非常嚴重的錯誤，因為除了
《創世紀》、《詩篇》和《箴言》之外，整部《舊約聖經》的其他篇
章都會在肌肉測試中讓肌力變弱，表示其真理等級在 200 以下，因此
不是真實的。《舊約聖經》的負面性在於將神擬人化，不僅將神描述
為會犯錯，還跟人類一樣會受制於負面情緒，比如報復、仇恨、偏
袒、談條件、脆弱、憤怒、毀滅、驕傲及虛榮等。這個憤怒的復仇之
神必須被安撫、被奉承及被滿足，還要跟人類談條件，才能避免因為
暴怒而降下毀滅性的風暴、洪水、火災及瘟疫。這些特質與基督所代
表的真理、仁慈及寬恕完全背道而馳。基督說：「報復的神應被仁慈
及寬恕的神所取代」、「你應該為仇敵禱告並寬恕他們的無知」。然

而，這些教誨被古希伯來傳統中代表公義、復仇和偏袒的神所否決（請見本章結尾的補註）。

　　古代原始文化中的神，起源自意識的「靈魂」（astral）層，這也是斯堪的那維亞、德國、希臘、希伯來、羅馬、埃及、巴比倫、印加及馬雅所信奉的「神靈」由來。這種神靈有著遮掩不了的人性限制——充滿人類的激情、動機、立場、仇恨、要求奉獻、嫉妒，還會因憤怒而毀滅一切。真正的神擁有無限的力量，不需要利用脆弱的外力來操縱。真正的神沒有弱點、沒有需求，也沒有既得利益。上述文化中的神所流露的情緒化、選擇性及限制性，都不是神的屬性，因為神聖顯化必以愛與平和來呈現。負面屬性源自於人類的心智，而人類心智會製造出無數的假神，需要人們的崇拜和犧牲。實相中的神沒有「需求」，也不會被人所取悅或冒犯，更不需要被安撫。

　　這種對神的無知所產生的嚴重損害，可以透過測定值來鑑定。失去一百點的數值，代表真理與力量的大量流失。在某些宗教中，嚴重的錯誤會導致這些宗教派系的真理等級下降到關鍵的 200 以下。它所教導的謊言被當成真理來看待，產生了嚴重的後遺症，造成人類的巨大痛苦與毀滅。低於 200 的意識等級，代表各種形式的痛苦。

　　有一種會讓世界傾向負面和自我挫敗的武器，那就是所謂「正義」的概念，它被測定為代表驕傲等級的 190。在過去幾千年的人類歷史中，這一直是最主要的破壞力量及致命弱點，也是你能想像到的野蠻與凶殘行徑的最崇高藉口。

　　歷史上真正偉大的靈修法門源自於神性化身（或偉大的靈性導

師），他們測得的意識等級為 1000，這個數值是地球範圍內可能達到的最高等級。其中在西方世界最廣為人知的幾個人，就是基督、佛陀、克里希那及瑣羅亞斯德。等級 1000 被視為全人類的救星，因此一個有資格向全人類發言的靈性導師，是出自神性化身的等級。

這些偉大的神性化身早在印刷文字發明之前就已經誕生，因此關於他們究竟教了什麼以及當時如何解釋這些文字，都缺乏可靠的資料。由於很少有針對原意的解說，導致在原始教誨流傳之際，誤解就已經產生了。我們可以確定，那些滲透而入的錯誤確實扭曲了初始教誨的純淨。對於任何有靈性直覺或具有基本道德觀念的人來說，許多這類的偏差都相當顯而易見，而且似乎是隨著宗教組織的建立而產生的。當威權機構假借創始人的名義來獲取自身的權威和力量，以吸引追隨者與世俗資產，並獲得對他人的控制時，就會發生扭曲情形。

這類的靈修沒有討論餘地，它的錯誤詮釋分裂成了許多教會的教條，用以強化教會自身的力量，並利用這些錯誤詮釋作為靈性真理，以獲得世俗的利益。他們為了獲得外力而放棄心靈力，並在暗中顛覆了最初創始者所闡述的真理。也因此，歷史上那些偉大的創教者，後來只是成為名義上的創立者。

於是，這些神性化身的地位、威望及偉大的名字就此被盜用，並被當成商品來推銷，以建立龐大的帝國。從這簡短的歷史回顧，我們可以看出，初始真理至今仍未受到玷汙，可以重新被發現。

「靈性」一詞，就像「宗教」和「上帝」一樣，已經被過度描述而產生了誤導。有一個更全面的用語可以避免歷史的扭曲，還涵蓋了

有關「人」與「上帝」的所有可取得及可能存在的訊息，那就是「意識」一詞。靈性可以適當地解釋那些與真理和神性有關的意識面向，包括所有與「絕對及無所不在的實相」有關的覺知。實相是一個無限的領域，是所有存在之物的源頭。

在此定義之下，意識包含了所有的可能性與現實，也是覺知潛能可以發展到極致的空間與能量來源。我們可以安全又準確地驗證這條路徑，至少能達到 1000 的意識等級。在此等級中，個別求道者的幻相早已消融殆盡。

每一位曾經在地球生活過的偉大靈性導師，他們的教誨現在都可以接受檢視，甚至能接受細部的測定與驗證。意識等級 600 代表二元性消失而進入非二元性境界，正是這個階段使人們能夠接近連結著可見與不可見、已知與未知、平凡與可能性這兩個領域的橋梁。在 600 的意識等級中，聖靈與人類相遇，可見與不可見相互交融。這是一個用作指引的參考點，也是開悟的意識等級。

奇怪的是，肌肉測試本身的真理等級也是 600，因此這個靈性技巧可以說是二元性與非二元性領域相會的具體呈現。研究意識的本質，可能是所有靈修法門中最強大且最純粹的一條道路，因為它會自我修正及自我驅動。

關於意識與靈修方面的文獻很容易導向錯誤，因此當今認真的求道者應該排除所有無法被客觀驗證為真理的教誨。從 500 到 1000 的意識等級，實際上代表著不同的領域或次元。

意識等級 500 的靈性導師，是與廣大群眾接觸最多的人。當他們

的意識隨著靈性進化而達到等級 700 時，會變得更加傳奇而接觸的人也會變少。他們留給世人的，包括被記錄下來的教誨。

我們可以將不同的人生看作是人類意識的不同場域及等級，在相互交流中可以看出，人都是以非個人的身分來為不同的意識等級發言。因此，頑固的唯物主義科學家對宗教或靈修的輕蔑，其實並非個人觀點，而僅僅是他們所身處的能量場（意識等級 400）的一種典型表達，也表現出與該意識等級相符的局限性及能力。尤其是低於 400 的意識等級，往往會以自我為中心，為本身的才智、理性及理智化（intellectualization）*引以為豪。因此，在等級 400 中，科學取代了上帝，成為所有知識的源泉及未來的希望。

在等級 300 中，政治成為拯救人類的希望，而戰爭則是成為意識形態、標籤及口號下的產物，它們貶低了人類個別生命的價值。「壞」人被送上斷頭台或電椅，或者被關入大牢。在這個等級中，人們在二元性的有限領域中抱持著「對」、「錯」的見解，由於先天上對於立場的盲目而創造出這樣的二分法。

意識等級低於 300 的人生活在一個混亂的世界中，會隨著不同的時間與不同文化而改變對與錯的定義，甚至在同一個文化中，對於是非對錯的認定，也會因為教育、智商、社會規範或地理位置不同而異。這個等級的人非常容易受到新聞媒體的影響，而新聞媒體則會無

---

* 譯註：理智化是一種自我防衛機制，利用抽象理性的字眼來分析或描述情緒受威脅的情境，使情境變為超然，以逃避該情境所帶來的焦慮。

所不用其極地利用公眾的情感及脆弱的情緒來獲取利益。

這種「非此即彼」的傾向一直延續到等級 400，比如「科學」與「非科學」。因此，科學本身成了制式的簡化論及決定論的發源地，與中世紀教會的教條不相上下。

當意識等級提升到 500 時，被內在的局限性和無知所束縛的傾向會減弱，而那些謬論也會逐漸失去對心智的掌控。在意識等級 500，靈魂會以愛開始消融根深柢固的極端。人道主義及考慮到背景的「情境倫理學」**也會出現，帶來更大的平衡及一種足以抵銷極端主義的倫理觀。

心的意識等級（500）是擺脫世俗主義、頑固的正義感及報復式道德主義的橋梁，並敞開心門，開始考量不同的觀點、理解而不評判，懷抱著慈悲和寬恕。意識等級 500 所擁有的強大心靈力，都表現在理解能力上，而唯有理解才能使意識進步到 540，這是無條件之愛的等級。

在這些意識等級的人，有能力區分行為本身與行動者的不同。因此，當一個母親去探望因犯罪入獄的兒子時，儘管他犯下可怕的罪行，她仍會愛著兒子。此外，意識等級達到 500 的人，也有能力認清人類無法超越的局限，並願意去寬恕他人——因為他們不知道自己在做什麼。這種心態成為一個可以實現的目標，因為仁慈取代了懲罰、報復、反擊的渴望。在此，寬恕成了達到這個意識等級的基石。

** 譯註：評估行為對錯時，會考慮行為的特定背景，而不是只根據絕對的道德標準來判斷。

　　在意識等級 500，選擇能力的局限性會變得更清晰。每個人會開始看見自己內在的小孩，內心深處最原始的純真更加顯現，傾向排除那些報復性的選擇。這與我們社會的選擇不同，因為一般人往往會採取報復手段，或是比罪行更糟糕的懲罰方式。

　　在意識等級 500，人們也有能力看出所有的行為是多種因素所導致的結果。因此，行為所要承擔的不同程度責任，會依據情況、背景等來判斷。從行為可以看出多層含意，條件反射式的過度簡化也不再被接受。倉促判斷的現象不再出現，還有各種自相矛盾的狀況也會經過衡量及考慮。可以理解的是，事情不會違背個人意願而發生，因為所做的選擇只會與本身當前或先前的靈性狀態一致。所以說，生命的所有表現都被視為靈性成長的機會，對參與者來說是合理的。

　　意識等級低於 600 的人，通常會體驗到如史詩般的人類生活，所有可能性都以戲劇化的方式呈現。當意識達到 600 時，情況會有戲劇性的改變，一組完全不同以往的障礙呈現在我們面前，全都是對原則及覺知的挑戰。在意識等級 600 時，認知會由慧見所取代。先前在感知世界中可能被視為不幸的事情，現在從更高階的覺知看來，可能是一份禮物。

　　此外，在等級 600 的層次，意識不再認同物質身體。所有恐懼之最——死亡，也會成為一種可能的實相而消失得無影無蹤。就像毛毛蟲破繭而出，一個全新的自由靈魂在它非物質的本質中由衷地歡喜，因為自性本身是完全無形無相的。

　　高於 600 的意識等級，可以被準確地形容為一種普遍存在且不證

自明的狀態或情況，因為到了這個意識等級，已經沒有主體和客體。知曉者與被知曉者具有同一性，是不證自明的同一實體，兩者沒有區分。沒有內在與外在，沒有個人與上帝，不存在整體之外的部分，也不存在需要解釋的獨立個體。所有的二元性都被超越了。這種覺知是自我存在的，所以不需要獨立的個人才能使它存在。

在某個瞬間，當自我消融在自性中時，會生出一種短暫的驚異感及深刻的敬畏感。這時會體驗到自我的消亡，隨後一切變得寧靜祥和。過去把身體當成是「我」的想法，如今看起來荒謬可笑，那必定是因為一時走神或遺忘所致。就彷彿一個人不可思議地忘記了自己的真實身分，而現在終於歡欣地想起來了。所有的恐懼及生命的浮沉都消失了，連死亡本身也擺脫了。此時，人會憶起自己始終存在，且永遠如此，因此生存根本不是問題。一個人固有的安全，會一直受到自性的實相所保證。自性無所不在，超越了時間與空間，甚至沒有開始與結束。在所有世界和宇宙出現之前，人的實相便已存在，當中既沒有問題也沒有答案，因為在同一身分中不存在二分法。

一個人非一非多，而是超越了所有立場與心理活動。更準確的說法是，人的自性是從「一與多」中產生的實相。一切本自具足，自主自治，不需要自身之外的任何東西，因為不可能有「自身之外」的事物。由此來看，「自性」是大框架，而「小我」則是內容。

創造者與受造物之間一無區分。所有事物都是自我創造，是上帝之心的顯化。這種偉大的覺知是意識等級 700 的特徵，此時能了悟自性即是萬有。因為宇宙是自我進化及自我實現的，不需要任何干預。

一切都處於完美的平衡與和諧之中。

意識等級 800 或 900，代表人類可能達到的最高意識狀態。聖人可能偶爾回到這個世界，但他眼裡的世界已經轉化了，不再有需要「拯救」的個人，而是一個有待提升與強化的能量場。世界上每個意識等級高於正直（200）的人，其意識可以平衡七八％人口的負面能量，後者的意識等級在 200 以下。

意識等級 1000 所具有的強大心靈力，可以消融全人類的整體負面能量，這使人類得救不只是可能，而是必然。雖然這種可能性在仰賴時間的世界裡看似進展緩慢，但它其實早已存在超越時間的絕對實相裡。

沒有接納就沒有靈性成長，因為靈性成長與自由意志及選擇有關。因此，每個人只會體驗到自己所選擇的世界。宇宙中完全沒有受害者，所有的最終結果都是內在選擇和決定的外在展現。

那麼，是什麼原因導致這種必然命運出現明顯的延遲呢？似乎是能量場的引力所致，我們可以將這個引力描述為外力（force），或是幻相及虛妄。這個引力的核心是把身體認同為自己，並帶著隨之而來的存亡恐懼。人們害怕死亡，認為死亡是生命的終結，是可能會發生的恐怖現實，並以為這種想像的死亡真的存在。

對高我來說，人類的生命是由遊戲組成的，因為每個人下意識都知道死亡不可能真的存在，否則為什麼有人會為了政治利益或金錢而冒著「生命」危險呢？即便是短暫的一瞥，也能從歷史中看出其中的荒謬：堆滿人類歷史的那些殘缺不全的身體，何以能說服想成為英雄

的人當成是「戰爭的榮耀」？一場戰爭「死」了七千萬人後，國界依然不變，商業活動回復正常，整場戰爭遊戲可以說是一個悲哀的笑話。先前的敵人現在握手言和，觀看著彼此的陣亡將士紀念日，並且造訪彼此的戰爭紀念碑。

在西洋棋遊戲中，死掉的棋子不會被消滅，只是移出棋盤，改天還可再上場。然而，小我盡興的表演卻使棋手及觀眾全都信以為真。在某種程度上，每個玩家都在為他人提供一種靈性服務，透過演出人們所需要學習的課題，來謀求全體的福祉。這種勇敢的行為喚醒了靈魂內在的力量，而這股力量是靈魂達到終極覺知所需要的條件。

意識等級高於 600 之後，便沒有個人的自我在做選擇了。進步是意識本身的自然表現。因此，對特定靈性任務的承諾，是使身體持續在物質世界運作的原因，直到任務完成為止。從現實世界看來，人只有活這一世，就像是不斷上演的連續章節。

基督教聖經（欽定版）的補註

《舊約聖經》的真理等級為 190。然而，當中的《創世紀》為 660，《詩篇》為 650，《箴言》為 350。若排除這三個部分，剩下的內容整體測定值只有 125。

《新約聖經》的真理等級為 640。然而，若拿掉《啟示錄》（真理等級只有 70），則《新約聖經》的真理等級就高達 790。

目前的通行本《聖經》真理等級為 475。若要讓它名實相副真正「神聖」起來，就必須除了《創世紀》、《詩篇》及《箴言》之

外，拿掉其他所有的《舊約聖經》內容及《啟示錄》。如此《聖經》才會是真正的神聖，真理等級達到 740。

重要的是，拉姆薩（Lamsa）版本的聖經（譯自敘利亞基督教使用的古老標準聖經譯本），比欽定版（譯自希臘文版）更準確，其真理等級高出 20 點。欽定版有嚴重的錯誤，例如錯誤引述耶穌在十字架上說的話：「我的神，祢為何遺棄了我？」在阿拉姆語的譯本中，原話是：「我的神，為此，我得到了赦免。」耶穌使用的是阿拉姆語，而不是希臘語（參見《拉姆薩聖經》導言，第 11 頁）

如果拉姆薩版本的《聖經》拿掉《舊約聖經》內容（但保留《創世紀》、《詩篇》、《箴言》三部分）及《啟示錄》，其真理等級為 810。如果只拿掉《啟示錄》，拉姆薩版《新約聖經》的真理等級更高達 880。

第 5 章

捨離小我，成為一個良善的人

單純的核心精神

　　所有偉大的靈性導師及教誨，其核心精神可以總結為幾個簡單的段落（從實際面來說，他們都在勸導大家避免接觸那些在肌肉測試中使人力量變弱的事物，並追求那些使人力量變強的事物）。

　　選擇成為一個隨和、良善、寬容、慈悲的人，無條件地善待所有形式的生命，無一例外，也包括自己。將生命聚焦在無私的服務，付出愛並體諒、關心及尊敬所有生命。

　　避免抱持負面、消極的態度，克制對世俗之物的欲望以及對享樂和財物的貪婪。不要妄下是非對錯的判斷，不要自以為是的驕傲，不要掉入正義的陷阱。嘗試去了解，而非一味譴責。

　　敬重導師們所教導的基本原則，忽略原則外的其他一切。把這些原則用來善待自己和他人。相信神的愛、仁慈、無限智慧與悲憫，它們能看穿人類所有的錯誤、局限及弱點。將信心與信任交給上帝之愛，祂全然地寬恕並了解，同時也要明白譴責及害怕被審判的恐懼都源自於小我。上帝的愛如陽光，平等地照耀著萬物。避免負面解讀上帝，這是一種擬人化的錯誤，包括嫉妒、憤怒、毀滅、偏袒、偏好、

報復、不安全、脆弱、條件交換等，這些都是人性而非神性的描述。

跳脫小我解讀的臣服與犧牲

從小我的既得利益及負面的理解立場來看，臣服與犧牲等靈性法則是不符常理的概念。因為對小我來說，這些靈性法則可能會讓小我失去立足之地，但從靈性角度來看則是獲益的。

所謂的臣服與犧牲最主要是以謙遜來取代自大，在實踐中，人僅需斷捨自以為是及妄自評判的虛榮心。放下自己的立場可以解除「二元對立錯誤」的限制，這種限制是二元思維所導致的結果。一旦放下指涉「我」的思維慣性，小我的自戀本質就會減弱。改用第三人稱代替主觀的代名詞「我」，並養成這種表達習慣。使用非個人的陳述來表達，可以避免個人捲入問題之中。一般來說，冷靜的陳述往往更平衡和客觀，因為這樣的陳述包含了多方面的論點，而不是片面的觀點。

世上所目睹的種種人類事件，既非對也非錯，而是意識能量場的表現。這些能量場會碰撞，並在特定的時間和地點條件下，透過特定的個人展現出來。如果我們能夠不去假設他人「可以」成為完全不同於自身的人，就能看清一個事實：人無法真的成為除了自己以外的別人。他們如果可以改變，早就不一樣了。有限，定義了什麼是無限可能，「預期的假設」本來就不存在，這不是事實而是想像，所以用預期的理想去譴責人類的行為是不理性的。

透過理解，慈悲便能取代氣憤，這恰恰彰顯了歷史上這句至理名

言：「他們不知道自己在做什麼」（耶穌基督），或是「唯一的罪就是無明」（佛陀）。

超越負面的真正解脫

「與罪對抗」或是掙扎地想用「意志力」克服缺陷，並不是非常有效或有益的做法。事實上，這是一種將心智束縛在二元論錯誤中的立場及陷阱。

解開衝突的辦法不是努力去清除負面因素，而是選擇並採取正面因素。若能看出人的使命是去理解而不是評判，便能自動解除道德兩難的困境。專業人士一向如此自持。實際上，連醫生和律師都會告訴患者或客戶，他們的工作是治療或辯護，而不是評判。外科醫師能一視同仁地為聖人或罪犯治療受傷的骨盆，他通常會說：「評判這些事不是我的本分或職責。」

因此，當我們了解並選擇靈性生活，便可以體驗到莫大的解脫，將自以為是的譴責及隨之而來的仇恨放下。這種對靈性之「善」的追求有益於全人類，可以說是最值得稱讚的使命。

走上靈性道路的人不同於未上路的人，前者意味著一套新的衡量標準及新的注意力焦點，而不是一般人所追求的小我虛榮心及世俗成就。換言之，當一個人願意為了靈性成長而犧牲物質或自我中心的利益時，便能化短暫為永恆，因為他選擇了真正有價值之物，而不是那些僅僅是幻相的東西。做決定時，一個有用的衡量標準就是想像自己

臨終前，然後問自己：「這時的我想對什麼樣的決定負起責任？」

我們可以從人人都能證實的靈性研究中確定一點：意識不會錯過生命中的任何微小片刻，一切都會被記錄下來，並要為之承擔責任，沒有任何事物能被輕忽或不留下痕跡。這個發現跟所有文化、所有時代的人類整體經驗及智慧普遍一致，也是所有宗教及靈性教導的共同主題。

在靈修中，一個人可以僅僅因為正面的選擇，而超越所有負面因素。只要有熱情投入的內在紀律，負面的選擇就不會被視為選項。由此可以明白，一旦與負面選擇劃清界線，我們都能成為秉著良知、不隨波逐流的異議者。這種情況是自然發生的，因為這是我們選擇及重視靈性目標，更甚於世間其他目標的必然結果。

靈性覺醒是身傳而不是言傳

一般而言，靈性觀點在社會中並不是很受歡迎，但也沒有必要將自己的觀點強加於他人。勸導他人改變宗教或觀念，最佳的方式就是以身作則，而不是強迫或威嚇。我們是透過自己的本質來影響他人，而不是靠我們說什麼或擁有什麼。雖然表達與公眾意見相反的觀點在社會上可能是值得稱許的，但這樣做會導致衝突，並陷入世間的爭論與失和。尋求「原因」是社會及政治改革者的角色，與尋求開悟的人要做的事有所不同。雖然一般人可能認為，那些精神可嘉的付出及努力值得人們給予同情的支持，但是這些努力也是基於認知所界定的立

場，有其固有的限制與意圖。捲入社會議題對尋求靈性開悟的人來說是一種奢侈，必須要放下。

　　每個人都有自己的業力或需要完成的天命，最好不要將這兩種任務混為一談。歷史上那些受到靈性啟發的聖人確實提升了人類，這是他們使命的本質，也是對他們靈性勇氣的肯定，甚至還包括犧牲自己的肉體生命。在集體層面，這些社會上的聖人啟發了整個國家及文化，透過他們公開的人生，默默地為世世代代的所有人類造福。

　　那些受到召喚，在私人生活領域追求靈性成長的人，雖然在社會中比較低調，但是他們對全人類也同樣重要、同樣有幫助。這些入世的聖人是透過他們的行為和表率來提升社會，而靈修者則是透過內在的進步來提升社會。意識的每一次提升都會影響全人類的意識狀態，雖然這種影響未受到讚揚，卻可以透過靈性研究來識別及證明。人類的意識地圖是每個人進化階段的綜合結果，較高的意識等級比負面等級要強大得多。

　　一小部分人的意識所散發出來的愛，其力量可以完全抵銷全人類的負面性。世界有高達七八％的人口仍然處於意識等級的負面範圍內，測定值低於 200 以下，而只有四％的人口達到愛的等級（500），更只有〇‧四％的人測定值達到無條件的愛（540）。這些少數人每一個與愛和慈悲有關的念頭，勝過其他所有人成千上萬個負面念頭。我們改變世界不是靠我們說什麼或做什麼，而是靠我們成為什麼。因此，每一位在靈性道路上孜孜不倦的人，都對這個世界有幫助。

讓生命受益的美好循環

　　意義由背景來界定，而背景決定了動機，動機則創造了靈性價值。一個人若是獻身於生命，所作所為全是出自愛，這些作為就會受到聖化及轉化，從自私的利己動機轉變為無私的贈予。我們將「傑出」定義為對最高標準的奉獻，因此每個行動都是一個機會，可以透過純粹的努力來榮耀上帝。所有透過身體執行的工作及勞力，都是貢獻世界時所使用的原料。即便是最不起眼的工作，都能被視為有益於人類的共同福祉。若從這個角度來看，工作就會變得高尚。

　　看待人生的方式，不是帶來喜悅，就是帶來怨尤。慷慨可以取代吝惜，如果一個人的努力可以讓許多人獲益，那是多美好的事。事實上，每個人都有機會透過善待他人來讓世界變得更和諧與美好，並在靈性中相互扶持。對其他生命不吝付出，善果會回流到我們身上，因為我們同樣都是生命的一部分。就像水面上的漣漪，每個禮物都會回到施予者身上。這也意味著，我們如何對待他人，其實就是如何對待自己。

超越世間成就的不尋常人生

　　就現實面來說，我們必須考量到，在我們的社會中選擇走上開悟之路是不尋常的，也是相對罕見的。一般來說，社會性目標是在世界上功成名就，而開悟的目標則是超越世間成就的。請務必記得，這個

世界是在有限的牛頓線性因果關係的模式上運作的，對於什麼是「真實」，有一套普遍的主觀認知。另一方面，靈性是建立在不可見的實相及非二元性的領域上，因此可能看起來不真實，或者對普通世界來說，最友善的看法就只是怪異。

頑固的現實主義者，是根據物質的簡化主義及可測量的具體「結果」來行事，因此對他們來說，靈修的價值看似模糊、短暫且令人懷疑的。因此，主導著我們社會的科學與邏輯思考（意識等級 400），會用懷疑的眼光來看待意識等級 500 的人所抱持的價值觀與動機，並繼續否認意識等級 600 以上所有事物的真實性。

通常大多數人會將靈性與宗教混為一談，而且他們的理解往往是：靈性與宗教必然與「是非對錯」有關。因此，社會普遍提倡道德上的善惡對立，並促成包括法律、監獄、政府規章、稅收、審計、法庭、警察、軍隊及政治等整體文化的各種機構，甚至是戰爭。

相反的，純粹的靈性組織沒有專制的結構，沒有自己的建築或大廈，沒有官員，沒有財庫、物品或金錢，而且避免表達任何觀點，堅持不涉入外在問題。從本質上來說，靈性組織不公開發表聲明，其運作完全是出於成員自願遵守靈性法則，同時也不改變別人的信仰。他們沒有真正的員工，而是成員自願服務，也沒有債務、義務或投資關係，因此真正的靈修可以說是：「活在世間，但不屬於世間。」靈修不尋求榮耀，也不承受指責。

在當前的社會中，這類組織的最佳例子就是所謂的「十二步驟」

團體 *，他們唯一的力量是源自於純淨的靈性，並且已經發展到解除人類諸多痛苦的階段。這些群體的測定值為 540，意識等級屬於無條件的愛。

「不尋常的人生」之所以不尋常是在背景及意義上，選擇建立一個價值層級來創造所有活動的動機。普通人生與不尋常人生的差別，主要是從什麼樣的背景來看待人生。比如說，開始把愛看得比利益重要，就是一種很大的態度轉變，足以轉化自己的人生。

當人們受到靈性啟發而致力於靈修時，整個人生可能會經歷到非常大程度的衝擊。很多這樣的人會突然放下工作、事業、家庭、朋友，以及放棄擁有的社會地位，經常跑到看似偏遠的地方。這種重大的改變往往被家人及夥伴視為警訊，並尋求心理上的合理解釋。在普通世界裡，神智正常的人不會突然丟下一切去尋找上帝。志在靈修的人願意斷捨一切來追隨某種無形的內在召喚，因而讓人感到迷惑。以靈性為導向的人，追求的目標是不可見的，所以在普通世界看來，他們可能就像是精神錯亂、迷失心智，或是試圖「逃離現實」。

此外，家人或朋友可能會對這種看似斷捨一切、與世間主流奮鬥目標背道而馳的行徑感到憤怒及埋怨。對家人和朋友來說，放下社會優勢、金錢、權力和地位是相當不明智的選擇，甚至是一種侮辱。許多虔誠靈修者採取了簡單、非物質導向的生活方式，這在自己過去的

---

* 譯註：十二步驟是歐美風行近一世紀的戒癮行為課程，是由戒酒無名會（Alcoholics Anonymous）首創的療癒步驟，用以治療酗酒或其他成癮行為。

夥伴看來，就是在「逃避責任」。

靈修團體的選擇關鍵

　　加入某個靈修團體或組織，是受到現在和過去的許多因素所影響的個人選擇。其中最重要的考量因素，是這個團體和領導人的實際意識等級。傳統上，「大師的美德」是源於某個靈性教誨所產生的內在力量，而大師的意識等級與這個教誨一致。因此，教誨創始者的實際意識等級，以及教誨本身的真理等級是至關重要的。這一點再怎麼強調也不為過。

　　畢竟，再怎麼狂熱都無法取代真理，擁有成千上萬或甚至好幾百萬名追隨者的信仰也無法取代真理。靈性的洞察力是一種罕見的天賦，從歷史來看，除非開啟「第三眼」而獲得慧見，否則任何求道者再多麼嚴謹，都可能輕易被愚弄。如果冒牌的靈性導師不是令人敬佩的、有魅力的、可信的及令人信服的，他們也不會有那麼多的追隨者。實際上，這需要專家或本身擁有高階意識的人，才能看出差別。這種靈修偏差發生的原因是，冒牌大師在背景基礎上就有問題，而這個背景超越了入門者的有限認知。

　　此外，博學多聞也不是真理的保證。世間有一些天才橫溢的靈性導師，有心去研究他們時，會發現他們的心輪是失衡的。也有些確實是「真心實意」、充滿愛的靈性導師，但是他們的眉心輪或頂輪是「關閉的」，這樣的人會將追隨者帶入歧途，走上一條可能是所有人

類經驗中最痛苦的錯誤道路。這種靈修的幻滅會使人陷入沮喪，甚至
輕生。

隨著人類意識提升，宗教會有什麼變化？

「信者自慎」的警語適用於所有人，無一例外。世界上許多大宗
教都起源自原始的游牧民族和文化，當時的無知非常普遍，人們很容
易被打動及擺布，尤其是恐懼和迷信，他們傾向於用擬人化的方式來
思考。在那個時代，邪教猖獗。當時沒有科學，因此許多自然界的事
件都被歸因於超自然的力量。為了影響這些超自然的力量，護身符、
動物肢體、骨頭、石頭、雕像、神祕聲響及象徵圖騰等應運而生，而
地球上的某些地點、自然現象、山脈、火山、聖地或廢墟也成為人們
朝聖的對象。

「眾神」被當時的人認為是地球上主要災難與現象的主導者。饑
荒、洪水、地震、日蝕及星座位置，都被附會為有超自然的意義及神
奇的力量。人們膜拜動物及動物靈，萬物有靈的泛靈論相當盛行，而
涉及這一切的就是「靈體」，因此操縱靈體也變得很普遍。神聖的藥
物、符咒、咒語、出神、化身和祭品等，都被認為有極大的價值。要
想平息諸神之怒，人們必須挨餓、鞭笞、獻祭動物、斷肢、玩弄猛獸
及眼鏡蛇、躺釘床、禁欲苦行，忍受疾病纏身的「聖潔」清貧、令人
痛苦的儀式，以及殺害動物、家禽和處女來獻祭。

這種野蠻及無知的亂象，往往是由宗教所延伸出來的文化。除非

你了解是這些文化創造了信仰，並且神化了與上帝截然相反的東西，否則你無法了解為何人們會認為要用動物鮮血及處女死亡的方式來取悅神。這種對真理的巨大扭曲來自小我陰暗面的投射，將眾神負面化為憤怒之「神」，善於報復、嫉妒、羨慕、刁難、復仇、譴責、暴怒、毀滅、懲罰、將靈魂丟入地獄，還用瘟疫、饑荒、洪水、火災及風暴來毀滅整個文明。

如果某個宗教是從負面的亂象中興起的，就會傾向於強調並聚焦在罪、地獄、懲罰、正義等負面觀念，並以這些觀念為藉口來施行各種形式的暴行、戰爭、迫害、定罪、火刑、放逐、監禁及斷肢等。

所有這類行徑被視為是神聖的，因為各種形式的犧牲都被神化了。因此，殺害異教徒的行為受到讚美，衝突被認為是正當的。這種種作為，始終都可以透過挑起文化上的不公而被合理化。這些不公正似乎為數世紀及世世代代的不斷報復提供了理由。

緊握著這些負面觀念而行使權力的宗教，成了社會上最糟糕的迫害者，也是猖獗不義之事與暴行的作惡者。當文化受到荼毒，導致對神產生出一種威嚇、殘忍、暴力的投射印象，讓人們誤把「地獄之神」與天堂之神混為一談，這是靈修一種嚴重且驚人的錯誤，對人類造成的影響及嚴重性幾乎是不可想像的。

人類的全部苦難與痛苦程度，曾經顯現在我早年的意識中，這個揭示令我震驚不已。在那個當下，無神論取代了我原先的信仰。這是因為要我相信一個創造出如此大規模痛苦的造物主，成了不可理解之事。多年後我才了解到，是人們錯誤地將小我的特質加諸於上帝身

上。回想起來，顯然我當時的無神論只不過是拒絕接受像人類一樣的假上帝，因為我當時有一種強烈的靈性直覺，相信真正的神跟宗教所宣講的神是相反的。這個直覺後來得到了證實，因為當我意識中的神性顯現出來並大放光芒時，便清除了這類荒謬信仰的任何殘餘信念。

只要簡單地對照一下意識地圖（參見附錄二），便可以看出歷史上那些憤怒之「神」的測定值遠低於 200（正直），也就是這些神是在虛妄的那一邊，而不是真理這一邊。在意識地圖上，負面能量場所看到的「神」，被描述為無情的、復仇的、懲罰的、譴責的、懷恨的、鄙視的（神鄙視所有罪人）。這些都是仇恨之神，人類以信仰這樣的神來合理化一直以來的殘酷和野蠻行為。

毫無疑問的，至少近五千年來的人類文明史一直在重複這種可怕的行徑，且在最近一個世紀達到頂點，屠殺及殘害了數百萬人。誤將惡魔當成神，對人類造成了巨大的嚴重後果。

在這樣的歷史背景下，仍然有一些靈性較高的人反對這種毀滅行徑，但社會很快地就為他們貼上了必須讓他們噤聲的敵人標籤。在一個盲目的社會中，一個仍能看到光明的異議者，會被視為不愛國及反傳統、精神病患或是懦夫，當然還會對現狀構成威脅。不盲從社會主流的人，會被視為危險的破壞分子。

歷史上，經歷到更高的意識狀態或甚至達到開悟的稀有靈修者，被稱為神祕主義者。他們往往被貼上異教徒的標籤而遭到迫害，被逐出教會，甚至遭到殘酷的火刑。他們的教誨威脅到了那些建立在靈性謬論上的權力結構，那些當權者的罪疚和恐懼，確實受到一個擁有無

限仁慈、同情及無條件之愛的神所威脅。直到現在，人們實際上還沒有意識到，「真理會帶來和平，而謊言會帶來恐懼」這個道理。但只要憑藉這個信號，人們就能看出區別。

一九八○年代晚期，人類的意識等級終於從數個世紀以來的190，跳到了關鍵性的臨界等級200（正直），並到達今日的207。這個較高的意識等級不再那麼輕易接受野蠻及仇恨，且大部分的社會（包括教會）也不再強調罪和恐懼，他們現在談論的是充滿愛的神。當今的教皇反對殺戮、死刑及宗教法庭，並且指出這些都未能保護無辜及受迫害的人。

正像是春天來了，一個人類所理解且上帝所應許的新紀元正在浮現。現在人類的意識等級已達到足夠的高度，能夠辨認出真相：信奉的是充滿愛的神，而不是充滿罪疚及仇恨的神。

人類現今正站在真正覺醒的門檻上，這或許就是《聖經》所預言的「基督再臨」的真正本質。人類文明在「觸底」並再次轉向光明之前，幾乎快達到用核彈自我毀滅的程度。只有在人類意識等級低於200時，才會發生靈性真理遭到顛覆而轉到相反的方向，但是當人類普遍的意識等級跨越了臨界線而超過代表正直的200時，就會開始自我修正。

直到近年，人們才開始接受「分辨真理與謬誤」的恩典。因此，世人已看清斷頭台的本質，不再將它視為一種平等、自由、手足情誼的象徵。社會現在面臨新的道德困境，夾在舊神祇的殘餘影響及新實相的典範之間。我們現在有著這樣的矛盾：無神論者要上法庭聲明，

他們享有如憲法所承諾的天賦自由人權，而此法案聲明，這種自由與權利是源於上帝創造了人人平等。

在意識等級剛超過 200 時，神被視為公平、平等及自由的象徵，至少祂終於變得仁慈和藹多了。天堂不再是遙不可及，現在看來似乎是一個合理的現實，因為新的希望正在從人類世世代代的絕望中生起。人類正在重生的過程中，喜樂之神取代了恐怖及可怕的舊神形象。

意識進化後的生命新氣象

隨著人類意識等級的提升，主流態度及待人處事的風格都會自動發生重大轉變。負面事物越來越缺乏吸引力，越來越不被人們接受，也越來越沒有說服力。仇恨、報復、驕傲及自以為是的情況日漸減少了。現在的人會認為，懲罰行為將會產生極為不利的後果，而不平等及不公正的事情也變得更難以自圓其說。拉抬歷史上那些偏負面形象的神不再是時尚，也不再有說服力。這種極端的現象失去了可以被接受的正當性。

責任取代了罪的觀念，倫理取代了報復性的道德說教，理解取代了譴責。「善」與「惡」這類用語是相對的而不是絕對的，而且越來越多的人開始理解及考量事件背景也是一個促成因素。社會的通情達理開始取代歇斯底里的情緒爆發，仇恨的宣傳不再像過去一樣容易被大眾接受。

雖然這種意識進展目前在許多西方國家已經很普遍，但是在一些

舊信仰觀念還盛行的地區，意識的進步仍然阻力重重。在那些地區，還在不斷上演著宗教戰爭，而政治信徒也還在持續扭曲靈性真理，鼓吹人類的衝突和戰爭。

最有趣的是，遮蔽著這些文化的無知面紗，如今正在被突破政治邊界的電子媒體所逐漸滲透。誰能想到邪惡最終會因為電晶體的晶片而失去其掌控力呢？

真理與自由的訊息，在現代社會中幾乎人人唾手可得，甚至有些暴政還在網路的衝擊下接二連三地垮台。資訊科技可以說是自谷騰堡（Gutenberg）發明印刷術以來，人類發明的最強大工具。

透過自由的資訊傳播，所有人類終於可以在自由與手足情誼下團結在一起。原本將人類分割、裂解成相互衝突群體的不同「語言」，現在卻在一種連孩童都能理解的共通語言中重新連結起來。

這種新實相典範的出現，也反映在前蘇聯、東歐極權主義和無神論共產政權的自然解體上。透過自由傳播與經濟需求，這種政權在其他地方的解體也將不可避免。蘇聯的共產主義不用一槍一彈就瓦解了，它不是在「對抗邪惡的戰爭」中被擊潰，而是在新興的相反力量下不戰而敗。進化靠的不是打擊負面勢力，而是靠正確選擇及堅持正面力量。這種情況也體現在南北韓的和平協議中。

科學界也是如此，在上個世紀的最後幾年發生了重大的轉變。科學先前的無知與盲目，在於立基於牛頓學說的決定論物質主義所受到的限制，它譴責了科學家的覺知，導致科學界的意識等級一直停留在499。這是牛頓、愛因斯坦、佛洛伊德，以及所有其他偉大思想家和

科學家的意識等級。凡是無法用積分學解釋的訊息，都被以「混亂無序」的理由忽略，且被排除在科學研究的領域之外。

由於所有生命及其天生的發展都是非線性的，因此在古典科學看來，這類知識與真相都遠遠落在可能發生的模式之外。但是，這一切在混沌理論或非線性動力系統問世後，出現了深刻的大轉變，科學開始接受關於生命的所有相關探索。透過意識地圖的清楚描述，可以說在科學與靈性之間的相互理解上架起了一座橋梁。

科學認為「現實是可測量的」，所以除非某物可以被定義及測量，否則就是不真實和虛構的。這導致科學將任何認真探究人類價值的行為視為無效，其中包括愛、同情、美善、寬恕、靈感、信仰、友誼、忠誠、感激、希望和幸福等所有構成人類存在及行為動機的核心與現實。

對於精微及無形無相的事物，科學無法掌握其意義。然而，科學卻是人類迄今為止用來評估和操縱物質世界的最佳工具。科學的局限性不是缺陷，而是用來界定它的有效範圍。事實上，了解自身的局限反而是長處，不是弱點。

在混沌理論有一個重要的元素，就是發現所謂的「吸引子場」（attractor fields）。這些場域顯示，在表面看似無法解釋、混亂及隨機事件的背後，實際上有一個隱藏的能量場，這個模式影響著表面看來是隨機的數據。這些模式是可以辨識的，它隱藏在看似不合理或毫無意義的大自然事件背後，這也解釋了全球與環境變化、氣候模式，甚至包括人類心臟的實際跳動。

　　無法解釋的事物仍然是不可預測的，但是可以變得更好理解。靈性實相的層級如今可以驗證且更容易明白，不像過去對不可見的領域感覺陌生及充滿質疑。人類所有的行為及信念都是由意識狀態所主掌，而背後隱藏的吸引子場有一股隨著意識等級提升的力量。這一理解，闡明了人類從古至今所有行為的基礎。

　　只要知道任何文化、國家、群體、個人或組織的意識等級，就能揭露其可預期的各種心態、想法、情緒及心智內容。就像遵循一種無形模式飛行的鳥群一樣，社會各階層的行為模式也可以公開研究及了解。一個特定群體只能接受與自己固有意識等級匹配的現實模式，無法超過界限太多。

　　這些無形的能量場超越了時間和空間，從古至今一直都在影響著每個人。我們每個人就像是一個無線接收器，分別接通與自己意識等級一樣的能量場。比如說，意識等級 300 與等級 400 的人所收到的頻率就很不一樣。不同等級也可能會質疑其他等級的實相。以等級 190 為例，驕傲是一種非常強大的驅動力（比如德國的希特勒），因此驕傲成了達成自我實現的理由、手段和目的。

　　相反的，達到意識等級 400，理性、邏輯和科學訊息會成為主流，直到意識達到 500 時，愛與同情才具有真實意義，並成為行動的依據。

　　不同等級能量場之間的衝突，造成了社會階層的糾紛，並衍生出各種政治立場及社會動盪。輿論的鐘擺往往會從一個極端擺向另一端，而統治者們則試圖剷除與主流思想形式及信念不同的觀點。在較

高階的意識等級中，衝突會透過理解、同情與包容來解決，但對較低的意識等級來說，衝突會透過鬥爭、迫害及戰爭來解決。

人類從過去的黑暗與無知走出來，進入充滿希望與前途的光明之境，針對這個現象，至今還沒有人看出其本質及這個重大轉變所暗示的意義。從 190 到 207 的意識等級大幅轉變，是人類歷史上意義最深刻的重大事件。從特徵來看，它的發生不但悄無聲息，而且超越人類的認知。過去曾經駐世的偉大神性化身，就曾經預言人類終究會走到這樣的命運。

神性的無限力量能往下穿透各個意識等級，猶如森林中的陽光支持著所有的生命。一旦失去光的力量，意識就會選擇回到暫時性的虛幻替代品，也就是所謂的外力（force）。外力是有限的，而心靈力（power）是無限的。因此不管如何，結果都是明確的，因為外力阻擋不了心靈力。若沒有心靈力的灌注，依照外力的本質，它會在消耗完畢後熄滅。

隨著知識的擴展，涵蓋到非線性及非二元性時，我們將驚訝地發現，人類可能做出的最深遠、最根本的科學聲明就是：「榮耀歸於至高之神」。

第 6 章

小我的消融

　　移除路上的障礙後，啟示就會顯現。障礙沒有了基礎會自行崩塌，而它的基礎就是「原因」這個概念。一旦看出支撐這個概念的信念是一種錯覺時，就可以理解這個認知為何如此重要，這個錯覺就是相信自己是獨立的個體，可以自我獨立並擁有個別的「我」（或稱小我）。

　　原因暗示著二元性——因為先有一個「這個」，然後造成了「那個」。在此，需要假設有一個「我」作為邏輯必然性的歸因對象，以解釋「那個」行為的原因。於是，想法的背後有一個想像的「思考者」，行為背後有一個想像的「執行者」，感覺背後有一個想像的「感受者」，而受造物背後則有一個想像的「創造者」……

　　此外，這種概念還有一個特徵，就是混淆身分——誤把行為、表現、角色或稱號當成自己。對自己身分的錯誤認同所產生的混淆，不僅將自我當作獨立存在的執行者，而且還會持續創造一種模糊的自我形象，將一個人的作為、表現、感覺及想法當成自己。一旦相信「我就是某種特質（比如好或壞）或職業」，往往會無止境地用描述性的形容詞，來強化「行為背後有一個獨立存在的執行者」這個幻覺。

　　如此一來，「我」便淹沒在「自我定義」的無盡沼澤之中，變得面目全非。如果這些定義是「好的」，我們便會感到高興；如果是

「不好的」，我們便會感到沮喪或愧疚。事實上，所有的自我定義都是虛幻的，也同樣會誤導人。

超越對「自我」的身分認同

有益的看待方式，就是意識到「一個獨立的自我或實體」這個幻覺，會創造出一種虛妄的身分。出於一些原因，人們對這個身分似乎有難以克服的執著。人們會迷戀這個珍貴的「自我」，然後成為一種執迷及說話、思考時的主觀焦點。這個自我被美化成一個英雄或女英雄的人生故事或戲碼。在這當中，「我」成了加害者、受害者、始作俑者、所有責怪與讚美的理當承受者，以及所有故事情節的主要演員。這個「我」視生存為首要任務，包括不計任何代價地使自己的一切合理正當化。換言之，相信自我是真實的這個信念，等同於生存和存在本身意義的延續。

因此，若要超越對「自我」的身分認同，就需要放下所有上述的心理傾向。這需要人們願意「犧牲」所有這些特質及心理慣性，轉向神性的愛及謙遜。唯有將想法與意見限制在可驗證的有效性之內，一個人才能做到真正的謙遜，這也意味著願意放下所有假設性的想法。只要堅持下去，幻相就會被真相取代，並且能明顯地看出，幻相本身就是所有錯誤的基礎。經過最後一場光明的衝擊後，人們終於了解到，其實心智並不「知道」任何事情。就算它知道，也只是「得知」那件事，而不是真正知曉，因為真正知曉意味著成為被知曉的那個對

象，例如知道關於中國的種種，並不會讓一個人變成中國人。

　　將心智限制在它可驗證的知曉範圍，便能縮小它的影響範圍，如此它就成為人類的僕人而非主人。顯而易見的，心智實際上處理的是各種假設、表象、感知到的事件、無法證實的結果，以及被錯認為實相的心理活動等等。事實上，並沒有任何實相是由心智所建構的。

　　心智傾向於往外擴張，並相信自己的想法和見解是「有價值」的。一經仔細檢視，就會發現所有見解都是毫無價值的，全都是虛妄，沒有任何重要性或內在效用。每個人的心智中都裝滿了無窮無盡的見解，一旦看出這些見解的本質，我們就會明白它們只是一種心智活動。然而，更重要的是，它們源自於立場，也會強化那些立場；正是這些立場帶來無盡的痛苦。若要放下立場，就要讓見解安靜下來；而要使見解安靜下來，就要放下立場。

　　此外，記憶的價值也會逐漸流失。因為一旦我們意識到，心智不僅會錯誤解讀當前的情況，還會習慣性地錯誤解讀過去，人們所記住的，其實是過去錯覺的紀錄。所有過去的行為都是基於人們對當時想法的錯覺。人們時常懊悔地說：「唉，當時看起來是個好主意。」這句話蘊含著深刻的智慧。

　　透過默觀和冥想，一旦意識到所有現象都是它們自行發生的，而不是內在有個有意志的「我」所導致的結果時，人們就不再相信那個想像的「我」是真正的我。

　　生命現象絕非是任何事或任何人所引起的。一開始，人有時會不安地發現，人生的所有事件都是非個人的，一切都是宇宙與大自然的

自主互動所產生的現象，包括身體功能的運作、心理活動，以及心智在想法與事件上所賦予的價值與意義。這些自然而然的回應，是先天模式所導致的非個人結果。一個人只要聽聽自己的想法，便會發現他只是在聆聽所有被預設的程式，內在並沒有一個真的我在引導這個意識流。只要一個簡單的練習——要求心智停止思考，就可以發現這個事實。但顯然的，心智完全無視人們的願望，逕自去做它正在做的事。它的作為並非是行使個人意志的結果，反而常常與人們的願望背道而馳。

日常生活體驗，其實是小我改編版的回放

　　小我之所以能持續存在並擁有掌控力，是因為它宣稱自己是所有主觀經驗的創造者。「我想……」這種念頭總是迅雷不及掩耳地進入腦海裡，被理所當然地視為生活中所有事件的原因。這種念頭很難覺察，除非在冥想時非常集中注意力，才能發現各種想法的源頭。

　　「內心覺察到有事發生」與「小我聲稱自己是創造者」，這兩者之間的時間差，大約只有萬分之一秒。一旦這個時間差被發現，小我就會失去它的支配地位。人顯然是現象的見證者，而不是造成現象的原因或主導者。因此，自我變成了被觀察的對象，而不是見證者及體驗者本身。

　　小我的追蹤能力及功能非常有趣。實際上，小我將它自己穿插在實相與心智之間，就像是一卷極為寫實的監視錄影帶，隨時都可回放

它在前一瞬間所錄下的畫面。因此，一個人的日常人生體驗，就是在即時回放小我剛剛錄下的內容。就在這片刻之間，錄製的材料就已被小我按照它先前被預設的程式重新編輯過，所以失真及扭曲的內建操作是自動的。

這個內在螢幕模糊了真相，將事實隱藏著不讓人覺察到。當我們超越小我時，首先發現到的其中一件事，就是整個生命變得生氣勃發的巨大轉變。這時，我們可以體驗到尚未被預設想法扭曲、蒙蔽及篡改之前的實相。第一次經驗到生命以本質如實呈現時，那股衝擊如排山倒海而來。在自我幻相即將消失前的片刻，會驚鴻一瞥到過去未曾想像過的實相。小我認知機制的消逝，揭露了美妙的輝煌景象。在那個瞬間，當小我的殘餘結構連同它所信以為真的信念一併瓦解時，我們也會感受到真實的死亡。

總而言之，小我可以說是自大及恐懼兩相結合所產生的各種立場。真正的謙遜能瓦解小我，並使它無以為繼。

另一個小我的立基信念，就是相信「小我是我們理解及生存的源頭」。我們將小我視為提供關於自己與世界訊息的源頭，是我們與世界接觸的媒介。它就像是電視螢幕，告訴我們關於世界及世界對我們的意義，我們會害怕如果沒有它就會迷失。

終其一生，我們一直都在為「小我」努力，投入相當多的情感。小我既是努力的源頭，也是努力的目標，被注入了各種人類的情感、感覺、弱點、得失、勝利及悲劇。人們會執著及迷戀這個肉身，包括它的角色，以及它的變化無常，並對這個自我付出大量的投資，使它

看起來深具價值而無法斷捨。經過長年累積的親密及熟悉感，我們將希望、期待及夢想寄託在它身上，對這個「我」產生執著，並視它為生命體驗的核心焦點。

執迷生存的小我和超越死亡的真我

　　除了對自我信念的巨大投入之外，人對死後靈魂的議題也相當關注。有一個可怕的訊息透露這個「我」最後注定會消逝，但似乎並不可信。「死亡將會終結『我』的未來」，這個可怕的訊息似乎不合理、荒謬、不真實和悲慘，並會使人感到憤怒及害怕。人活著所經歷到的所有情緒，現在再次被重複播放，而這一次是針對死亡本身。

　　若要捨離小我，不再把它當作自己的核心焦點，就必須放下各種層面的執著和虛榮，最後還要直接面對小我為確保自身延續及存活的主要功能——控制。小我會緊抓著它所有的能力，因為這些能力的基本目的就是確保它的生存；這也是小我執迷於獲得、獲勝、學習、結盟，以及累積財物、資料和技能背後的「理由」。小我有無盡的計畫來提高生存能力，有些顯而易見，有些則微妙而隱密。

　　對一般人來說，上述一切似乎令人畏懼，也確實是壞消息。然而，對於那些投入進階靈性成長的人來說，卻是明顯的好消息。事實上，小我根本不需要消亡。生命沒有終點，存在不會停止，也沒有悲慘、可怕的命運在前頭等著生命結束。就像小我本身，整個故事都是虛妄的，所以我們根本不需要消滅小我，甚至不必在它身上花功夫。

唯一要完成的簡單任務就是，**不再將小我視為真正的自己。**

　　一旦放下這種身分認同，小我實際上會繼續行走、說話、飲食及歡笑，唯一的差別在於，跟身體一樣，它會成為「那個」，而不是「我」或「這個」。

　　所以，唯一需要做的是放下擁有者與創造者的身分，以及放下認為自己是發明或創造這個自我的幻覺，單純地將它視為一種錯誤。很明顯的，這是一個非常自然且無可避免的錯誤。每個人都犯了這個錯誤，只有少數人發現錯誤並願意或有能力去修正它。

　　修正這種錯誤的身分認同就是一次大轉化，但如果沒有神的幫助，轉化不可能發生。要放下一個人看似最核心的存在，顯然需要極大的勇氣與決心。一開始，前景似乎令人望而生畏，還會引發對失去的恐懼。「我不再是我」的恐懼會浮現出來，還有對失去安全感及熟悉感的恐懼。熟悉意味著舒適，潛台詞就是：「這個『我』是我所擁有的一切。」因此，放下這個熟悉的「我」，會帶來空虛、不存在的恐懼，甚至是可怕的「虛無」（nothingness）感。

　　為了讓「自我→自性」的身分轉換更容易達成，有個方法會有幫助，就是了解到「小即是大，少即是多」的這個道理，就不會體驗到任何損失。相較於真實自性所帶來的體驗，對小我的認同所帶來的舒適感和安全感簡直微不足道。自性更接近於對「自我」的感覺，因為自性就像「真我」，而不僅僅是渺小的「我」。這個渺小的我有各種弱點、恐懼和痛苦，而真正的「我」可以超越種種可能。這個渺小的我必須背負著對死亡的恐懼，但真正的我是不朽的，且超越所有時間

與空間的。這種轉變所帶來的滿足感是全然圓滿的。原來，一個人生生世世的恐懼其實是毫無根據的，是憑空想像出來的，這樣的了悟會帶來巨大的解脫，甚至有一段時間會讓人很難繼續在這個世界運作。猶如從死亡的宣判中得到緩刑一樣，生命這個美妙的禮物，現在得以充分地綻放光芒，沒有任何焦慮和時間壓力。

　　時間一旦停止，通往永恆的喜樂之門便會敞開，在此上帝的愛成為當下存在的實相。對所有生命與存在真相的知曉，會令人驚嘆地自我揭示。上帝的奇蹟是巨大且無所不包的，超越了所有可能的想像。最後，我們會回到真正的家，一個全然圓滿的所在。

　　因此，人類敬畏上帝的觀念會顯得很可笑，簡直是一種可悲的癲狂。在實相中，愛的本質始終都能消融所有恐懼。在人類無知的荒謬中，也藏著一齣神曲。與此同時，一個人也會領悟到，盲目的掙扎與痛苦是毫無意義和不必要的。神聖的愛充滿著無限的慈悲，讓你很難相信有人會相信上帝會對人類的局限感到不悅和憤怒。小我的盲目世界是一個無邊無際的夢魘，就連它看似天賦的禮物也會逐漸失色且變得空洞。人類真正的命運，就是了解到自己的源頭及造物主的神聖真相。造物主無所不在，而且始終都存在祂所創造的受造物中，所謂的自性就是造物主。

　　滿足於活在小我的局限中，要付出可悲的代價，因為我們對它的服從與卑屈，只能獲得它微薄如麵包屑的回報。那種微薄的所得及快樂不僅少得可憐，而且稍縱即逝。

回到真我的純淨意識狀態

　　讓小我如此頑強的另一個原因就是，它害怕上帝。這種恐懼源於對上帝本質的普遍誤解及煽動。在擬人化的過程中，小我將各種人類的缺點投射在上帝身上，扭曲人們對神性本質的想像。正如佛洛伊德所言，人類對上帝的想像就像一張巨大的羅夏克墨漬測驗卡 *，成為「所有人類恐懼與幻想的終極貯藏庫」。佛洛伊德的局限在於，雖然他正確地聲明「沒有這種虛假的上帝存在」，但他並沒有反過來想，或許真正的上帝確實存在（這也是佛洛伊德的意識等級為 499 的原因）。與佛洛伊德同時期的精神分析學家卡爾・榮格（Carl Jung）則超越了佛洛伊德，他聲明人的靈魂真相並證實了靈性的價值（因此，榮格的意識等級為 540）。在這些觀察中，我們明顯地看到了理性、智慧及合理性的分界與限制。

　　想要了解上帝的本質，只需要知道愛的本質。真正懂得愛，就懂得及了解上帝；而懂得上帝，也就會明白什麼是愛。

　　神聖示現的終極覺知是平安，平安代表著無比的安全與無限的保護，甚至連痛苦都不可能存在。沒有需要懊悔的過去，也沒有需要擔心的未來。因為一切在永恆的知曉中，所有可能的不確定性或對未知的恐懼都永遠消融了。生存的保證是百分百的，放眼看去沒有烏雲，

---

* 譯註：羅夏克墨漬測驗最初被稱為人格投射測驗，由瑞士精神醫生赫曼・羅夏克（Hermann Rorschach）於一九二一年最先編製。測驗的卡片共有十張，由墨水拓漬的圖案都不一樣。

也沒有即將到來的厄運，或是暗中伺機而動的不幸。生命是一個永恆的「今日」。

實相狀態排除了所有「因為……所以」的狀況，因為主體與客體之間不存在任何可能的關係，所以沒有名詞，沒有代名詞，沒有形容詞，沒有動詞，也沒有「其他」。事實上，所謂的「關係」不可能存在於實相當中，連得到或失去也是不可能的事，因為自性已是萬有，沒有任何一物是不圓滿的。沒有什麼事情需要知道，也沒有什麼問題留在心中。所有目標都已經達成，所有渴望都獲得滿足。自性沒有欲望，也沒有需求或渴望。它已經擁有一切，因為它就是一切。成為萬有，便排除了一切可能的匱乏，也沒有要去做的事。沒有需要去想的念頭，也沒有需要費心關注的事。自性／神／真我沒有需求，它不需要被取悅，也不會感到失望，它沒有感覺或情緒，沒有信念或態度。自性的存在是毫不費力的。存在的終極源頭永遠是自由，不需要任何條件。神耀眼的力量在意識本身的光裡熠熠生輝，不需要身體，也不需要任何物質或形式。無形無相才是所有形式的本質。自性是不批判的、不偏不倚的、完全開放的、當下的，以及接納的。

斷捨自我而臣服於自性是絕對安全的；自性對自我的無條件之愛是它仁慈的保證。聖靈的光芒從自性照耀到自我，連結著靈性與小我。透過祈禱，我們請求、允許，並透過自由意志來選擇，好讓聖靈成為我們的嚮導。唯有在神聖恩典下，人才可能轉化而達到開悟。

有種說法認為，小我就是決心要透過抗拒來製造困難。小我不想改變或被改變，儘管它承受著痛苦、恐懼，以及令人遺憾的不幸。它

不惜一切代價堅持要成為「正確」的一方，焦慮並小心翼翼地守護著它所珍視的信念。事實上，小我不是需要被消滅或征服的敵人，而是一個需要療癒的病人。小我實際上是生病的，它承受著幻覺帶來的痛苦折磨，而這種幻覺是它的結構中已具有的。若要恢復到心智健全的狀態，只需要有謙遜的意願。真理不證自明，它不需要向外求取，本身就會自行閃耀著光芒。神所惠賜的平安是深刻且絕對的，讓人感受到細膩的溫柔及圓滿。無一物不被撫慰或療癒，這就是愛的本質與特質。自性或真我，是造物主存在的證明。沒有任何生命，可以自外於上帝之愛。

真我的常態是平安與喜樂

自古以來，真理的故事已經被反覆講述了無數遍，即便如此，它們仍值得一再被提起。當小我看清了它所創造的虛無空間，發現原來自己對實相一無所知時，上帝的愛便會像水壩洩洪一樣，這種感覺就好像神性等待了數千年，只為了最終這個時刻。在這寧靜的狂喜時刻，你終於回家了。真相是如此難以抵擋、昭然若揭，且無所不在，讓你無法相信還有其他任何形式的「現實」可能存在。這就像是某種奇怪的遺忘，有如一則印度神的故事所描寫的，祂同意把自己變成一頭牛，然後忘記了自己曾經這樣做，結果必須靠其他神來拯救。

有時，小我會更具體地錯把自己定義成性格。它會想「我就是這樣的一個人」，並聲稱：「沒辦法，這就是我。」從這個幻覺中產生

了一種恐懼：如果小我被捨離了，那麼我的性格也會跟著消失。這種害怕，就像擔心「我是誰」會死亡一樣。

　　透過內在觀察，我們可以分辨出，性格只是一系列學習後的回應系統，它的角色並非真正的「我」。真正的「我」在角色後面，且超越了角色。我們是自身性格的見證人，所以根本沒有任何理由去認同它。當真實的自我一現身，性格經過稍微滯後的調整，會繼續與這個世界互動，而這個世界似乎沒有發現它有什麼差別。這樣的性格仍舊是有趣的，往往還帶點滑稽；就像身體一樣，它也會變得有點新鮮。可以說，性格代表的角色不再是「我」，而是成了「它」，就像是在自己的生成器上運作一樣。它有自己的習慣、風格及好惡，但這些面向都不再有任何真正的意義或重要性，也不會導致幸福或不幸的結果。同樣的，情緒看起來仍然和平常一樣來來去去，但是這些情緒已不再有影響力或力量，因為它們不再擁有「我的」任何身分及所有權。

　　世上的人似乎都期待著某種回應，如果沒有得到回應就會感到不安。因此出於愛，給予回應似乎是被允許的，儘管這些回應其實微不足道，且沒有真正的重要性或意義。當我們不再把小我當成真我，就會很難投入需要線性處理的細節，因為現在的焦點是在本質上，而不是形式的細節，這些細節需要額外的精力處理。這種情況之所以形成，部分原因是高階意識狀態或開悟狀態的腦電圖，所呈現的頻率是緩慢的 θ（Theta）波（每秒 4 ～ 7 赫茲），比冥想時出現的 α（Alpha）波（每秒 8 ～ 13 赫茲）還要緩慢。相較之下，普通人的心智（即小我的經驗），主要是每秒 13 赫茲以上的 β（Beta）波。

　　這個世界似乎總是對無關緊要的事情投以無盡的關注，並且覺得有必要記住這些事情，因為它們是重要的、有意義的，甚至是值得犧牲性命的。出於對人們感受的尊重，可以給予一些近似於正常社會的回應讓他們安心，否則他們會感覺到自己被拒絕或是不被愛。比如說，人們會以快樂或悲傷來回應自以為的得到或失去。雖然實際上不管得或失都沒有真正發生，但顯然的，對個人來說那些得失就像是自己的真實經驗。因此，開悟者在理解這種情況的同時，其同情心會被慈悲與覺知取代，而不是與對方的情緒產生共情。

　　這個世界的人們真正想要的，是認出自己最高層次的真實身分。若能看見每個人的內心都閃耀著同樣的自性光輝，便能療癒他們的疏離感，並帶來一種平和感。平安和喜樂，正是慈悲的神聖示現要帶給人們的禮物。

Part Three

意識的進化之路

第 7 章

從有至無，非二元性的修練

　　通往神聖的道路，傳統上常被描述為偉大的瑜伽，諸如聖王瑜伽（Raja Yoga）、業瑜伽（Karma Yoga）、不二論（Advaita）等等。這些道路都是透過心（heart）、臣服、愛、服務、禮拜及奉獻等方式來悟道，而不二論則是透過心智（mind）的途徑。有種說法提到，在紛亂期（Kali Yuga）*，或者說一個黃道帶完整循環當中的五萬八千年，心智悟道的方式並不適合大部分的求道者，因為世俗有太多的干擾。要走心智之路，需要具有專注力或一心一意的能力。然而，這對主要以想法和思考，而不是透過感覺來接觸能量的人來說，可能是最好的方式。

　　以下內容，是針對剛接觸或剛入門的人所做的一般介紹。除了心智這個途徑之外，大部分的求道者也同時採用心靈途徑，只是兩者更偏重哪一個而已。兩種路徑最後都會殊途同歸，並不互相牴觸。因此，我們會討論與這兩種途徑相對應的冥想形式。

---

* 編按：印度教把地球文明分為四個週期（yuga），Kali Yuga 為最後一個週期，也有人稱為鐵時代。這是一個人性墮落、充滿著許多問題和黑暗的物質時代，也是一個人性由谷底爬升到光明面的過渡期，而現在人類正處於這個時期。

觀察如走馬燈的心智

剛開始觀察心智時，它就像是一台喋喋不休的機器，不斷地發射無止無盡的念頭、想法、觀念、意義、記憶、計畫、憂慮、懷疑、重複及無意義的詩句。然後又浮現一些音樂片段、過去的事件、故事、段落、情節、意見、推測、事物的畫面，以及過去和現在的人；接下來是想像、幻想、白日夢、恐懼、猜測及幻影。在這沒完沒了的嘈雜聲中，還點綴著新聞片段、媒體報導、電影場景、電視節目，以及網路上的對話。除此之外，還有財務和工作上的煩惱、待支付的帳單、種種計畫、家庭、文化、政治及擔憂等，不勝枚舉。

這些情況乍看之下，似乎是陷入了一種令人難以招架且無能為力的泥沼中，幾乎沒有掌控的餘力。隨著注意力的集中和專注，或許會出現一些有邏輯性的思考，但隨後心智又會很快地跳回到它無邊無際的念頭、想像及幻想的大海中，一刻也不停歇。

這一切紛亂的思緒有什麼意義嗎？到底要如何處理這種近似精神病的情況呢？

佛陀說，只有在念頭與念頭之間的空檔才得以瞥見真我。然而，心智活動似乎永無止境，就算稍有停止，又立即馬不停蹄地投入永無休止的瘋狂活動中，似乎非常害怕片刻的安靜。難道心智害怕「安靜意味著它的末日到了」？於是，它將生存的希望寄託於喋喋不休的自說自話，迅速地用無意義的韻律或音節來填補任何可能會產生的靜默，開始唱誦「恰恰－恰」或是「伊迪－比迪－布」或「比－波－

巴－布」等聲音，只要不是安靜無聲，怎樣都好。我們的心智到底怎麼了？

動機是驅動力

我們可以透過觀察看出，在影像和文字之下，有一股驅動能量，那是一種想要思考、想要分析，以及想要不斷地填補心智所有空檔的渴望。我們可以偵測到這一股**非個人性**的「思考」驅動力。但觀察後發現，根本沒有一個「我」在思考這些念頭。事實上，「我」幾乎不介入，真正的「我」甚至難以插進一些有意義的話語或想法。當它有能力這麼做時，我們把這種介入稱為「專注」，但這需要花心力來推開那些喋喋不休及干擾，我們才能夠組織一系列的邏輯思維。

在這個過程的初期階段，先將注意力放在想要關注的主題上，並將所有思考內容限制在所選擇的主題上面。根據心理學家的推斷，想法的流動是由本能驅力（instinctual drives）所主導的，或者說，思考的內容是根據聯想及條件所組織起來的。所有關於思考本質的理論都推測有一個內在的「思考者」，一個無形的角色在掌管著由多重因素不斷進行組合的過程，也就是所謂的心智活動。

電腦界希望透過研究這些現象活動，開發出人工智慧程式。然而，它們充其量只能模仿某些有限的邏輯思考過程。整個心智活動如此多元且複雜，其過程是非線性的，無法被局限在適用於電腦化的牛頓理論中。對心智原始內容的最佳描述，就是看似隨機或混亂，夾雜

著零星的邏輯、理性或慧見，但經常又會很快地消失在喋喋不休的噪音干擾中。

邏輯思考的週期似乎是不規則的，就像遐想、幻想或白日夢一樣，心智只是隨機選擇在短暫的區間內，將注意力放在現實面及循序處理問題上，但隨後又在沒有預警的情況下本能地跳開。正如同心智容易在某些期間思路堵塞，閃神、遺忘以及許多片段也會迷失在心智的無盡迷宮中。

有一點可以確定的是──心智完全不可靠，也根本不能仰賴。它無法前後一致，而且表現時好時壞，並不穩定。它會忘記帶辦公室的鑰匙，忘記電話號碼和地址，還會成為挫折或惱怒的來源。心智會受到各種汙染，包括情緒、感覺、偏見、盲點、否認、預測、妄想、恐懼、害怕、後悔、內疚、擔憂、焦慮，以及被貧窮、衰老、疾病、死亡、失敗、拒絕、失去和災難等各種可怕的幽靈糾纏。除此之外，心智還會無辜且錯誤地被輸入無止境的宣傳、政治口號、宗教及社會教條，更不用說那些故意扭曲事實、篡改、謬誤及誤判的訊息了。

縱然是細心運作、紀律嚴明的傳統社會機構，比如法律和訴訟程序、審判和法律過程，也都充斥著謬誤和不實（DNA 檢驗清楚地揭露了這個事實）。即使是目擊者，也常常一再地出錯。最重要的是，心智的主要缺陷不僅在於內容（這些內容通常不相關或是錯誤），還包括它沒有能力辨別真偽。可以說，心智僅僅是一個棋盤。

心智不是真正的你

綜上所述，試圖透過心智來尋找真理，只會是徒勞無功（透過心或無條件的愛等途徑來悟道，其好處是能繞過許多心智的陷阱和泥淖）。即使心智可以創造出符合邏輯的穩定性產品，卻很難抓住整個情境的重點。它常常擅自解讀或是誤用它們，比如當今所謂的「政治正確」遊戲，似乎從不考慮是否會出現意料之外的結果。

由此可知，真正的心智探索之路，實際上是「無心智」之路，因為這個方法的設計，就是為了能完全繞過心智和思考。我們可以將心智比喻為魚缸，魚缸的水就是意識本身，而魚就是念頭和想法。超越心智內容以外的，是念頭產生的背景或空間。水（意識）始終不變，不受念頭的影響。我們會傾向執著於念頭，是因為虛榮、自大的小我將這些念頭歸類為「我的」。這是一種占有的虛榮。任何事物只要一加上「我的」前綴，小我便自動往上面添加價值與重要性，無論是財物、國家、親戚或意見。一旦被認定具有價值的念頭受到「我的」這個前綴標籤而強化，小我就會扮演暴君的專制角色，進入自動扭曲事實的支配思考模式。大部分的人其實都害怕自己的心智，活在對它的恐懼中。心智可以在毫無預警的情況下，隨時衝擊到內心的平靜，比如突然感到害怕、後悔、內疚、自責，或是想起過去等等。

若要解除心智內容的支配，就需要移除念頭是個人的、有價值的或是源自於「我」的錯覺。就像身體一樣，心智內容事實上也是世界的產物。人們出生時，就有一個稱為大腦的器官，這是由遺傳基因預

先決定好的某種特定結構及能力，也包括某些限制，主要看染色體、基因組合及 DNA 序列等實際情況。

　　從所有的基因組合中，形成了一種脆弱且複雜的大腦神經元和突觸的生長模式，接著又會先後受到子宮內環境及後天條件的影響——比如營養、發育、情緒和智力的變化。與此同時，還有無數的神經傳導物質、神經賀爾蒙、環境危害和偶然的一些思想灌輸等影響。一個人的智商早就設定好了，這些神經迴路也已經就位。到目前為止，人們只能善用這些條件找到出路，因為這個充滿謬誤及複雜的社會，會用在正確性、實用性或真實性方面都有疑慮的軟體對這些有缺陷的器官進行系統性的程式設定。

　　如同身體般，心智也不是真正的自己，心智是非個人的。它有念頭，但是這些念頭並不是自身的產物。人即使不想要有心智，但心智始終都在，這點是無可選擇的。心智是強加在人身上的，明白「擁有心智是一種非自願性的強迫接受」的這個事實，有助於我們了解到，心智不是一種個人的選擇或決定。

進一步的觀察

　　在觀察並了解心智的運作後，顯而易見的一點是，在連綿不斷的想法（心理學稱為思想流〔thought stream〕）中有些內容是無益的。我們必須退一步，進入到意識的下一個層次，詢問是「什麼東西」正在觀看、觀察、覺知和記錄想法的流動。正如眼睛不受觀察之物所影

響，耳朵不受聽聞之物所影響，在目睹的持續過程中，也不會被目睹之物所影響。

　　同樣的道理，並沒有一個實體在思考，目睹背後也沒有一個目睹者。目睹是**意識本身一種非個人且與生俱來的面向和特徵**。我們可以從自己所涉入的思想內容中撤退，並採用觀察或目睹的觀點。若要精通這個能力，需要一些練習。想體會一下這種感覺，可以練習從車內看向窗外，凝視車窗上的某個點；此時焦點不在某個特定的物體上，物體是在假想的狹縫中川流而過；如此一來，我們就無法明確地識別每個物體，因為我們並沒有個別聚焦在那些物體上。

　　目睹或觀察的過程並不聚焦於任何想法或影像，而是允許它們流過，但不涉入。然後我們會了解到，念頭所產生的畫面是自行發生的，並非出自個人的選擇，而是出自非個人的思想流。那些念頭並非是「我的」，因為沒有「我」涉入其中。當肉眼看到影像時，眼睛不會聲稱它是影像的源頭，同樣的，耳朵也不會聲稱它是聲音的源頭。經由一些目睹及單純觀察的經驗，就可以明白看出，這些念頭也不是產生自一個稱為「我」的獨一無二的人。它們只是遊戲棋盤上，觀念及情緒程式組合、排列的產物。一旦了解到心智不等同於「我」，我們便能切斷這個身分認同──不再把心智當成自己。

　　這個發現也可以類推到身體，因為我們了解到自己只是感覺的目睹者、體驗者及觀察者。我並非真正體驗到了身體，所體驗到的只是感官。

　　與目睹及觀察過程類似的，就是體驗。有了目睹和觀察之後，接

下來就是體驗，或者說被目睹及觀察之物。只要轉移觀察的焦點，從被目睹之物移到目睹本身，那麼進入意識場的下一個步驟，就是對體驗本身的覺知——是「誰」或「什麼」正在體驗？

透過觀察，我們會發現是「某物」而不是「某人」正在運作；此物是非個人的體驗者及觀察者，它是不會改變的，我們所體驗、觀察或目睹的內容也不會對它有任何影響。

接下來會注意到的是，心智的內容是有形的，若有形之物要被觀察到，必須有無形的背景襯托。就像物體必須在空間中才能被看到一樣，因為空間是空的、無形無相的。同理，一個人只能在寂靜的背景下才能聽到聲音。使用白噪音來遮蓋說話聲，就是一個顯著的例子。正因為意識無形無相，而且沒有內容，所以它能夠辨認出有形的念頭。念頭唯有在「無念頭的場域」中流動才能被辨識出來，因此心智的背景就是意識本身的寂靜場域。反過來說，意識是一種潛在能量的場域，它之所以能被偵測到，是因為受到覺知之光的照耀，而這個覺知就是自性。

冥想：觀察心智中的意識流

刻意的心智活動

思想流是由層層的動機和意圖所擴展和啟發的，這些動機和意圖可以透過下面的方式來識別。

1. 想描述情緒的渴望：透過回憶、演練及反覆思考等形式，消化某些與情緒有連結的事件或想法。這個過程有時會被視為正在克服心智的弱點。

2. 預期：為期待或可能的未來事件，或是可能的對話或會面制定計畫。

3. 反覆回想過去。

4. 改寫情境；包括真實或想像的。

5. 創造想像的場景——做白日夢。

6. 回憶——重播及回想。

7. 解決問題。

非刻意的心智活動

1. 上述情況的自動重複。

2. 無意義的話語和句子、心智活動的片段、背景聲音和音樂。

3. 評論。

4. 令人煩躁的回憶、痛苦的時刻、不愉快的事件和感覺。

讓心安靜下來，才能超越心智。

心智的基本動機

我們可以觀察到，心智從沉思及思考的過程中獲得滿足。它從思

考及「正在做某事」的行為中產生快感，比如說：「別吵我，我正在思考。」正在做某事的這個行為可以使人快樂的部分原因是，它帶給人一種幻覺，認為自己正在實現某種目標，或是透過演練和計畫而創造出解決之道、糾正想像中的錯誤，或是可以怪罪他人。因此，這讓人有了動機想要改造人生及過去，創造一種更加有利及更令人滿意的狀況，另外還有一種想要重建自尊的企圖，以便提高一個人的生存能力。總而言之，一般心理活動的基本動機就是：(1) 為了感覺更好，以及 (2) 為了存活下來。

念頭的形成與休止

為了達成上述目標，心智首要關切的是它自己每時每刻的運作，好讓它可以繼續控制下一刻。心智永遠都準備好要駕馭下一個瞬間，並且試圖監督著每個瞬間的體驗。這個核心意圖是心智運作過程中，可能採取的所有形式的基礎，而且這個意圖無所不在，就隱藏在思想內容的表面之下。它的動機，就是存活及永遠維持自己的運作。心智似乎有一種恐懼，如果它有片刻安靜下來，它就會消失。因此，大多數人會用背景音樂及對話來蓋過靜默。

為了讓心智能夠靜默下來，必須斷捨下面的動機，並將它們交託給上天。

1. 想要思考的渴望。

2. 想要獲得思考的快感。

3. 想確保自己能繼續「存在」的安全感。

　　這裡不建議用意志力來停止念頭產生，因為這樣做只會迫使心智接下這項任務，用它自己的方式來延續心智活動。更有效的辦法是，放下想要思考的需求，以及停止想像思考可能帶來的回報或好處。念頭的背後其實並沒有個別的實體在運作，所有念頭都是出於習慣的自發性。實際上，念頭的出現只是為了方便，而不是為了生存，因為當心智安靜下來後，在沒有任何念頭的情況下，照樣能活得快樂。

　　當一個人快要降服心智時，他首先會注意到，心智正在編造冗長的故事情節。這種渴望也是可以放下的，接著心智會改用較短的篇幅及較短的句子、短語及文字組合來發聲。不管是採用什麼形式的想法──想著什麼內容或畫面，都存在著相同的動機，那就是對擴展自我的渴望，以及透過思考直接控制和預測下一刻的經驗。

　　念頭從支持及繁衍念頭的能量場中浮現時，會呈現越來越多的細節。當一個人專注於放下思考背後的動機時，或許可以在念頭形成的過程中逮到它們。這個形成念頭的母體（matrix）可以在它正在形成某個念頭的瞬間被發現，而這個母體也是產生念頭背後的幽微推力所在。只要斷捨這個意圖，便會導致念頭的終止。隨之而來的靜默，會讓萬有如實如是呈現。萬有的本體散發著神性的光芒，神性是一切有形之物背後的無形本質，它的極致完美超越所有時間和空間。

　　從靈性觀點出發，覺知到所有念頭都是虛妄的，沒有內在的真實

性或價值，這有助於我們放下思慮。念頭的吸引力源自它們被誇大的價值，而這種誇大的價值又來自於它們被人視為是「我的」，所以是特別的，值得被尊敬、讚美及需要謹慎維護的。想要解除心智的鉗制，需要完全的謙遜及強烈的意願，願意斷捨念頭底下的動機。這種意願來自於對神的愛，來自於願意斷捨對念頭的愛以轉化為對神的愛，這樣的意願與熱情會帶來能量與力量。

　　人之所以不願意放下念頭，不只是因為虛妄地把念頭當成是「我的」，還把念頭認同為「自己」。心智傾向於為自己的念頭感到驕傲，就像保存著一個重要的寶藏。一種可以幫助理解的方式是，把自性比喻為硬體或電腦主機，而念頭實際上只存在於可以被其他程式所取代的軟體內。

　　在所有的軟體程式中，意見往往被高度重視，但嚴格來說，意見基本上毫無價值。每個人的心智對於每件事都有說不完的意見，即便它對該主題一無所知。所有的意見都是虛榮、空洞的，沒有內在的價值，而且實際上是無知的結果。意見對於它的持有者來說是危險的，因為它們會在意見不合、衝突、爭執和立場不同之下，引發種種情緒。一個人不可能在持有某個意見的同時，又能態度超然地面對他的對立面。因此，謙遜有助於放下意見。當心智穿透自我迷戀之後，會看出自己實際上沒有能力真正「知曉」任何事。心智知道的只是與事物相關的訊息和想像，但它無法真正「知曉」；如果要做到真正的知曉，它必須「成為」所知之物，否則一切都只是推測及假設。當心智被超越之後，便沒有什麼需要知道的了，實相中自性即是萬有，也表

示沒有任何事物有待詢問及了解。圓滿意味著一無所缺,而圓滿在所有方面都能不證自明。

　　能夠放下對所有事物的自以為是及認知,可謂一大解脫,它會使我們經驗到廣大的益處,而不會造成我們所擔心的損失。在不自覺的情況下,我們會受限於心智,所以擺脫心智會帶來一種深刻的平安及絕對的安全感。當這種情況發生時,代表我們終於完全回到了家,心中不再有任何疑慮。不需要再得到什麼,也不需要再思考或完成什麼。它的結局是絕對的、深遠的、靜止不動的、寂靜的。從此,那些帶來無盡煩惱的渴望、需求及時間壓力終於結束了,它們的空洞昭然若揭。

立場,是幻覺也是痛苦之源

　　只要不再堅持立場,我們便會知道,立場正是過去所有不幸、恐懼、不快樂的源頭,且每個立場在本質上都是錯誤的。然而,所有先前採取的立場都能被寬恕。因為在思想灌輸及環境背景的因素下,當時的立場會看似是個好主意。所有這類想法都是基於同樣的錯誤概念,以為立場在某種程度上可能有助於一個獨立、個別的小我/身分認同的存活。實際上,當立場消失時,不可能會有任何損失,也不可能獲得什麼。立場本身是個幻覺,也是無盡痛苦的真正原因。

　　虛妄的小我/自我基於其本質、結構與特質,沒有能力了解真正的平靜或幸福。它頂多只能體驗到快感,而且這種快感是有條件的,

一旦失去那些條件，就會帶來悲傷，回到不快樂的狀態。最終我們會發現，放下心智看似犧牲，其實是我們所能夠得到的最棒禮物。這份獎賞遠遠超過我們有過的任何期待，而且無法形容。隨著小我消失，心智會失去對自我認同感那種貪得無厭的執著，於是一些新的恐懼生起了。我們會想：若沒有一個心智來確保存活，「我」將如何生存？生命要如何延續？如果沒有計畫，晚餐怎麼煮？生活所需將如何獲得滿足？難道小我／心智不是生存所必需的嗎？

這些問題都是基於小我／心智因果觀念的局限性，而這些局限又是建立在想像出來的二元性之上：亦即有一個「負責思考的我」這個身分，因為它的念頭及渴望，使得事情能夠透過行動來落實。換句話說，就是在這個世界上，「那件」事之所以發生，是「這件」事促使的結果。

在因與果之間，在個別的「我」與世間上因為這個「我」的出謀畫策而產生的某個事件之間，存在著一個虛幻的分離感。所以我們認為，如果沒有小我／心智的想法促使任何事情發生，生存如何獲得支持？這是許多恐懼、不安全感及暴怒的原因，因為一旦計畫受阻，就會威脅到這種想像出來的生存機制。

在嚴謹的靈修中，需要有一些簡單但絕對可靠和安全的基本工具，用來克服恐懼及不確定感。有句話說：「所有的恐懼都是謊言，不是基於真相。」這句格言所道出的基本事實深具價值。想要克服恐懼，就必須直接走入它的核心，直到突破它，並歡喜地發現恐懼消散了。對於任何關於靈性的恐懼，在直接面對它之後，會因為發現「恐

懼只是幻覺，缺乏根基或真實性」，而感到由衷的喜樂。

由於小我／心智受限於牛頓學說的廣泛影響，無法真正了解生命的本質。事實上，所有一切都是自行發生的，沒有外部原因。每一事物都是萬有整體的展現，任何一刻都離不開這個本質。一旦從整體性來看，任何事物在任何時刻都是完美的，不需要以外在因素的任何方式來加以改變。若從小我的立場及有限的眼界來看，這個世界似乎需要無止境的修正與改善。然而，這種幻覺會在看出虛妄本質後而隨之瓦解。

在實相中，萬事萬物都是自動顯現出自己的本質天命，不需要任何外在的幫助來達成。一個人若能虛懷若谷，便能捨離小我自封的救世主角色，並將它直接交託給神。小我所描繪的世界，是出自於自身幻想及武斷立場的投射。事實上，那樣的世界並不存在。

對於靈修會猶豫不決，還有另一個原因：在世俗社會的態度和靈性進化的修持之間，似乎有一種轉換上的衝突。出於習性，人們會聲稱自己擁有一套信念和價值觀，這些都源自於傳統價值觀、社會期待及思想灌輸，並被視為對自己和社會都有價值，所以人們可能不願意捨離它們。比如說，一個人可能因為捨離自己所珍視的機械論、宗教信仰或被灌輸的「理想好人」觀念而感到內疚。要超越這些衝突的源頭，謹記以下這一點會有幫助：**靈修的旅程需要斷捨所有的信念和心態，以便創造空間「讓實相大放光芒」。**

此時，靈修者會有一段期間，暫時地捨離那些被社會幻想為有價值的東西。他所努力的重心和期望，會從預期的結果及世俗事物，轉

移到原先他認為意料之外及不尋常的事物。因此，過去被視為至關緊要的觀點，現在已變成不合理的推測及空洞的修辭。當一個人能夠斷捨那些左右個人好惡的口號時，表示他已經看出那些口號是操弄性的宣傳，其背後隱藏的動機是控制他人及影響他人的心智。

謙遜會使人生出願心，不再以「為了他們好」的表面理由，去試圖控制或改變他人，或者是改變人生處境或事件。要想成為堅定的求道者，就需要斷離對「正確」的渴望，或捨棄追求社會虛構出來的價值。事實上，沒有人的小我或信念系統對社會是有價值的，一點都沒有。這個世界本來就既無好壞，也無缺陷，所以不需要幫助或修改，因為它的表象只是我們個別心智的投射。那樣的世界根本不存在。

另一種造成暫時性障礙的心智習性，就是經常用假設來作為爭論與質疑的根據。心智總是有可能以這種方式，建構一套想像出來的概念來駁斥任何事情。假設性立場背後的無意識目的，就是追求「正確」並駁斥其他觀點的虛榮心。假設的觀點不具正當性及有效性，也不存在實相中。「如果……」的假設性問題，永遠不是靈修要探索的問題，因為它是想像及言語的虛假產物，其動機只是為了合理化自己的立場。

理智化的意識等級為 400，它在人類活動的這個物質世界中是有用的，但是對開悟來說，這卻是一種限制及一大障礙。智能本身就是一種巨大的限制，因此最偉大的科學天才及知識分子的意識等級大約落在 499。由於現實環境的限制，這是智能所能達到的最高意識等級。若要超越這個限制，需要有一個更大的背景，並將人帶入非因果

關係、非二元性，以及非線性和非牛頓學說的思考與理解的維度中。

　　我們有必要看出，所有事物都是作為整個宇宙的結果而如實存在著，整個宇宙也是始終都完整地如其所是。我們「自認為」看到的每個事物，本身都是完美的、完整的，是整個宇宙的一種表達。對於每個事物，我們的智力頂多只能以一種概念的方式來理解它，但無法體驗到它的真正本質。即使小我可以理解整體性，也只會講述自己對某個事物的認知，但並不真的了解該事物的存在本質。幫助我們理解的方式就是，除非你是站在某個事物之外，否則沒有什麼是可以被描述或體驗的。所有的描述，不論多麼優美，都不過是對於假設的特質所做的一種感性衡量及定義，而這些特質並不是事物本身所具有的。

　　沒有任何事物是可以被描述的，它們只是如實存在著。因此，所有的描述都不是該事物的本質。對絕對實相與真理的了悟，是一個人能夠給予世界及全人類的最大禮物。靈修在本質上是一種無私的服務，並臣服於神的旨意。當一個人的覺知擴展之後，其意識場的力量便會以對數級別迅速增長，這種成果在本質上勝過了試圖解除世間痛苦的所有努力。這類努力都是徒勞的，因為它們必然會被小我本身的認知作用所篡改及曲解，從而受到誤導。

小我的非個人性

　　只要還相信有個單一的「我」或是「我的」，那麼放下小我／心智看起來就像是為靈修所做的犧牲。它之所以被視為犧牲，是因為小

我一向被認為是獨特的、珍貴的，是屬於個人的。只要意識到小我是非個人的，一點都不獨特，可以幫助我們放下小我。每個人固有的小我跟其他人的小我，都有相同的運作方式。除非是受到靈性進化的修正，否則所有的小我／自我都是自私的、自我本位的、自負的、虛榮的、被誤導的，並透過所有的慣性模式，比如道德優越感、財產、名望、財富、奉承及控制等，致力於獲得無數的利益。

由於小我有自己的立場，所以每個人的小我都會導致內疚、羞恥、貪婪、驕傲、生氣、憤怒、嫉妒、猜忌及仇恨等。小我是由立場所建構的，除了成為它自己，它沒有其他的選項。於是，小我不可避免地成為無盡痛苦及失落的源頭。最重要的是，它害怕未來，也畏懼自己會成為死去的幽靈，這是小我結構本具的屬性。小我最執著於視自己為一個獨立存在的信念。在某一段時間，小我甚至可能會把尋求開悟當成一個祕密的手段，來確保自己能永遠存在。透過這個小手段，靈性小我出現了，它以一種更複雜巧妙的形式存活下來。我們珍惜著自己對實相的幻想，所以不願放下它們。放下的過程需要勇氣和信心，要放下已知以進入未知，需要有相當的承諾、願心及虔誠——將自己的信心交託給上帝。

因果關係的謬誤

某些領悟能為意識帶來大躍升，值得反覆強調，因為這種領悟主要是透過熟練，而不是透過線性的邏輯思考來理解。幫助進步的辦

法，就是放下某些具有限制性，但自己卻緊抓不放的信念系統，因為這些信念本身就是一種立場。

在實相中，無一物會「導致」其他任何事物。萬物都是自身本質的表達，而且是本自存在的。表面上，一物是依靠著宇宙中其他事物而存在，並仰賴觀察者的觀點而出現。但事實上，萬事萬物都本自存在於它自己的實相中，因為每一物都是萬有的一部分，沒有屬於各自的部分，也不是分離或獨立的存在。

由於每一物都沒有與其他萬物分離，所以它的存在並不需要任何外在因素。看似顯化之物，是由未顯化的本體透過創造過程而直接產生的，其出現並非是其他事物造成的。沒有所謂的「其他」，只有在二元性中，才需要因果關係這一類的解釋，用以說明看似獨立的事件。事實上，並沒有獨立的事件，也沒有獨立存在的事物，或是需要解釋的事情。

牛頓學說確立了因果關係的科學體系，也造成了意識等級 400 的主要限制；它假設有一個神祕的過程，並稱它為「因果關係」。如果我們仔細觀察並檢視事件的順序，會發現順序實際上只是表象。所謂的順序，是由時間或空間上任意選擇的一個起點與終點所創造出來的。因果關係是一個抽象的概念，就像所有的抽象概念一樣，它本身也不具真實性。它只是一種語言上的概念，適用於物質世界的一般運作。我們能看到的，只是促使事件發生的條件。一個顯著的例子，就是「人只能從當下的所在地點出發」。我們可以說，「事件」發生的前提並不是「因」，而是某些必要的因緣和合。即便是智識上的謙

遜，也需要斷捨只有在言語解釋中才具有啟發價值的那些假設性概念。這一點清楚地表現在人們答覆孩子的提問：「為什麼花朵會面向太陽？」「向光性」是人們給予的解釋。雖然它滿足了這個問題，但並不是真正的答案。因為反問式的問句 *，只能引出反問式的回答。

在牛頓因果論下運作的心智無法區辨真偽，所以人們為了避免被誤導，便用科學心智取代了懷疑論，或甚至取代犬儒主義 **。意思就是，為了克服此一限制，人們使用了各種各樣的工具與方法，包括精密的統計學都被放入「科學方法」的類別之下。於是，就出現了所謂的「雙盲實驗」，或是倚賴結果的可複製性。這意味著，統計和數學成為將自我具體化的衡量標準，並以因果關係作為一種號稱可操作的機制。然而，從非線性的動力學來看，我們觀察到，差異是從同一性中產生出來的（而不是因果關係），否則所有的創造都會停滯不前。比如說，從一億代的黑色甲蟲中，突然出現了一隻白色甲蟲。

在假設性的論點中，懷疑論的絆腳石只會拖延靈性的成長。信心意味著自願放下懷疑，轉而支持謙遜的態度，而這將是所有靈性進化的基礎。隨之而來的是堅定的信念，因為真理是自我揭示、不證自明的，並以一種毫不費力、自我實現的方式來呈現。

你可能會想：如果沒有因果關係，無一物造成另一物，那麼我們

---

* 編按：反問類似明知故問，是一種修辭技巧，由於答案顯而易見，因此提問者並不期待得到回答。

** 編按：犬儒主義是指對他人宣稱的動機及正直保持懷疑並且嘲弄的一種態度，有人直接稱犬儒主義者是憤世嫉俗或玩世不恭的一群人。他們對現狀的不滿會採取不拒絕、不反抗及不認同的消極態度，只求獨善其身。

如何實現自己所渴望的目標或改變？事實上，從歷史的觀點來看，這些必要條件的設定始終都是存在的。我們所渴望的，其實是作為序列事件的見證者，而這樣的序列事件就暗示著因果關係在其中運作。

然而仔細觀察時，我們會發現所謂的順序或序列就像向光性一樣，只是一種智識上的概念。並沒有所謂的順序或事件存在，有的只是在一個假想的時間量表上的連續觀察點。人們充其量只能看出，那些連續的觀察點所模糊顯現的表面改變。

一旦放下假想的時間量表上那些任意及人為的觀察點，改變的幻覺就會消失。「此物」不同於「彼物」的假設，是二元性的人為造作，以及任意一個觀察點的產物。

在實相中，沒有「這個」或「那個」，沒有「這裡」或「那裡」，也沒有「此時」或「彼時」，這些都是心智的運作機制，就像沒有一個基本的參考點，就無法描述位置一樣。在實相中，沒有「這個」變成「那個」，也沒有時間或距離，這些都是由任意選擇的參考點所產生的幻覺。任意選擇的參考點位置不可能存在，也無法描述；因此，實相被描述為非局域性的，超越了空間和時間。實相不能使用那些只適用於推理過程的想法及抽象用語來描述，那些用語雖然有用，但是其意識等級主要落在 400。在 500 的意識等級中，出現了一個典範式的大跳躍，先前被視為真實的事物，現在看起來似乎都不真實了；而先前視為不真實的，現在似乎變成「真實的」。每個意識等級都有它對真相的理解方式，而通透程度則來自於對每個意識等級屬性的了解。

如果因果關係不是真的，而機械論的推斷也不能用來解釋我們的觀察，那麼在更大的覺知自行顯示之前，還有什麼其他解釋可以替代呢？心智是人生的一大難題，因此我們可以用暫時的、但顯然令人滿意的解釋來回答相關的問題。

如果說，未顯化的本體是透過持續創造而顯化出來，那麼就不需要其他智能工具或假設來試圖解釋顯而易見的事實。我們可以說，萬物都是為了自我進化而被創造出來的，因為這是萬物存在的本質，也是創造的本質。然而，這個解釋也是另一種二元性：「受造物」相對於「創造者」。但這一點可以輕易地超越，只要看清受造物就是創造者，兩者並無二致。在非二元性的實相中，創造者與受造物並未分離。一旦放下這種限制性的想法，宇宙便會自行揭示，它與神性並無不同。一旦了悟自性，不管受造物是以什麼形式呈現，其神性都會閃耀著力量及絕對性。神性會自行發光、自我揭示及自我認同，並在一致性與一體性中展現出其完美的本質。

絕對性就是如此。存在於萬物之內的無限臨在，超越了所有時間與空間，始終圓滿、完美且完整。當所有的觀察點都消失後，取而代之的是無所不在的全知，因為它就是萬有。

當實相以其驚人的不證自明及無限和諧的方式顯現時，我們就會看出，阻礙開悟的，正是心智本身。心智與小我無異，事實上，它們是同一物。

覺知狀態是屬於「無心智作用」的層次，這與「空」或「虛無」不同，後兩者指的是形相（form）。到了究竟的終極層次已是無形無

相、無限及非局域性，因此自然就普遍存在於萬有之中了。

　　現在只剩下「存在」本身。存在不需要原因，只要一思考就會創造出一種邏輯上的謬誤。所謂「存在」，我們指的是能夠透過觀察而辨識的狀態，它假定在條件改變下，可以從不存在變為存在。然而，始終如是之物一直都是圓滿的，超越了所有的時間。因此，尋找直接的主「因」，其實是一種心智活動的造作，它是由時間和空間的概念所衍生出來的。在超越時間與空間的層次，沒有事件，也沒有開始與結束，到了這個層次，已經超越了人類思想或理性的範疇了。

第 8 章
超越因果關係

從觀察心智的運作，我們可以明顯看出它的機制，也就容易解除這個機制。心智所做的假設與推測，是基於以下幾點：心智的分離性、對時間有始有終的信念，以及那些能穩固及確保它生存的思想類別。為了生存，小我必須相信自己是真實的，而且是一個獨立的存在。另一個想要維持小我存在的動機，就是相信透過小我及改善小我，人可以確保最終能獲得幸福的完美條件。因此，小我／心智會不斷以各種形式及表象來尋求控制及利益。不管是用什麼標準來衡量這個虛幻的目標，它都在一路尋求成功，並認為幸福永遠近在咫尺，所以更加倍努力以達到自己的目標。

到了某個時點，幻覺破滅了，於是人開始探索靈性。這個探索由外在轉向內在，開始尋找答案。幸運的人，會遇到真正開悟的教誨，且不會偏離這些教誨的核心。然而，隨著時間推移，許多針對原始教義的最初詮釋與理解已經丟失，並開始出現了錯誤的解讀。數個世紀下來，一些偉大的教誨遭到了扭曲，且令人驚訝地變成了截然相反的意思。結果，這些扭曲成了衝突的原因，也成了通往真理的障礙。

因此，若能擁有某種可信賴且可取得的資源，以檢視一個人的方位及所要遵循的方向，不但有幫助，而且是極為關鍵的事。所以，以

下這個觀念再怎麼強調也不為過：一個人應先知道並確認任何導師或教誨的真理等級，再決定是否成為其學生或追隨者，尤其是成為一個虔誠的信徒或新成員。一個人所信奉的對象，應該只有上帝和真理。靈性導師應受到尊敬，但忠誠只限定對真理。正如佛陀所言：「法為皈依處，沒有其他皈依處。」意思是，一個人真正的導師就是自性（即佛性）。

　　事實上，導師的自性跟一個人的自性是相同的。導師只是作為一種靈感與訊息的來源，正是這種靈感支持著求道者的探索。

　　靈修是否意味著需要放棄世界？不是的，當然不需要。它僅僅是表示，世俗生活需要重新被定義、重組，並對它有不同的展望。陷阱並不在世界本身，而在於一個人對世界的依戀，連同他的觀察方式都可能會遮蔽真理的探尋。有些迷人的事物只是在浪費時間，而有些事物則是嚴重的陷阱，會帶來嚴重的後果，讓無知者深陷其中。另一方面，有時只有當一個人誤入歧途而遭受到極度痛苦，跌到人生谷底後，才會懂得放手，並接受更好的選擇。所以，我們絕不能說一個人走上某條道路是錯誤的，因為這可能正是他的最終救贖，儘管這條路是痛苦的。我們可以確定地說，凡是無法使一個人在肌肉測試中讓肌力轉強的事物，都不是一個虔誠的求道者要遵循的方向。

　　人類那看似無害的好奇心，往往是造成錯誤的源頭之一。會將人引向災難的誘惑是披著羊皮的狼，這是一種更加複雜的誘餌，表面看起來不像是有害之物。因此，有必要避免接觸那些在肌肉測試中使人肌力變弱的事物；唯有那些使肌力轉強的事物，才能支持生命並通向

真理。

　　人有可能偏離了真理之路後，毫髮無傷地回來嗎？至少就當前的
情況來看，答案是：不太可能。不妨來看看這個事實：世界上有高達
七八％的人，其意識等級低於代表正直的 200。此外，我們還需要應
付一些社會效應，或者被稱為「螃蟹現象」：在一桶螃蟹中，當一隻
或多隻螃蟹試圖爬出桶子獲得自由時，其他螃蟹會把牠們拉下來。有
些人可能有過這樣的經驗，對於想要尋求光明的人，社會會產生一種
對立的反應。確實，如果某個測定為負面等級的邪教團體中，有成員
開始看出隱藏在神聖表象之下的負面意圖而想要離開時，通常會遭到
譴責、虐待，或甚至遭到其他成員的暴力對待。因此，大多數傳統的
途徑會建議最好與意圖相近的人一起靈修。此外，值得注意的是，幾
個世紀以來人類的意識等級都維持在 190，現在已經上升到 207，所
以人類整體的意識海洋現在是支持正面的，而不是負面的。

靈修重點在於放下謬誤

　　記住真理或開悟都不是有待尋找、發現，或是需要取得及擁有之
物；此認知對求道者會有幫助。無限的臨在始終都在，當通往它的障
礙被移除後，它就會自行出現。因此，我們並不需要學習真理，只需
要放下謬誤。移除烏雲並不會使太陽照耀，而只是揭開了一直被隱藏
之物。所以靈修主要是放下先前假定的已知，讓未知的事物顯露出
來。有了先行者的保證，便可以知道此番努力的最終回報是超乎想像

的。回到世俗層面來看，金子不是被創造出來的，而僅僅是撥開了掩蓋它的泥土後，顯露出來的。

　　意圖是靈修的主要工具之一，它設定了優先順序及價值等級，以此激勵一個人的努力。靈修是一種承諾，也是一種探索。這條道路在先行者的披荊斬棘下，在意識上為後來者設定了「有為者亦若是」的可能性。正如英國傳奇跑者羅傑·班尼斯特（Roger Bannister）突破了人類的極限，在四分鐘之內跑完了一英里，開啟了後繼者不斷突破的佳績。那些擁有高階意識的人留下了紀錄，使他人能夠跟隨。同理，我們在覺知上的每一次進步，都對芸芸眾生有益，並加強其他人跟隨的下一步行動。每一個善意的作為都會引起宇宙的注意，並且永恆地保存下來。當我們看出靈修的本質時，對於靈修的汲汲營營會被感恩所取代。在傳統佛教中，尋求開悟是為了全人類的福祉，這種迴向的功德最終都會回到它們的源頭。

　　當時候到了，一個人的靈修動機與專注力會取代世俗的野心和欲望。猶如有一個靈性萬有引力透過吸引力在作用一樣，一個人會逐漸被引入自性之中。此時，知曉與直覺會取代了理性和邏輯，聚焦在生命的本質及活動上，而不是目標及形式的細節。

　　感知也會開始轉變，可以看見造化之美在萬事萬物中閃耀著光芒。一個單純的場景可能會突然變得無比美麗，就像在三維空間中展現出自身的華麗璀璨。然後，有那麼一刻一切突然靜止了，在涵容一切的臨在之內體驗到了萬有的本質。正是這隻「真我」之眼揭開了生命的真實感，使我們得以體驗到原本所認為的個別之「我」，實際上

是無限的「真我」。

　　神的光輝就是覺知之光，它揭示了所有生命的神性。在無限臨在的寂靜中，心智安靜下來，因為沒有什麼可以說的，一切都完美且精確地自我展現。有了這番領悟，人便超越了存在與不存在的最終二元性，因為只有存在是可能的。真理的反面並不存在，因為實相中沒有非真之物。神的平安就在此番了悟中。

進化與創造

　　進化與創造是政治人物、學校董事會及法院最喜歡的爭論主題，事實上兩者並沒有衝突，而且是同一回事。**創造是進化的源頭與本質；而進化則是創造的顯化過程。**物質世界是一個結果的世界，當中並沒有因果關係的力量在運作。

　　在古生物學中，我們可以看到物種及生命形式在數百萬年中的變化。同樣的，可供研究的早期人類版本和形體，也證明了人類在形體上的進步。

　　進化發生在意識本身的進步過程中，並透過對環境更強的適應能力來落實。這樣的進化發生在意識層面，包括智能、意圖及審美覺知。所以說，進化發生在無限潛能的無形領域中，然後顯化出來成為創造的結果，這是宇宙固有的本質，而且是持續不斷的。

　　如果創造是神在遙遠過去的某個時點，所採取的單一作為，那麼所有生物應該都會和幾百萬年前一模一樣。然而，由於神和實相都沒

有開始或結束，都存在於時間之外，因此「神在某個時空的單一行為」這種說法是不成立的。由一個「持續運作且無所不在的神所進行的持續性創造」，這才與實際的情形明顯相符。基本上，進化與創造之間並不存在衝突，因為進化不過是創造在可見領域的表達。進化並沒有否定神，而是反映了神的存在，祂永遠存在於萬事萬物之中。由於創造，所有生命都在為自身的存在而感到欣喜；這種喜悅源自於其本具的神性，而神性就是神的意識。

意識是通往神性的道路
智能

　　分享訊息的風險在於，接收者的小我會試圖用智能來解讀訊息，將訊息視為一種資料，然後就此停步不前。有些靈修學生參加過幾百場工作坊或講座，房間裡還擺滿了靈性書籍，但是他們在覺知上根本沒有進步，一直處於停滯狀態。他們會繼續尋找著下一個工作坊，一個接一個，或是下一本書、下一位大師等等。

　　靈修並非靠智能（智能只會讓你拿到宗教或神學的博士學位）。真正的形而上學是一種抽象的概念，試圖透過語言和文字來傳達實際上無法用言語交流的內容。真正需要領悟的不是文字，而是超越文字的真理，而且必須在日常生活中應用才能產生效果。若能做到，改變就會發生。訊息的目的是為了讓人以自己熟悉的方式來吸收，然後成熟發展到理解的階段。

理解

在靈修中，理解本身就能帶來改變。它就像催化劑，開啟了看待事物的新方式，並帶來成長與靈性的提升。隨著靈性持續成長，舊的思維模式與框架會被捨離，伴隨而來的是新發現的喜悅。人生荒謬劇中的憤怒，現在被歡笑所取代。世界上許多人唉聲嘆氣的情節，現在被視為喜劇。靈性的教誨需要先被接納，才能整合。抗拒是源自小我，它缺乏謙遜，而且因為驕傲而痛恨自己是「錯的」。因此，最好能認識到，自己不是在放棄錯誤的觀點，而是在採取更好的觀點。比如說，和平比戰爭好，愛比恨好。這對智識來說是合理的選擇，但小我可能會反對，因為它不想斷捨自己最喜歡的仇恨，以及情有可原的怨恨。

這個星球有無數的人活在這樣的環境下：整個文化與社會所關注的唯一主題與生存的理由，就是仇恨。他們的社會建立在受害者與加害者的二元觀念上，圍繞著復仇打轉，對於仇恨的表達是透過重述過去的事件來不斷驗證。社會中，永遠不會缺乏仇恨的理由。人們總是可以拿早已逝去的祖先，來合理化他們對古老世仇的恨意。這樣的行徑，甚至可能被視為英勇的、愛國的、值得讚揚或是政治正確的表現。

意願

意願、勇氣和信心能幫助一個人放下過去。靈性的成長確實能造福全人類，因為它提升了人類整體的意識層次。哪怕是小小的成長，

也會產生影響力。

　　靈性成長的另一個障礙是缺乏耐心，這只能透過臣服來克服。

冥想

　　關於冥想的技巧與方法先前已經提過。我們可能會認為，念頭是透過聯想或其他看似合理的心理學解釋串連在一起而產生的。然而，透過觀察所發現的情況正好相反，念頭是無意義且隨意出現的。它們從一個主題跳到另一個主題，彼此之間根本沒有真正的關聯。人們通常用牛頓學的有限理論來看待思想流，並以實相中不存在的因果關係來加以解釋。念頭看起來是隨機的、非線性的、混亂的，沒有可預測性，似乎是隨意出現的。就算我們做出了值得稱許的努力，也沒有可證實的解釋來說明念頭、影像、概念、記憶、幻想、感覺、希望及恐懼，而且心智內容是不受控制的。心智的總體層（sum stratum），也就是思考的母體（matrix），正在不斷地透過思考過程來生出綿延不絕的念頭。這些念頭是刻意進入的，目的是避免可能出現的靜默。我們越是想要控制心智，心智就越會耍花招、越反叛、越反對受控制，且看似無法馴服。

　　冥想時，我們可以從目睹者及觀察者的角度看出，意識場本身正在注視著心智，並看出對抗心智是徒勞的。一種幫助冥想的方法，就是了解到心智並不是「我」。心智是傲慢且誘人的，它試圖說服你，你就是它。「把身體當成自己」這個問題，並不是靠毀滅身體克服；同理，「把心智當成自己」這個問題，也不是靠毀滅心智的手段來超

越的。如果身體與心智都不是真正的自己，就沒有必要摧毀它、征服它或與它為敵。只需要知道，念頭是自行產生的，不是由任何事或任何人引起的。

心智的本質是思考。我們可以透過專注與意圖，迫使心智暫時進入一種有序的、合乎邏輯的思考。如此一來，它就可以解決種種「問題」。但心智非常聰明和敏捷，它會將問題的解決歸功於自己的想法（比如一個好主意）。我們必須要有敏銳的洞察力及集中的注意力，才能在這個念頭出現後的一納秒內，捕捉到心智聲明自己是該念頭的作者。當心智的這種舉動被抓個正著時，「是我想出來」的這個幻覺就消失了。

佛陀也說過同樣的道理：「佛心」是在念頭與念頭之間發現的。念頭實際上不具任何意義，也不是生存所必需。小我聲稱是它創造了這個念頭，而這個舉動實際上發生在萬分之一秒內。事實上，所有一切都是自行發生的。人生，是一份持續不斷的禮物，從一個時刻到另一個時刻的延續是由神所支持的，而不是小我。要了解，試圖阻擋念頭是沒有意義的，它們還是會回來。人們擔心，如果他們放下自己的心智或想法，或是沒有仔細留意心智或試著控制它，他們不是死亡，就是失去理智。

小我／心智的目標絕不可能實現。它的努力是吵雜且令人心煩的，實際上，沒有這些努力會更好。

一旦人們發現小我毫無希望，就會開始斷捨小我，方法就是收回對它的興趣。人們可以開始不承認小我的假設性幻想，並逐漸後退，

從觀看者到觀察者，再到目睹者，然後到達意識本身，最後抵達照亮意識的覺知，使覺知本身得以被覺察。自性可以被描繪成一個空間，基本上是無形無相的。

心智持續地處在預期的壓力下，想要控制下一個瞬間的經驗。因此，我們可以專注在這個「想要思考」的意志上，放下那執迷於想要控制及驅動下一刻經驗的意志層次。

由此可知，靈修是一個無止境的臣服、放下、轉向及撤退的過程，還有忽略那些不相關且基本上沒有益處的事物。然後將專注的方向，從念頭的內容轉移到正在觀察及體驗的那個念頭，最後會發現到，覺知是先天稟賦的結果，而不是由一個想像出來的獨立自我所產生的有意志的行為。

覺知超越了地點、身體、空間、時間、心智、思想和感覺。就像天空一樣，它是雲朵飄過的背景。覺知的至高覺察不受任何心智內容的干擾，也不仰賴這些內容而存在。

超越已知需要勇氣、信心及信念，還需要心靈的力量與能量。後者源自於與生俱來的更高意識場，以及偉大的導師及其教導。**開悟本身是神聖恩典，但它只有經過一個人內心的同意和選擇才會發生。**

寬恕及純真的意識

寬恕對普通心智來說是很難跨出的一步，因為心智的獨斷立場會創造出相互衝突的二元性，比如對與錯、值得與不值得、公平與不公

平等。這就是「對立的問題」。若要解決對立問題，需要對意識的本質有一些了解。

　　對人類弱點的同情，可以緩和批判的態度。人類的心智會在人類的行為上加諸假設性的標準，形成一種道德態度。比如說，某個國家所謂的道德規範，其實是清教主義的表現，這與道德根本是兩回事。清教主義是一種批判主義，缺乏同情、愛和寬恕，其態度是嚴厲的、無情且具有懲罰性。這種主義迎合了自我中心的人，因為它會使那些人覺得自己是正確的、有德行及富正義感的。實際上，它是以譴責、羞恥、內疚及恐懼的方式來運作，並尋求報應及懲罰。

　　與此相反，意識本身是純真的，但是它會在偶然的社會影響下，變得越來越程式化。這些社會影響來自特定的次文化，如果出生在社會最底層，你會發現自己生活在街區幫派或邪教團體混雜的環境中；這些團體有忠誠、符號、祕密、入會儀式，以及對團體和領導的絕對服從。在這個社會階層中，違反團體規定的人可能會遭致死亡。此外，群體中還有特定的服飾、象徵性手勢、用語，以及嚴格的群體控制。成員們都被洗腦且受到恐嚇，逃脫的機會相當渺茫。從某個人的眼光來看，這些行為是反社會的；但從另一人的眼光來看，這是可以適應的，只是選擇不融入社會而已。雖然某些態度與整體社會並不和諧，但他們的內在是一致的。

　　次文化的核心就是思想灌輸，內容會在次文化音樂的歌詞中表現出來。這種社會的規範是可笑且無意義的。

　　在較高的社會階層中，也同樣會出現這一類的思想灌輸，但是不

那麼明顯或公開。同樣可以預期的是，群體會忠於社會所灌輸的思想；分歧則會以幽微的方式來施以懲罰或排擠。

　　在社會各階層中，人的意識都被該階層的主要意識等級所牽引，這種集體意識是一種隱藏的「吸引子場」。吸引子場這個用語源自非線性動力學，它意味著，在看似隨機或不連續的事件中，實際上存在著一個無形的、有組織的模式場域，影響著每個意識等級中所發生的現象。同時，它還設定了一個界線，限制著人們的理解與覺知。因此，如果有一個觀念超出了某個意識等級的理解範圍，人們會說：「我不懂。」

　　審視意識的本質時，我們可以說心智本身是無辜的，因為它無法阻止自己被灌輸思想。它是一個工具，可以在非自願的情況下被灌入任何「軟體」。若沒有外援，人類的意識就無法分辨真偽。心智缺乏保護機制，很容易受到傷害，而情緒又會進一步降低成熟或平衡感知的能力。此外，心智還有著一種與生俱來的缺陷，那就是它會仰賴認知本身來運作，自動地將現實分解為二元性，創造出虛假的、對立的偽實相。

　　意識就像是電腦的硬體，而社會的思想灌輸則像程式軟體。不論軟體的內容是什麼，硬體總是保持在不受汙染的純真狀態。

　　在過去，靈性成長受制於宗教威權與教條的支配，且被恐懼及迫害的威脅所包圍。任何人如果超越普遍通行的信念系統，比如那些神祕主義者，就會被質疑為異端，並被視為對教會組織及其威權的威脅（這種情況在某些國家仍然普遍存在）。

在西方世界，這種情況已經改觀，且持續朝著有利的方向轉變。殘酷的行為不再被接受或赦免。天主教教廷表達了反對死刑的立場，並透過更新其靈修組織的職權與權力，來展現謙遜與靈性上的正直。錯誤並不在宗教本身，而是在那些並未真正了解宗教本質的人對宗教產生的誤解。

普通人類的意識由於受到認知本質的蒙蔽，所以完全無法分辨真偽。由於意識是純真的，因此可能被誤導，而所有的錯誤都是無知造成的結果。在過去數個世紀，人類普遍的意識等級確實將靈性真理拒之門外，但現在意識等級已達 207，真理已經找到一處沃土，在此它會受到歡迎且能夠成長。

意志：理解和領悟

意志取決於我們對事物的理解和領悟，而理解和領悟又會受到意義的影響；意義則又是由環境背景所決定的。從意義和背景中產生出價值，從而有了選擇。意志激勵著人們努力去達到目標，而這個目標因為其意義而有了價值。對世人來說，動機是基於需求、渴望及誘惑的吸引力。當需求與渴望遭到否決時，就會失去激勵的力量。因此，意志是靈性成長及意識進化的基礎，人會被真理所吸引，而不是被謊言所排斥。靈性進化就像是一艘想擺脫地球引力起飛的太空船，一開始要升空是困難的，但最終還是離開了重力場。使人耗費精力的意向

性（intentionality）[*]，最終會消融於毫不費力的臣服之中，於是人就變成了覺知開展的接收者。此時，真相啟示取代了發現。在恩典之下，開悟會毫不費力地自行顯現。

　　到了這個階段，想要達到靈性覺悟的內在壓力，會經由成為真理的見證者而非尋求者的轉變所取代；而刻意的努力會被輕鬆自在的自然發現所取代。本質會逐漸穿透表象閃閃發光，而表象也會失去自己的形體輪廓。接著，連本質也會隨著自行揭示的神性，逐漸融入存在本身的覺知場域中。

平安的本質

　　深刻的平安瀰漫於寧靜之中，這代表著時間體驗的結束。時間的幻覺會妨礙平安的體驗，因為它的預期會產生失落感或期待感。在普通的意識等級中，這種時間壓力及其衍生出來的焦慮是在覺知之外，一般人不會注意到。正如住在高架鐵路旁邊的人，到後來已經對噪音渾然不覺，但火車一停下來，他們就會被突如其來的強烈寂靜所震撼。有些已經習慣吵鬧和噪音的人，會對寂靜、平和感到不適和不安，想要回到噪音及干擾的熟悉感中。因此，有許多人無法忍受鄉下的安靜或空蕩蕩的空間。相形之下，神性的寂靜則會令人感受到深刻的舒適和圓滿。

---

* 編按：意向性或稱意圖性，是現象學的核心概念，指的是人類意識活動的指向性和目的性。

通往高階覺知，提升心靈力

意識探索的本質

　　透過意識通往高階覺知的直達路徑，會繞過形式、二元性及認知。所謂的衝突與錯誤都源自於有形有相的形式，而形式正是外力（force）的源泉。心靈力（power）則存在於無形的「場域」中，而這無形的場域會明顯地出現在測定值為 500 到 600 的意識等級中，這也是有形之物消失於無形的意識等級。最終，人們會看出，有形之物是由無形之物所建構的，這兩者其實是同一物。但是在達到此番了悟之前，有形之物本身是一種令人分心的干擾，會拖延我們通往覺知之路，最好要避開。

避免有形之物的干擾

　　許多透過形式表達的「靈性」教導，經常會導向所謂的「靈界」意識。這種世界可能非常誘人、沒有盡頭且令人愉悅，但是這些體驗並不會導向開悟。

　　有形之物會強化幻覺：有一名求道者走在某條道路上，沿途有階

梯、路標，甚至還有「靈性嚮導」。但事實上，在靈修攀登到開悟顛峰的過程中，你不會遇上任何實體。

靈「界」也像教誨一樣，可以測定等級，包括低層靈界（地獄）、中陰界（煉獄或地獄邊緣）及較高的靈界（天國）。這些都是靈魂或靈體可能到達的目的地或意識的焦點。這些意識層次都有各自的等級，「諸神」及民間傳說對這些處在這些意識等級的人來說是「真實的」，或許還會令人感到喜悅或興奮，但這並非開悟。

實相超越了所有的形式，但它本身也具有顯化為形式的能力。不妨讓有形之物揭示它自己的本質，無須去追求它。此外，人需要謹慎，不要陷入自以為是的對立，或陷入有形與無形、萬有與虛無、充實與空虛等非此即彼的二元觀念中。這些只是描述性的語言，本身不具真實性。我們不必在真實與虛妄之間選擇，因為**虛妄之物根本不存在**。

靈性探索是發現「真我」的過程

探索是逐步「向內」挖掘，以發現關於「我」這個意識的認知源頭。人們會說「我了解自己」，但這話是什麼意思呢？在一般情況中，這表示覺知到小我的本質，因此也意味著一個人覺知到自己的心理狀態、小我及其所有形式。

對於自性的覺知是一種實相，它取代了小我，成為「我」的感知主體。在靈性的探索過程中，需要去看見那個真正有能力可以感受到「我」的存在，或是「我」這個本性的覺知本體，而不是把一個特定

或受到限制的「自己」當成「我」。

　　請留意，上帝（God）及所有與神（Divine）相關的字眼都是大寫開頭。此外，在所有代名詞中，只有「我」（I）是大寫的。個別的「我」只有在更大的覺知下，才能感知到自己的存在。這是神性之「我」具有的特性，而這個「我」正是靈性追尋的根源及焦點。因此，這是非言語的，是體驗、見證及觀察的源頭。打個比方來說，就是一個人會開始意識到自己是水，而不是魚。

小我靠新奇來壯大自己

　　向內看是一種態度，而不是技巧或靈性修練。這意味著放下對心智的執迷，也放下對心智所反映的那個世界的迷戀。剛開始，這種解離可能會產生一種失落感，就像自己正在經歷的世界及它所賦予的一切即將死亡。這種死亡可能會像一次負面經歷，但事實上，那僅僅是一個幻覺的消逝。喜悅的源頭從來不在外面，它始終都源自內在。喜悅從來不是世界給予的，而是你懂得去享有自己擁有的快樂。

　　真正令人害怕的不是失去世界，而是無聊、厭倦。一旦我們看清無聊、厭倦，其實是執著於過去或未來的渴望所導致的結果時，這些感覺便會消失，因為只有小我才會感到厭倦、無聊。小我靠著新奇來壯大自己，完全仰賴「下一刻」會發生的事，所以小我是在期待未來的滿足感中壯大起來的，而不是當下的圓滿體驗。

　　與害怕無聊類似的，還有小我所潛藏的幻覺——認為無聊是由空

虛構成的。對空虛可能存在的這種幻覺，被視為一種威脅。因此，靈修道路是從放下心智／世界當中的一切幻相開始，然後再穿越空虛／虛無的幻相，抵達覺知一切萬有的這個目標，並取代先前的兩種虛幻狀態。令人安心的是，所有的狀態都是幻相，能夠被靈性的意志及日益增進的覺知所穿越。

是誰在探尋？

當我們在所有行動上去掉「我」這個標籤時，小我的幻覺就會消失。小我所聲稱「它的」行動，僅僅是自我存在的特徵，其功能是自動的，並由局部條件所決定，從來就沒有一個想像的「我」來觸發這些行為。一個人不會因為某個內在的、不可見的「我」而採取行動、思考、感覺，或因此而存在。想法和感覺是自行產生的。正在尋找更高真理的那個本體，並不是個別的「我」，而是意識本身的一個面向，它表現為靈感、虔誠、奉獻和毅力；這些都是靈性意志的面向。因此，追尋自性的原動力源於自性本身，這是它自我實現的必要過程，而這些特質則是由恩典促成的。

再來看另一個例子。好奇心這個特質不需要有一個自我才能存在，也不需要靠某個人的決定來啟動。我們可以說，好奇心是一種獨立的、非個人的意識特質，普遍存在於整個動物界。動物不需要一個「我」來產生好奇心；事實上，內在並沒有一個獨立的、個別的「我」在做決定。我們在所有想法、行動和感覺前面加上一個「我」

這個代名詞，只是為了表達方便。內在的個人自我，其實也可以用「它」這個代名詞。在靈性進化的過程中，有一段時間確實會感覺到心智與身體似乎都是「它的」。身體有如經過排練一樣自主運作，而心智在與他人對話時，無須一個內在的個人自我來指導它。想法背後沒有一個內在的「思考者」，行動背後沒有一個「執行者」，也沒有一個「求道者」在探尋開悟。時機成熟時，探尋會自然而然出現，並成為關注的焦點。意識的所有面向和性質都是自發性的，並在意志的指導下相互激勵。

意志是一種靈修工具

心智活動的反覆無常和追求熱鬧狂歡的本質，使它無法有效地專注在靈性進化上。我們可以命令心智這樣做或那樣做，但是心智會反抗，而試圖控制心智就像貓追逐自己的尾巴一樣。一旦你起了心念要控制心智，立即就創造了「控制者」與「被控制者」的二元對立，同時要控制的還有內容，以及「如何」控制的問題。

唯一能解決心智問題的，就是一種被稱為「意志」的特質，這對一般人來說不會太困難。相較於不斷流經心智的念頭、感受和影像，意志相對來說是靜止不動的。它傾向於保持穩定，也因此更容易掌握。意志確實可以相當穩固、堅持、專一且不動搖，而心智就像一隻緊張的蝴蝶那樣飛來飛去。若要從最有利的角度來處理心智問題，就是把焦點放在從意志散發出來的自性感。意志具有可塑性，但只能透

過反思慢慢地、有意識地加以塑造。意志是一個可以下功夫的「地方」，由此著手及探索。意志比普通心智更接近真我，這是因為心智充滿了各種想法、信念、概念、觀念，以及經常波動的情緒。

簡單的默觀像冥想一樣有效

默觀是靈修中最具成效及最有意義的一種活動。只要稍加練習，透過短暫的自省與沉澱，一個人就能夠取得在世間運作的能力。然而，一般人所練習的冥想，通常會受到時間和空間的限制，且往往需要閉關獨處及中斷進行中的活動。雖然默觀與反思似乎不像冥想那麼慎重其事，但實際上，這種方式的持續影響力也能清除障礙。因此，默觀也算是一種冥想模式，不亞於雙腿盤坐的冥想。

靈性意志的無限力量

虔誠能夠啟動意志的力量，並會獲得來自恩典的靈感作為回應。個人意志會消融於神聖意志（Divine Will）之中，因此啟發靈性探索的火花也是一份神聖的禮物。

準備好踏上旅途的狀態是無法被強迫的，還沒準備好上路的人，不應該受到指責，因為意識等級必須達到某個階段，才會覺得靈修的意圖是有意義的，同時也會被吸引。一旦獲得啟發，求道者通常會放棄原本習慣的便利及生活方式，以及捨離所有擋在路上的障礙。

　　小我的幻覺雖然頑強，但是一旦服從靈性意志時，小我就會變得相對脆弱。小我／心智是靠著習慣來鞏固及強化的，只要移除底下的基礎，習慣就會瓦解。小我不是我們需要征服的敵人，而僅僅是由未經檢驗的認知慣性所匯集而成。

　　啟動靈性意志的自性是無限力量的家園，這是小我的紙牌屋所無法立足的。自性就像一塊擁有無限力量的磁鐵，只要靈性意志同意，它就有能力瓦解小我的結構。沒有人可以將靈性覺知的提升歸功於自己，也沒有人應該為靈性覺知看似沒有提升而受到譴責。

　　靈修的過程中，「是」的字眼會逐漸被「似乎」二字所取代，這是因為人們越來越能看出認知是蒙蔽真理的面紗。在絕對的實相顯現之前，更加接近實相的做法是，將所有看似的知曉都視為假設。即使在現在的社會中，這樣的理解也逐漸更為人所接受，從經常被使用的「認為」二字就能證明，例如那個人為「他所認為」的威脅做出反應。

　　這種分辨能力是一個非常重要且有意義的進展。覺知開始浮現的第一個跡象，就是人們開始意識到小我的局限性，以及認知的不可靠。由於 DNA 檢驗及相關研究的揭露，近年來發現有不少司法判決犯了錯，表明證人實際上非常不可靠，而且在很大程度上容易犯下嚴重的錯誤，這也讓社會開始意識到小我的局限。心理學家也發現，退化所導致的記憶篡改，會使人弄錯事件發生的時間和地點，即便社會努力地區分真假，但到目前為止，還不知道如何真正可靠地做到這一點。

　　愛、虔誠及臣服的意願會強化及啟動靈性意志。愛沒有形式，是一種能夠讓人發願心的能力；透過這樣的能力，一個人願意放下立

場、臣服於神。歷史上偉大的宗教聖賢所遵循的道路，就是對神的崇敬、愛及禮拜，無論他們是否顯化為偉大的神聖導師。深刻的奉獻與虔誠能夠克服所有的抗拒，因此最終，心的道路與心智或意識的道路會合而為一。

冥想與靈性意志

若能從以下這個觀點進入冥想：「『我』是位於靈性意志之內」，將會有所助益。因為意志相對穩定和不變，能成為一個人進步的指揮中心，經由意識而達到自我的超覺知。這種狀態表達出神是純粹、絕對的「我」，也就是實相之眼。

實際上，是靈性意志決定了命運或業力。當自性延伸到心智時，意志成為自性心靈力的指揮中心，因此意志也是一個人與聖靈直接接觸之處。有形和無形的「相遇」就在靈性意志的層次，在此，愛、虔誠、感恩、謙遜、靈感和信心等無形的特質，會與心智各種形式的特質相會，包括觀念、想法、記憶、衝突與意象等。在靈性意志中，一個人所重視或渴望的目標將會暴露在愛、寬恕與虔誠等無形的靈性特質中。若能懷抱謙遜的態度，並出於愛來選擇平安，甚至可能會讓一個人斷捨自己最珍視的負面想法，比如報復、惡意或仇恨。

小我會被自性所消融。慈悲是自性對自我所抱持的療癒態度，唯有懂得寬恕，一個人才會得到寬恕。這種臣服的意願是源自神的恩典，為了重建理解，它允許神的力量以聖靈方式展現。透過這個機

制，就能解除認知，以及伴隨認知而來的二元性；二元性是所有痛苦的根源。二元性的解除是神的終極恩賜，因為它消融了受苦的根源與能力。在非二元性中，人不可能受苦。

教條與信念系統

透過非二元性意識通往神性的道路，不會涉及任何教條或信念系統。充足及有用的訊息一直都存在，而這些訊息的真實性可以透過內在的探尋來驗證。探尋對靈性進展至關重要，尤其是對一個畢生都在追求開悟的人來說更是如此。任何一則訊息的價值都可以很容易測定。人們也會發現，每當這樣的測定完成之後，都會學到比原問題更多的東西。

飲食、儀式、練習、呼吸技巧、禱詞及象徵性符號

雖然飲食、儀式、練習、呼吸、技巧、禱詞及象徵性符號沒有一個是真正必要的，但它們可能對某些靈修者有幫助。最好先了解到，每個宗教都有各自的議程和局限。然而，通往開悟的靈修之路是獨一無二的，這和「宗教信仰」是不一樣的。宗教傾向於強調歷史事件、地理位置，以及與政治結盟的文化背景。

開悟發生在當下，超越時間、歷史及地理位置，所以這些因素都是無關緊要的。神學的意識等級只有 400，而開悟的意識等級大都在

600 或 600 以上。

音樂、焚香及建築之美的作用

音樂、焚香及建築之美能鼓舞人心，有助於營造出一種靈修的氛圍及虔誠的心態，並幫助轉移注意力，從川流不息的念頭移開。美可以提振人心，其能量等級高達 500，這是近乎完美的等級。

靈修的本質是什麼？

透過靈感、奉獻以及出於意志的決定，可以啟動意識的各個面向，逐步地達到自我實現的目標。在這個過程中，慈悲、虔誠、謙遜以及願意臣服於無條件的愛，都能夠賦予靈修者力量，而且原本的認知會轉化為靈性慧見。此外，這樣的進化也是在喚起最高層次意識的支持回應，因為靈修需要很大的心靈力量，才能克服世俗生活的「重力」及認知習慣。因此，禮拜的行為是對這些較高能量的一種祈求及邀請，能為自己的靈修增加助力。

靈修對日常生活的改變

靈修過程中會發生一種價值觀的轉變，從世俗成就轉移到靈性的了悟，為所有的活動添上新色彩。這種價值觀的轉變，會使人重新將

生活放在不同背景下看待。因此，長遠的人生目標改變了，生活事件就像被放到一個新維度上一樣，有了不同的重要性和意義。最終，一個人的焦點會轉向內在的、寂靜的、不動但始終都存在的覺知本身，而不是掠過覺知的內容。突然間，「我」的意義從內容轉到背景，成為普遍存在的自性之「我」。

為何靈性探索的過程需要「修練」？

小我可以被視為一種根深柢固的思維習慣，這是受到支配人類意識的無形能量場所牽引的結果。這些思維習慣因為不斷重複及社會的共識而一次次被強化；此外，更進一步的強化則來自語言本身。**用語言思考是一種自我程式灌輸**，將前綴詞「我」作為主詞，來暗示這個「我」是所有行為的原因，這是最嚴重的錯誤，會自動形成主體（主詞）與客體（受詞）的二元性。

若要克服世俗思想和信念的重大引力，就要貫徹執行靈性意志的決定，以解除意識被灌輸的思想。這包括拒絕接受小我／心智的假設與聲明，不把它們當成是真實的，並堅持尋求更高層次的理解。

如果能養成更富慈悲心的人生觀，往往更容易達成這種靈性修持。因此，傳統的靈修建議「與聖潔的同伴為伍」，並避免結交心態消極的損友，這樣做可以逐漸增強對更合宜心態與思維習慣的明辨力。

祈禱有什麼作用？

祈禱是謙遜的表現。對於較低的意識等級來說，祈禱是想要為自己或他人「獲得」某物的嘗試，比如一輛新車、一份工作、從疾病中康復或是特殊的恩惠。等到意識提升之後，便會放棄這種控制神的意圖，因此祈禱的行為會變成奉獻而不是祈求。比如說，在戰爭中，交戰雙方都會祈禱自己獲勝。然而，隨著意識提升，由自私發展到無私時，祈禱的性質也會轉變成一種意願，希望成為神的僕人及神聖旨意的實現管道，而不再試圖指定要求什麼或想要什麼結果。

於是，祈禱變成是臣服而不是祈求。許多孩子失去對神的信心，是因為他們以乞求的方式來禱告，而當所求的利益未能如願時，便感到失望。

祈禱的療癒力

所有的愛都源自於神。在意識地圖中，愛的測定值是 500，當它臻至完美時，等級可以達到無條件的愛（540），這是療癒的等級。療癒的祈禱，是尋求以等級 540 或 540 以上的能量場來取代負能量。有些靈修組織的能量等級可以達到這個高水準，因此形成了一個能夠出現療癒「奇蹟」的能量場。

何謂奇蹟？

如果一件事情的發生超出了可以解釋的範疇，或是超出了預期的線性因果關係及牛頓理論，就會被稱為奇蹟。奇蹟是一種透過移除負面阻礙而變成現實的可能性，這可能涉及到捨離限制性的信念系統，比如「這是不可能的」、「這不是我應得的」，或是其他出自小我的觀點。對於那些已經達到更高意識等級的人來說，奇蹟不僅司空見慣，而且是事件的自然過程，更不是曇花一現。奇蹟源自於創造，而不是因果關係。

靈修者的心態
態度

透過意識來提升靈性的「路徑」，其實並不複雜且單純無比。最主要的素質，實際上就是態度，也就是不把生命當成一個獲取的場所，而是一個學習的機會，這些機會甚至遍布在生活最微小的細節中。靈修的心態能使人變得友好、善良，並為生活賦予美好的意義。我們會發現自己小心翼翼地繞過一隻螞蟻，避免把牠踩扁；這不是出於一種強制性的「必須」，也不是出於宗教的教條，而是出於一種更大的覺知——意識到所有生命的價值。我們會發現，所有的動物實際上都是對尊重及關心有反應的生命個體，你真心的愛護及欣賞，連植物也會感應得到。

謙遜

謙遜也是一種態度，這是一種對心智與表象局限性的覺知。當一個人的覺知逐漸提升後，就會明白自己是戴著「認知」的濾鏡來看待人生的，所以他實際經歷到的，主要是自己的態度和認知，而不是自行存在的外在現實。

願意包容及寬恕；仁慈

身為一名虔誠的靈修學生，必須放下自以為是的責任，不去評論、糾正、控制、指導、改變世界，以及放下自己對每件事情的看法。身為認真的靈修者，不再有義務去繼續做這些雜務，而是將這些事交給上天公正運作。由於心智對實相一無所知，因此解除先前所認定的責任將會是一種解脫，會終結許多的愧疚感。放下「成因」，不參與受害者、被壓迫者及其他悲劇事件而發起的集會、遊行，可以幫助解脫。事實上，每個人都只是在完成自己的使命；既然如此，就允許他們這樣做吧！一旦放下執著，我們便能看出，大部分的人都能從自己的人生戲碼中獲得某種滿足。

成年後，還像個小孩的人類

外表是個大騙子。很多人看起來像個成年人，但實際上，他們的心智根本不成熟。大多數人在情緒上還是跟孩子一樣。在幼兒園及遊

樂場常見的情緒和態度，仍然可以在成年後的生活中見到，只是以聽起來更有尊嚴的說法來包裝。大多數人心中都有個孩子，這個孩子只是在模仿成人的樣子。我們經常聽到的「內在小孩」，根本不在我們之內，實際上是相當「外顯的」。

長大之後，他們會扮演各種各樣的身分，模仿他們心目中成年人的行為與作風；然而，會這樣依樣畫葫蘆的人並不是成年人，而是小孩。因此，我們日常所看到的各種成年人的表現，其實是按照他們小時候所認同的思想及劇本來演出。小孩和大部分的動物，往往會表現出好奇、自憐、嫉妒、羨慕、爭強好勝、脾氣暴躁、情緒起伏、怨尤、仇恨、敵對、攀比、尋求眾人的注目和讚美、任性、怪罪他人、推卸責任、讓別人受委屈、尋求寵愛、收集「物品」及炫耀等，不勝枚舉。這些都是小孩子的屬性。

當我們觀察大多數成年人的日常生活時，會發現他們從小到大幾乎沒有什麼真正的改變。這個認識，能夠幫助我們更容易同情及理解，而不是譴責。固執與反對不僅是兩歲孩子的特徵，還會持續主導著一個人的性格，直到年老。也有一些人，從童年進入青春期後，在性格的發展上會不斷追求刺激並挑戰自己的命運，同時執迷於自己的身體、肌肉、調情、人氣、愛情與性的征服。他們往往還有一種明顯的傾向，想讓自己變得討人喜歡、靦腆、性感、迷人、英勇的、悲情的、誇張的、戲劇性的，以及矯揉造作的。這是小孩把青春期得到的印象表現出來。內在的小孩是天真的、易受影響的、容易被灌輸思想的，而且容易受到引誘和操縱。

活出自己的本質

　　一旦熟悉意識的本質，就不容易隨他人起舞，不論內在或外在。人類的生活是艱難的，即使處在最好的環境中亦然。挫折、反應不及、記憶流逝、衝動及各種形式的壓力，每個人都不勝其擾。人生的各種要求往往超過我們能力所及，而且生活也受到時間要求的壓迫。從這裡就可以注意到，每個人的小我都與其他人的小我大致相同。

　　心智是與生俱來的，我們有一個由基因、染色體操控的大腦，以及遺傳決定的性格，這樣的套裝「組合」形成了我們。研究顯示，許多人的性格主要特徵，早在出生時就已經存在了。很少有人能夠長成真正的自己，而且只有少數的人會尋求自我完善，或是追求靈性成長。這是因為無論一個人如何自我批評，其實暗地裡都相信自己的存在方式是沒問題的，而且可能是唯一應該有的樣子。他們認為自己是對的，所有的問題都是因為別人的自私、不公或外在世界造成的。

愛不是擁有，是一種存在方式

　　大多數的人相信愛是一種可獲取的情感，必須配得上才能擁有，也相信如果給出越多的愛，自己擁有的愛就會越少。事實恰恰相反。愛是一種心態，能夠轉化一個人在世上的經驗。因為愛，我們會感激自己所擁有的，而不是驕傲。當我們感謝他人的服務及貢獻時，就是在表達我們的愛。愛不是一種情感，而是一種存在方式，以及與這個

世界聯繫的方式。

避免樹立「敵人」

人會落入報復的陷阱，想要討回公道或不斷地爭論，於是創造了敵人和敵意。這些會妨礙平靜的生活，事實上，沒有人需要敵人。敵人可能會暗中報復，帶來不幸的後果。不管是什麼衝突，都沒有勝出的一方，因為最後面對的，只有懷恨在心的輸家。

大部分的家庭暴力是一種對言語挑釁的肢體回應。然而，在我們的社會中，受害者很少會為挑釁、引誘或辱罵承擔責任。

要在靈性上取得進步，就要對發生在自己身上的所有事情負起責任，以及避免掉入成為受害者的陷阱中。從更高的靈性角度來看，並沒有受害者。在表象所構成的世界裡，沒有一物有能力導致另一物。

放下苛刻的觀點

苛刻的觀點對靈性成長沒有幫助。即使它們是「正確」或「合理」的，求道者也不能採取這樣的觀點。一個人必須放下報復的渴望，或是當一個殺人犯被處死時，也不能有「正義必得伸張」的喜悅。要了解，一個人不可能違背基本的靈性法則，而不付出代價。求道者要看穿幻相，放棄法官或陪審團的角色，否則沒有任何人能夠安逸，因為嚴厲的審判只會挑起另一方義憤填膺的反抗。

透過肌肉測試，我們可以很快地確認一點：宇宙不會錯過任何一件小事。每根頭髮都被數過，每一隻落下的麻雀都為神所知[*]。善言不忘，沒有一句仁慈的話語不為神所知，一切都會被永久地記錄在意識場中。

解開內疚

內疚是一種想透過受苦來換取救贖、操縱神及獲得寬恕的嘗試，這種態度源自於對神的誤解，以為神是一位偉大的懲罰者。我們認為可以透過自己的痛苦和懺悔來平息神的憤怒。實際上，對於錯誤的行為只有一種恰當的「懺悔」，那就是改變。與其去譴責負面性，不如選擇正面性。

比起內疚，進步及改變顯然需要更多的努力，但這是對錯誤更適當的回應方式。從意識地圖（附錄二）中可以發現，內疚落在最底層，而神位於頂層，所以沉溺於內疚並不會讓我們提升到意識等級的頂端。

謙遜意味著我們視自己的生命為靈性意識的進化過程，好從錯誤中學習。在所有修正過往行為的名言中，最有用的一句話就是：「那時看起來是個好主意。」後來回想起來，在重新定義這個行為時，它

---

* 譯註：出自《馬太福音》第 10 章第 29～31 節：「兩個麻雀不是賣一分銀子嗎？若是你們的父不許，一個也不能掉在地上；就是你們的頭髮也都被數過了。所以，不要懼怕，你們比許多麻雀還貴重！」

似乎是錯誤的。然而，如果其他人的意識本質是無辜的，那麼求道者的自我也是如此。

　　除了放下內疚，放下「罪是實相」的觀念也非常有幫助。罪只是一種錯誤，而錯誤是可以修正及寬恕的。大多數人所說的罪是一種執著，一種源自於內在小孩的情緒反應。實際上，是這個內在小孩在說謊、偷竊、欺騙、嘲笑他人和打人；換句話說，罪其實是一種不成熟，是對實相及意識本質的無知。隨著靈性價值取代世俗價值後，誘惑會減少，錯誤也比較不可能發生。

意願使力量得以顯現

　　意願是靈性成長及取得世俗成功的基石，這意味著放下抗拒，並高興地全心全意投入。抗拒是因為不願意，一旦放下抗拒後，取而代之的是力量、信心和喜悅等正面感覺。

　　不管是為了什麼目的而努力，通常都會有一個抗拒的點而成為阻礙。只要克服了這個阻礙，努力就會變得毫不費力了。運動員通常都有過這種經驗，體力勞動者也是，那就是忽然有一股巨大的能量釋放出來，進入一種近乎開悟的狀態，而這一切都是自行發生的。此時會生出平安、祥和及寧靜的感覺。筋疲力盡的芭蕾舞者或是勞動者，其實比他們想像的要更接近發現神的狀態。在覺知到神的臨在之前，會有一個臣服的過程。

　　禪宗裡有句話說：「天堂和地獄只有一線之隔。」一個人往往是

在絕望的深淵中放下了小我，因此所有的危機都能轉化為靈性探索的機會。

明白「真理」取決於背景

真理其實是相對的，而不是絕對的。所有的真理，只有在某個意識等級內是真理。比如說，寬恕是值得讚許的，但是進入更高階的意識後，一個人會看出，其實沒有什麼可寬恕的，也沒有「他人」需要被寬恕。每個人的小我都同樣的虛妄，包括自己的小我。所感知的，也不是現實。

不執著的處世智慧

不執著是一種遠離俗世情感糾結的態度，它能帶來內心的寧靜與平安。有助於達到這種狀態的方法，就是拒絕接受他人煩惱和問題的情緒慫恿。此外，還包括願意放手，讓這個世界及所有外界事務，去自行解決它們的問題和命運。至於介入或干預這個世界，最好留給那些帶有不同使命的人。

做個「好人」是一回事，開悟是另一回事。一個人要對自己的努力負責，而不是對結果負責，因為結果取決於上帝和宇宙。

不執著不代表冷漠、退縮或抽離。人們誤以為不執著需要抽離現實，這麼做往往會導致寡淡或冷漠。相反的，不執著可以讓一個人全

心投入生活，而不試圖去控制結果。

接納

接納是糾紛、衝突及苦惱的良藥，還能修正認知上的重大失衡，排除負面感受的支配。萬事萬物都有其目的，所以謙遜意味著，我們明白自己並不了解所有事情或發生的事件。接納並不是消極的態度，而是不抱持任何立場。一個人若要避免發展出靈性小我，便要了解到：靈性成長是神的恩典，而不是個人努力的結果。

避開偽上師

這一點再怎麼強調也不為過。天真的靈修初學者很容易受到靈修領袖人物的魅力及名氣所左右，尤其是那些有許多隨眾的「大師」。如果沒有高階意識的靈性覺知，又缺乏工具的指引，靈修者會讓對方的聲望遮蔽了自己的判斷力。

在人類歷史中的此刻，除了用肌肉測試來實際測定一個導師、組織或教誨的意識等級之外，目前還尚未有其他可以信賴的指標。單純天真的人往往會被超自然力量、超常技藝、稀奇古怪的頭銜及服裝所迷惑。

真正的靈修導師所具有的特徵，包括謙遜、純樸、慈愛、同情和平靜，不會為傳遞真理收取費用，因為他們對金錢、個人權力或利益

都不感興趣。

　　真正的導師並不在乎是否有跟隨者，或需要成立靈修組織或團體，即便有組織或團體，也會允許所有人可以完全自由地離開。一位真正的導師沒有控制他人的渴望，會避免發展出個人膜拜。因此，真正的導師不會強迫或說服他人，也不會想要獨占知識或強迫他人接受；因為知識是自由接收的。真正的導師在態度及舉止上是高尚的、待人接物上是親切和藹的。對一位真正的導師來說，他的學生是全體人類。

避開謬誤的教誨

　　我通常會建議，可以用肌肉測試來測定靈修書籍的良莠。把那些會讓手臂肌力轉弱的書籍放在一邊，讓肌力變強的書籍放在另一邊，這樣對學習會有很大的幫助。

　　重要的是，謹記以下這個非關個人的事實：求道者的意識是天真的，無法辨別真偽，所以要避開吸引人卻無關緊要的事物。有數不清的靈界和宇宙存在著，每一個都有各自的導師、大師、靈性等級及信念系統。其中有許多都相當吸引人，一有不慎很容易就被那些迷人的、深奧的說法所吸引。然而，尋求開悟的人會記住，究竟的終極境界不是靠各種各樣的形式來達到的。

　　很多人認為，他們應該努力投入靈修，卻因為那些看起來很複雜的靈修表象、儀式、要求、犧牲、承諾、複雜的讀物、教義及金錢而

裏足不前。有些靈修團體甚至堅持要求「新成員」在加入時，必須通過奇怪的儀式、誓言及約定。那些專擅權力的群體更有強制出席的規定、培訓課程，還要支付許多費用。事實上，沒有什麼是一個人必須加入、必須去做或必須學習的。真正的靈修沒有規定、規則或任何要求，不需要儀式或奇怪的服裝，更不需要奇怪的呼吸練習或是姿勢。

許多新時代的靈修團體，要求雖然不那麼苛刻，卻仰賴於誤導性的訊息來源，強調奇怪的服裝、奇特的飲食、怪異的頭巾以及各式各樣的項鍊、符號、卡牌占卜、通靈、傳訊、靈媒、吟誦和咒語。有心靈修的人最好覺察及避免所有相關的操控，包括能量、光場、神祕的觀想、顏色、數字、符號以及「古老的密教」。有些誤導大眾的人物聲稱自己擁有來自神的指示，自封為先知或遠見者，但只需簡單的肌肉測試，就可以揭穿謊言。

這些干擾都有仰賴的形式及特殊性。整個場域呈現如嘉年華般的氣氛，往往與太空船、飛碟、外星人及末日預言牽扯不清。所有這些全都被錯誤地歸類為靈修，且容易被大眾信以為真。一般人很容易受到他們的誤導，而進入靈界的馬戲團，誤以為那就是「靈修」。整個新時代社群開始迷戀起無數的「聖者」、「大師」及傳奇人物，其中大多數的人在肌肉測試中都會讓肌力轉弱。研究顯示，許多著名上師為了掌握對他人的影響力及維持一種偉大形象的幻覺，而出賣了靈性的正直與完整。

第 **10** 章

與神同在，發掘內在神性

雖然這章的主題順序看似前後倒置，但是這樣的安排有助於讓志在追求靈性的人，了解一些終極目標的特質，以免被謬論引入歧途。現今看來，錯誤是普遍又猖獗的，這是因為有廣大的群眾遵循及傳遞著許多被誤導的錯誤觀念。

透過直接體驗而認識神是非常罕見的，千萬人中不到一個人有過開悟的經驗。真正的靈性導師更是少之又少，而冒牌者則為數眾多。如果多數人朝著正確的方向前進，那麼聖徒及開悟將是常見之事，但情況顯然不是如此。正如佛陀所說：「法為皈依處，沒有其他皈依處。」真正的道路是單純且直接的。

神性的特質有哪些？

了解神性的特質非常重要，如此一來，我們才能快速地分辨出什麼「不是」神的特質。許多宗教都以誤解和歪曲真理的形式，教導一些上帝所不具有的特質，而這些特質都是出於小我的錯誤解讀及擬人化的認知所投射而來的。一旦我們知道神是什麼，並擁有一項可以測定真理等級的簡單工具，便有了充分的準備去面對可能會充滿困難的

旅程或經歷。

　　神無所不在，包括此時此刻。神不在他處，不在遙遠的天堂或未來，不必等一個人到達天堂時才能得見。神聖示現是每個人隨時都可以觸及的，要領悟到這一點，完全是覺知上的問題。據說大部分的人一生中若沒有上師、救主或神性化身的幫助，很難達到這種覺知，這有可能是事實。

　　神超越了認知、二元性、部分性及立場。神超越了所有的對立性，比如善與惡、對與錯、輸與贏。正如太陽一樣，神平等地照耀著萬物，不會只將祂的愛保留給特殊的幸運兒。然而，只有少數人能直接體驗到神，但透過我們對他人的愛（包括對寵物和大自然的愛），神的光芒確實能穿透雲層照耀著每個人。至於能夠感受到多少神聖之愛，則取決於個人的意識等級。

　　神聖示現的典型體驗，就是深不可測的平安、寧靜和愛。祂包容一切，給予的愛如此強大，以至於能夠將殘存小我緊抱不放的所有「非愛」念頭消融殆盡。

　　猶如空間不受其內容物所汙染，水域不受魚的游動所影響，神的實相超越了所有形相，但也在這些形相當中。就像空間一樣，它本身也存在於空間中的物體之中。

　　無所不能、無所不知、無所不在的神，不會受到威脅或情緒等困擾；因此，神不會有報復、嫉妒、仇恨、暴力、自大、自私的習性，也不需要奉承或讚美。禮拜的受益者是禮拜者本人，神是完全且絕對圓滿的，沒有需求和渴望。如果你從未聽聞過神或是不相信祂，祂也

不會不高興或沮喪。

舊世界對神的許多描述，實際上是臆造的、應受指摘的，是人類恐懼罪惡的投射。遠古人類認為，每場暴風雨都暗示著神發怒了，需要用犧牲獻祭來平息神的怒火，火山爆發也意味著神的憤怒。小我需要解釋並尋找「原因」，所以神被合理化為引發世間可怕事件的「原因」，包括地震、饑荒、洪水、瘟疫、風暴、乾旱、貧瘠或疾病等。神被視為力量強大的懲罰執行者，同時也是力量強大的獎賞者。因此，在傳統文化的神話中，關於諸神的起源就出現了眾多不同的說法。（要注意的是，早在人類出現在這個星球之前，就已經有自然災害了。）

古人所認為的神，是小我能量的投射，在傳統上，這種能量與脾輪（Spleen Chakra，代表怒氣）有關。然而，「憤怒之神」其實是非常嚴重的錯誤觀念，也解釋了許多古老宗教和經書在肌肉測試中讓肌力變弱的事實。它們代表著恐懼、仇恨、嫉妒、猜忌及報復等邪惡之神。人們對神的「正義怒火」心懷恐懼，這種現象至今仍普遍存在。

人們一眼就能看出，正義只是一種主觀上的臆想，對於永遠存在、全能全知的神來說，幾乎不可能受制於憤怒這種情緒。

事實上，神不會因為任何人的錯誤行為而受到傷害，因此也不需要報復。然而，將神視為一個冷酷無情的懲罰者，卻很難從人們的想法中抹除。這種形象塑造，實際上是小我的產物。小我才是內疚、罪過、痛苦、譴責及創造所有地獄的源頭，它尋求救贖的方式，就是將一切歸咎於神。而它歸咎的方式，就是把神變成完全相反的樣子。意

識層次較低的神，其實是惡魔。事實上，神無法被操縱、哄騙，也不接受妥協，或是被指派成加害者或受害者的角色。神不依賴他人、沒有神經質，也不受到偏執、浮誇的精神病所干擾。

全然知曉且無所不在的本體記錄了每件事，我們的意識能偵測並立即記錄每個事件、念頭、感覺及發生的事，因此它始終都能完整地知曉一切。人們可以透過簡單的肌肉測試來驗證，每個人的每根頭髮都能被計算、被注意，並歸檔在無限意識本身的知曉中。這是自動發生的、非個人的，是出於意識本具的屬性。神在這當中沒有個人的利害關係，也不會對此有任何回應。祂不會感到不悅或是被冒犯，也不會被任何無禮或不高尚的行為所激怒。

神的無限仁慈與寬恕，超越了任何概念及所有想法，祂完全不操心世間的瑣事。神並不屬於二元性的任一邊，在無限中，不存在「這個」（壞）或「那個」（好）的回應。神既非殘酷也非無情，祂不可能受到傷害，因此也沒有報復的渴望。

感知有限的小我不可能體驗到神，它只能處理觀念、感覺和形式。然而，神是非物質的，無論是使用 X 光、光譜儀、攝影、蓋革計數器、金屬探測器、紫外線或紅外線探測器都無法偵測得到，而這些都是超自然現象的研究者在尋找「靈性」時常用的工具。

神的愛是無條件的，這種愛不是反覆無常或稍縱即逝的，也不是只分配給那些配得上的人。一個人若能了解神就是愛，便會排除所有這類概念。神不做決定，不需要任何消息，也不需要有利的報告才能運作。身為圓滿、充分及整體的愛，神無法停止成為祂如是的樣子。

　　打個比方，空間無法決定它是否會突然變成非空間。萬物完全以本質存在著，如同愛無法變成非愛，神也無法變成非神，而長頸鹿也無法變成非長頸鹿。

　　神不是一個心理失常的小孩或父母。祂不看新聞，也不懲罰邪惡。在一個本自公正與平衡的宇宙中，不需要武斷的審判。每個實體都會經歷自己的行為、決定、願望及信念系統所帶來的後果。全然的平靜、寂然、平安及愛的本體，會驅逐所有加諸其上的不慈愛、非寧靜及不平安。因此，小我所體驗到的地獄，其實都是自己創造出來的。

　　所有的行動、事件、想法、觀念、概念和決定，都伴隨著一種可以被測定的能量場。所以小我的作為，會將自己帶往它該到達的意識海的層次。正如浮力一樣，意識海的非個人屬性，會自動決定一個人上升或下沉的層次。這就是宇宙如其所是的本質。小我及認知為了描述行為的自然結果，所使用的解釋便是所謂的「判斷」，這是一種幻覺，就像人們常用「因果關係」來解釋物質世界所發生的事情一樣。

　　神不受概念、觀念、想法或語言的限制。由於祂無所不在的本質，神的臨在涵蓋了所有一切，包括人類的思想，但是祂本身並不參與其中，也不向任何人發言。上天傳來的聲音頂多是對內在體驗的一種詮釋，而這種內在體驗會被投射到物質世界。聲音是一種物理振動，雖然神存在於萬物之中，但也不會無聲無息地操縱聲波。

　　真正開悟的人從來不會描述與神對話的體驗，因為這種說法假定了一種神與人之間的二元性。事實上，自性、神及萬有都是一體的，說話者與說話的對象之間並無區別。神祕主義者是透過一種非言語的

心領神會來體驗神，如果是透過言語傳達的神訊，則是源自於靈性小我，它將神與人分開，投射出某種「其他的」現實。「來自神的聲音」通常是幻覺，有時這種情況是由於某些靈體自稱為「神」的緣故。

同樣的道理，無限的臨在也不帶有任何意圖，因為只有二元性才會產生抱持意圖的一方及意圖指向者。所有這一類的概念，都是基於認知的二元性來建構的。

神是非二元性的、圓滿的、完整的、全有的（Allness）、一體的（Oneness）。人之所以會對神產生誤解，是因為小我是在認知與形式上運作。此外，它還誤將外力視為心靈力。

心靈力可以比喻為一種引力或磁場，當中發生的一切都是這個場域本身特質的必然結果。這個場域不會「選擇」去吸引任何事情，也不會用不同的法則來對待不同的對象，表現出全然的平等。同樣的，在心靈力的靈性場域中，每個人及一切事物都是根據自身的結構、靈性「重量」、振動或吸引子場，而受到吸引或影響。

有些實體或個人的小我，碰到正能量場域時會排斥。很多人對任何與愛、靈性或是仁慈有關的事物會不聽不聞，還有許多人由衷地討厭安靜或平靜，這樣的狀態反而會讓他們抓狂。如此看來，獨處與寂靜不正是對小我的終極懲罰嗎？

意識等級 200 是一道分界，高於或低於這道分界似乎會產生截然不同的轉變。就像高於等級 200 的實體攜帶著正電，而低於等級 200 者則攜帶著負電。顯而易見的，社會中那些有犯罪傾向的人，會被犯罪行為和其他同類的人所吸引；而那些選擇平安與愛的人，則會受到

其他具有同樣傾向的人所吸引。

　　對意識等級高於 200 的人來說，某些法則明顯更具吸引力，而在低於 200 的人眼中，這些法則可能變成令人厭惡及嘲弄的謬論。如果一個社會的力量是依賴將人民的意識等級控制在極低的狀態下，比如近代柬埔寨的社會，那麼這樣的社會甚至會利用官方的政治立場來壓制愛或愛的表現。

　　相反的，對於靈性導向的人來說，平安與愛會被視為獲得力量的最佳機會。「神在意識等級的頂端而非底層」這個事實，雖然看似極其簡單且明顯，但很遺憾的，對大多數人來說卻是很陌生的觀念。此外，對於靈性層次更高的人來說，「創造與力量是由上往下輻射，而不是由下往上」是明顯易懂的道理，但是對廣大群眾來說卻不然。創造的力量全然屬於神，物質世界並不具有創造的力量或因果關係，所以創造不可能從形式或物質層面著手來進入生命，並最終達到無形層次。人並非是神的「共同創造者」，神不需要幫助。話說回來，人又能夠共同創造什麼呢？畢竟神是超越所有形式的。

　　一般人都以形式來思考，所以不難明白，全能、無所不在且無形無相的神，怎會對人間的遊戲感興趣？終究來說，沒有任何東西「需要」被創造出來。

　　神聖臨在的影響力是由神聖本體所散發出來的，而不是神的選擇性作為。在實相中，沒有事情發生，也沒有任何事件出現，因此不需要修正或干預什麼。

　　在神與人之間，有一個靈性能量的等級，以及各種不同等級的心

靈力場域。這就是一般人直覺知道並指稱的聖靈、高我、神恩、天使、大天使及天堂。在靈性等級中，超過 1000 的意識等級，代表著超乎人類所能想像的力量。

大天使的力量是如此強大驚人，以至於一接觸到，小我就會像癱瘓或受到驚嚇一樣地安靜了下來。這股力量是絕對的、全面的（大天使的心靈力，測定值至少為 50,000）。因此，經歷過這股力量的生命，如果要繼續以肉身的形式存在，需要花好幾年的時間才有辦法重新回到俗世生活。

每一個生命的存在都是神聖示現的結果，並被賦予履行天命的能力。有過開悟經驗的人，其維生與存活的力量是由聖靈提供的；聖靈成為一股強大的能量，維持著這些開悟者的餘生。同樣透過聖靈，這些人才能恢復身體所需的運作功能，但轉化是永遠的，甚至有好幾年的時間都無法描述這個「經驗」本身。沒有人可以描述，也沒有什麼可以報告。沒有說話者，也沒有誰可以決定是否發言。此時，生命是由臨在來指導及推動的；獨立的個人意志或決策者的幻覺從此永遠消失。後續行動或許是由先前的約定或承諾所驅動，但一切都是自行發生的。後續的人生是自我實現且令人滿足的。沒有一個所謂的「我」在做任何事情，沒有思考者在思考，沒有行動者在行動，沒有執行者在做事，也沒有決策者在做決定。所有的動詞、形容詞、代名詞都變得毫無意義。

神的實相

　　神不會主導洪水、火災、地震、火山爆發、風暴或降雨，這些都是物質世界及宇宙中各種條件的非個人性結果。神不會發怒並「毀滅」城市、文明、城鎮或種族，所有的這些自然現象，在人類社會出現在這個星球之前，就已經發生過。神不會介入人類的衝突，也不會介入政治與宗教的鬥爭與糾紛。神對戰爭不感興趣，也沒有需要消滅的敵人，更沒有所謂的「聖戰」——這個說法本身就是自相矛盾，且荒謬至極。

　　所謂的異教徒、信徒或同類人這一類的劃分，都是人類小我的立場。只要是有點理智的人，都不可能有這種狹隘的思想及判斷力。事實上，神不「在乎」人信不信「祂」，但是信或不信的結果完全不同。

　　愛會引向天堂，仇恨則下沉到另一個方向。良善不會排拒任何人，但物以類聚、人以群分，愛會被愛所吸引。神不會針對任何事或任何人採取行動。有些靈魂受到光明的吸引，有些則受到黑暗的吸引。選擇是來自小我之內，而不是外在所強加的。

神無所不在，超越所有形式

　　請務必了解一點，無形無相的神，是無法透過形式或操弄形式來觸及的。因此，凡是任何涉及到祕傳或神祕修練的，不僅是陷阱，也耽誤了自己的靈修。那些修練都屬於旁門左道，只會通往靈界，讓人

迷信或狂熱傳教，不論哪一種都有無數的例子。事實上，並沒有力量存在於幾何圖形、曼陀羅、圖像、畫像、雕像或吟誦中，這些東西的價值都是由信仰者本身的意圖、奉獻、承諾及信仰所決定的。這個世界充滿了善意但天真的持咒者、光之工作者，也有很多人信奉聖物、護身符、圖表、聖地、德魯伊（Druid）遺址及神祕魔法，還有馬丘比丘、巨石陣、金字塔、恆河、古廟及能量漩渦等朝聖地點。以上這些都可以稱之為「繞道而行」，但是最終，一個人還是必須往內走。主耶穌基督說：「天堂就在你之內。」

　　神是自我揭示的，超越所有的形式，但又存在於所有形式之中，成為所有形式的既有本質。神是靜默的、寧靜的、祥和的、穩固的、包容一切的、無所不在的、無所不知的，因為祂是萬事萬物的本質。神是完整的、圓滿的、寂靜的、慈愛的、超越時空的、非二元性的，也沒有部分與分隔。祂平等地存在於萬物之中，與自性並無二致。只有存在是可能的，即便有翻譯上的錯誤和誤解，但神並非虛無或空無。我們可以從「不存在」一詞的定義看出，不存在是不可能的事。

　　「臨在」超越了所有的思想、心理活動，甚至是觀察。這種覺知就是自我覺知，源於對「自身其實就是萬有」的知曉，因此沒有什麼事情還需要「知道」。沒有一個知者與被知之物，這兩者是同一物。在萬有一體的狀態下，主體與客體消融於彼此之中。

　　臨在是極其柔軟、溫和、慈愛、觸動人心的，但矛盾的是，它同時又具備一種堅若磐石、永恆不變、所向無敵的力量，還有一種無限的凝聚力，將「所有的現實」結合在一起，而成為一個永續在創造的

宇宙。在神的臨在中，因與果的幻相消失了。臨在不會導致任何事情發生，它更像是所有正在發生的事。

　　在臨在中，所有的時間感消失了，這是平安很重要的一個面向。一旦時間的壓力消失了，我們會發現，或許時間正是造成人類痛苦的主要來源之一。時間感以各種方式創造出壓力、焦慮、恐懼及種種不滿，這種「時間壓力」會伴隨著所有的活動與追求而來，創造出順序及因果的幻覺。人類的每一個行動，都在一個不言而喻的時間壓力鍋中進行著，心裡不斷計算著每個活動可以「花」多少「時間」，從而導致恐慌、害怕或擔心，以及內疚、羞愧和憤怒，例如「我在這件事上花了太多時間」、「在那件事上花的時間不夠」、「我們有很多事想做，但時間不夠」、「時間會用完」諸如此類的想法。因此，在時間感消失之前，人們不可能知道真正的自由或平安是什麼感覺。

神就是自由、喜悅、家及源頭

　　在神的臨在中，所有的痛苦都止息了。一個人回到了自己的本源，而本源與自性無異。這就像一個人遺忘了，然後現在從夢中覺醒。所有的恐懼都顯得毫無根據，所有的憂慮都是愚蠢的想像。沒有需要害怕的未來，也沒有需要追悔的過去。沒有誤入歧途的小我／自我需要告誡或糾正，也沒有什麼需要改變或改善。沒有什麼需要感到羞愧或內疚，也沒有一個「他人」可以與自己分離。沒有任何損失的可能，沒有什麼需要完成，也沒有什麼需要費力。至此，一個人就可

以從無盡的渴望與需求的牽絆中解脫出來。

神是無限仁慈的

一個全然圓滿的神，其眼中沒有需要寬恕的對象。所有的「事件」都是小我的認知，並非真實存在。沒有任何需要解釋與究責的事件，也沒有報應的存在。仁慈是無條件之愛的本質，完美的眼光不會看到缺陷或匱乏。

神可能會突然或意外示現

普通的意識狀態與突然的覺醒，兩者之間的差距相當大。覺醒其實是無法準備的，它會在沒有預警的情況下快速地自行顯現。此時，殘存的、老舊的小我會感覺就像快要「死去」一樣。這樣的人正處於一個嶄新的、輝煌的境界中，並有另一個次元、一種不同的狀態顯現，但不會出現所謂的靈性嚮導、聖人或天使的形象，也沒有更高的存在出來迎接你。所有的設想、期待、心理或情緒活動都停止了，取而代之的是一種無形無相、沒有內容的無聲知曉。在成為萬有之後，便沒有什麼需要回答，也沒有什麼是未知的。先前自以為是「我」的那個東西消失了。現在，這個人成為了一個不可見的存在。

這就像是一個人長途跋涉地登上一座山，突然發現自己一人在吉力馬札羅山的山頂，眼前只有一望無際的雪山。在山頂上，他注意自

己以某種不可思議的方式也成了一座山，同時也是天空和遼闊的雪地。此時無一人在那裡，甚至連站在那裡的身體也成了無關緊要的東西，就跟雪橇一樣，看起來像是景觀中一個看似珍奇卻可有可無之物。當他往下看著雪橇時，甚至會驚嘆於自己曾經瘋狂地把雪橇當成自己。

自性是超越感官的自我覺知。神性是一種巨大的啟示，散發著強烈的光芒，令人難以忽視，其本質是明確的、必然的、完整的、終極的，也是圓滿的。所有的追尋到此結束。

覺知的其中一個面向，就是它是所有萬物的共同特質，這與普通意識恰恰相反；普通意識似乎只能活在感知事物的表面。在臨在眼中，是對萬事萬物的內在知曉，所以自性等同於雪橇、雪花、山脈、天空、雲朵和風。自性同時是這一切，但又不是這其中的任何一個。此時，世界似乎由黑白影片轉為栩栩如生的立體電影，所有萬物都有了厚實的深度與質感。

萬物都同等地覺知到臨在，彼此分享著喜悅及對永恆的了悟。如果一切都是命定，那麼生命的延續便會自主展開，身體會自己行動並完成屬於它的任務。如果加以提示，身體甚至會照顧好自己。然而，若沒有提示，身體就不太可能這樣做。此時，人不再需要雪橇，而他也不是雪橇本身，所以身體只是自顧自地運作，有時看起來會很有趣。身體就像是一隻被發現的寵物——一隻可愛的動物。

問與答

此部分是作者在許多國家與不同靈性背景
的靈修團體之間的對話，以及講座的紀錄摘要

第 11 章
靈性探索之路

　　與會者提出的問題，並非特別針對自性或實相，而是在靈性探索的早期會關切的問題。

問：我在電視上看到一個談靈魂出體與瀕死經驗的節目，這兩者看起來似乎一樣，但它們其實是不同的吧？

答：它們確實完全不同。一個可以說是一種超越，另一個則被認為是超自然現象。靈魂出體可以在任何時候發生，甚至在睡覺或夢中。這種情況往往是被發生在身體上的災難或疾病所觸發，比如意外事故或手術。在靈魂出體的經驗中，有地點、位置及持續時間等限制。這是指有一個幾乎看不見的能量體離開身體，並游移到同一個空間裡的一個不同位置，或是一段更遠的距離。感官覺知會伴隨這個能量體，不再與身體有所關聯，因此感覺起來像是與身體分開。由此可知，所謂「我」的感覺是連結著能量體，而不是肉身。最後，能量體會回歸到身體，生命也回復到往常狀態。這種探索之旅很容易被回想起來，且往往與其他人有關。有過這種經驗的人，意識等級和性格都不會有明顯的改變；不過，他可能會隱約明白「我」其實並不僅僅是一具身體。

　　瀕死經驗不一樣，它不是局部上的改變，而是進入了一個更宏大、更輝煌的領域，體驗到始終都在的那種無限及光芒四射的愛。當事者會有一種鮮明的覺知，知道啟示狀態正在發生，且意識等級驟然上升。這種經驗的其中一個跡象就是，性格改變了，從而導致整個人出現明顯的轉變。心態往往也跟著大轉變，對世俗事物的興趣大為降低，對死亡的恐懼也消失了，甚至也可能轉換職業跑道。一般來說，有過這種經驗的人會對靈性主題產生興趣，整體的恐懼感明顯降低。這會反映在整個人身上，看起來更平和、更優雅，以及更常用正面的態度來取代負面的消極態度。對某些人來說，性格轉變可能相當大；而對有些人來說，最貼近的說法只能用聖化二字來描述。有些經歷過這類體驗的人成了靈性治療師，開始對治療專業或傳道工作產生興趣。

問：在這個忙碌的世界上，大部分的人都有工作、家庭及許多讓人分心的事要忙，有什麼靈修方式是最實際可行的？

答：有意識的靈性追求是出自一種選擇與決定，而實際上，它只需要有堅持到底的意願與能力。即使是一個簡單的靈性觀點，也是強而有力的工具。發心以仁慈、寬恕及同情來對待有情眾生（包括自己），像這樣的一個簡單決定本身就是一把手術刀，能夠移除靈性進步的主要障礙。

　　只要心懷謙遜，便能看出自己的心智是受限的，它沒有能力看清事件周圍的所有狀況。此番認識會使人生出一種願心，願意

放下譴責與批判，並在這個過程中，產生臣服的意願，將自己在
這個世界的體驗都交託給神。顯然的，這個世界完全不需要各式
各樣的個人意見及看法。如果一個人決定用仁慈的眼光來看待生
活中發生的事件，那麼就會有不同的方式來詮釋情況、表象，並
敞開心面對其他選項。

問：佛陀說欲望是小我的根源。那麼，人要如何克服這種執著呢？

答： 有一種冥想，我們可以稱之為「為了什麼？」當我們發現到一種
　　欲望時，可以反問「為了什麼？」答案不外乎是「只要……，我
　　會更快樂」。於是，快樂永遠都在自身之外以及未來。這種觀念
　　使人將自己視為外在環境的受害者，也是一種個人力量的投射。
　　事實上，快樂的可能源頭來自於內心，而且除了此時此刻，快樂
　　不存在於其他時間及地點。

　　　喜悅和快樂的真正源頭，是了悟到自己當下這一刻的存在。
　　快樂的源頭永遠都來自內在，雖然我們偶爾會因為外在事件或收
　　穫而感到高興。在任何一刻，都不可能存在著所謂的「問題」。
　　不快樂是因為離開了當下的實相，並根據過去或未來而編造故
　　事。由於過去和未來並不存在，所以那些故事根本沒有真實性。

問：還有什麼其他有用的工具？

答： 還有一種冥想，我們可以稱之為「假如……，然後呢？」這種練
　　習的基本條件是，一個人願意斷捨小我的幻覺，而臣服於神。一

開始，我們先問：「假如放下自己所渴望或重視的事情會怎樣？」
接著問道：「然後呢？」這會引發下一個障礙。接下來，我們再
反問自己是否願意將它交託給神，這又會帶來另一個障礙。直到
最後，當我們願意斷捨每一個「幸福就在那裡」的幻覺時，便會
帶來一種覺知，了解一個人每時每刻的存在完全是基於神的恩
典。一個人的生命得以維繫，是由於神聖臨在的運行。這種生命
維繫是神的旨意透過我們來展現。我們對維持生命所做的努力是
一種「天賦」，而不是個人的發明。但小我認為我們的存活與神
的旨意無關，而是出於小我本身。

問：靈性的進步是突然的，還是漸進的？

答：這兩種情況其實並不矛盾。這個問題本身暗示著非此即彼的二元
　　性，但這兩種情況是同時存在的。在靈性進化中，看似很小的一
　　步，往往發生在幾乎不被注意的情況下，猶如雪山下面看不見的
　　微小改變，卻足以造成雪崩。意識的突然飛躍可能會在無預警下
　　發生，因此最好為這種可能性做好準備。

問：越過智識的巨大障礙後會如何？

答：意識的躍升也是意願與啟示促成的結果。全世界只有四％的人口
　　超過意識等級 500，這是愛的等級。當達到等級 540 時，便是無
　　條件的愛，也是療癒的等級。在意識等級 500 時，靈性進展會更
　　清晰明顯，此時對靈修目標的最佳描述是：以愛對待並支持所有

的生命。因此，達到意識等級 500 或 500 以上的人，待人接物會更寬容，變得仁慈、善良、親和且平易近人。這樣的人，自身的快樂不會受到外在環境或事件的影響，批判的態度會消失，取而代之的是對理解與同情的渴望。他們會開始看出萬物與生俱來的美與完美，常見的情況是，他會為世間萬事萬物的美麗而感動。若有任何不太有愛的念頭或感覺再度出現時，就會產生痛苦或不舒服的體驗。

問：可以談談被合理化的怨恨嗎？

答：人若願意放下怨恨，便會看出所謂的正當理由全是辯解與藉口。

這些理由都是指責的投射，都代表著一種自我陶醉的立場。怨恨實際上是幼稚的表現，而且是基於一種幼稚的公平觀念。宇宙中沒有任何事物與公平有關；普世的正義反而脫離了當前的時間與地點。所有的怨恨都代表著將指責合理化，把自己的責任投射出去，並視自己為受害者。對靈修學生來說，即使對方是「錯的」，他們仍應受到寬恕。所有的怨恨都低於意識等級 200，沒有達到正直的等級。因此，心懷怨恨是毫無益處的。

「政治正確」的現代潮流，是衝突、紛爭與痛苦的一大來源（測定值為 190），這種潮流是來自想像中的「權利」。但事實上，根本沒有所謂「權利」這回事，這些都是社會的想像。宇宙中無一物擁有「權利」，「權利」的整個概念，不僅造成了人們耿耿於懷的偏執心態，還導致對峙、衝突、加害者與受害者的觀

念、因果關係的幻覺及報復行為等等。所有這些作為都是為了避免對自己的人生經驗承擔責任；然而，承擔責任是一個人要達到正直等級的必要條件。

問：謙遜如何能解除一個人對智識的執著？

答： 在對邏輯和理性無所畏懼地探索後，科學就會逐漸意識到自身的限制與適用範疇。因為科學只是從預設的觀點來界定定義、思想的類別及描述的方式，所以到頭來我們會發現，理性與邏輯變得越來越迂迴曲折。雖然邏輯在日常的物質世界中有實際及有用的應用，但是它不會導向開悟，開悟是一個完全不同的努力方向。

問：那道德規範呢？難道放下是非對錯以及對他人的評判不會導致不道德的行為嗎？

答： 對與錯的規範，主要是給心靈尚未進化的人作為一種實用的行為指南，這些規範只是更大覺知的暫時替代品。比如說，我們教導孩子獨自過馬路是「不好的」，因為孩子缺乏危險意識。到了成年後，這種針對過馬路的「對與錯」已經不再有意義，也不再重要。我們在過馬路之前會注意兩邊來車是為了避免被撞到，而不是因為如果不這麼做，就是錯的或不好的。隨著靈性成長，倫理價值會取代說教及規定，就像對靈性真理的覺知取代了教條及強制性的信念系統一樣。因此，以取締的刑罰方式來抑制一般人的行為，這種做法對於高階意識的人來說已經失去意義。

問：如果沒有「客觀」的對或錯，又該以什麼來引導行為呢？

答：一個對實相有所覺知的人，會用新的眼光來重新定義所有事物和
　　現象的意義及重要性。對他來說，沒有什麼是渴望得到的，沒有
　　需要報復的錯誤，沒有贏家或輸家，也沒有需要犧牲的理由。所
　　有言行的指導變成了無條件的愛、善良與慈悲。事實上，所有的
　　選擇都有其後果。當一個人的眼界不受時間、空間及認知所限制
　　時，他實際上不會看到任何不公平的情況。

問：如何看待業力？

答：盡量不使用「業力」一詞，這樣可以避免爭議與爭論，因為在西
　　方世界，這個術語與東方的宗教及靈性傳統有關。我們不如觀察
　　心理、生理上的行為和選擇，與隨後產生的後果之間究竟有何關
　　聯。事實上，它們之間沒有前後的因果關係，而是協調一致的，
　　是認知讓彼此看起來像是分開。若跳出認知的二元性來看，「事
　　件」及它的「後果」是同一回事。實際上，除了認知點，無一物
　　在移動。然而，所有宗教無一例外地教導我們：「決定、選擇和
　　行動，都與稍後出現的結果有關。」如果生命被視為一個連續
　　體──從一個世界到下一個世界，那麼所有宗教都是一樣的，因
　　為它們教導「所有行為都會在另一個世界或生命循環的這個框架
　　下產生結果」。

　　　　所有宗教都說：「將會有一個非物質的生命，來取代物質生
　　命。」這種觀點的混淆，源自於錯誤地將這一世視為物質的，而

將其他世視為非物質的，或重複地再次成為物質界生命。首先要了解，所謂的這一世是一種內在的主觀經驗，雖然它包括物質身體，卻獨立於物質身體之外。因此，這一世的存在，實際上也是非物質的。

生命是我們稱之為「我」的這個神祕實體所經歷的一種主觀探索。我們當前體驗到的「我」，可能認為自己是物質，但這個認知本身是一種幻覺。無論連續性的生命體驗是否包括肉身的幻覺，都與重要的生命進展條件無關。換言之，每一世的「生命」都是主觀的、非物質的、彼此關聯的，而且實際上是持續不斷的。每一世都是由個人的選擇、立場及其後果等因緣和合而成。所有的可能性都已包含在意識的進化中，一旦意識不再把形相當成自己，就能超越業力。

有意思的是，新生兒出生時就有可測定的意識等級，而且對大多數人來說，這個等級會在他們一生中保持不變。一般人終其一生的意識進展大約是五分，但矛盾的是，數個世紀以來人類整體的意識等級，卻一直都維持在 190，近年來才跨越了關鍵線200，到達目前的 207。這代表著，總體意識等級的增長速度，會被那些持續做出負面決定和選擇的廣大群眾所拖累。

問：如此說來，業力與形相有關嗎？

答：現存的意識狀態由一些模式組成，這些模式會表達著相對應的心靈能量場。每個意識等級都包括尚未解決的問題與限制，而這些

問題和限制就成為該等級的特徵，因此也是位於此等級的人要面對的問題。比如說，一個人出生時，如果其能量場的等級為150，則他主要面對的問題必然是憤怒。這樣的人可能這輩子或甚至許多世，都離不開憤怒的相關主題。再來看看那些能量場測定值為 50 的人，他們所要面對的是貧困與匱乏，因此可能會出生在飢餓人口中，遭受疾病與戰爭的蹂躪。

問：出生的條件不是完全隨機的嗎？不是取決於基因、染色體，以及地域和時間的偶然因素嗎？

答：宇宙中沒有一件事是隨機或偶然發生的，其中有無數種能量模式所帶來的無數個條件隨時在聯動及互動。在覺知狀態下，這一切都顯而易見，可以被清晰地看見及知曉。不在這個覺知層次的人，可以將宇宙看成是由無數個不可見的磁場組成，磁場之間會自動相合或相斥一個人所在的意識等級，並根據這個定位、相對的力量及磁性引力相互作用。每一事物都影響著其他事物，並且維持著完美的平衡狀態。

　　在覺知中，宇宙內在的精細設計與運作恰似一場華麗的舞蹈。顯然的，世界上所謂的奇蹟，其實是能量轉變的結果，比如愛或祈禱所創造的奇蹟。在參與各種活動與交流中，我們也可以測定相關的能量等級。事實上，所有存在之物所具備的內在能量決定了自己的命運，這也要視整個宇宙的所有通行條件而定。在整個宇宙中，這些條件也會透過普遍運作的機制表現出來，所以

不可能會有意外或不公平的情況發生。每個行動、決定、想法或選擇，都會改變相互作用的平衡，並產生對應的結果。

問：所以業力是一個通行的條件嗎？

答：宇宙萬物在進化過程中的開展與相互作用，完全是業力在運作。人類的一生當然也不例外。同樣的，所有的可能性都是由整個宇宙及宇宙中的萬事萬物來共同決定的。一隻貓不會突然變成一條狗。一個人出生時攜帶什麼基因及染色體，正是「業力」造成的結果，出生地、位置及環境也是由業力決定。一隻貓的潛在能量場，不會讓牠被吸引進入一隻狗的身體。藉由肌肉測試，人們可以追蹤任何實體的「業力」。在每個實體之內，業力是一個場域，當中有種種可能的選擇，以及過往選擇所導致的後果。一般來說，這些主要的條件設定，就是所謂的天命、命運或運勢。

問：可見與不可見領域如何互動？

答：所有認為可見與不可見是彼此分開的觀點，都是武斷的，只是一種認知而已。顯化與未顯化的部分，都是一個整體。感知的物質世界，是一個「結果」的世界，而這個普通世界本身並沒有力量造成任何事情。因果關係的力量只存在於無形的領域，比如說帝國大廈，最初是作為創造者的想法和設計而存在的，隨後這個想法受到意志的強化，才顯化為有形世界中的一個結果。但一棟實體建築，並沒有導致任何事情發生的因果力量。它的出現代表著

一個局部條件所形成的結果，比如風的流動或陰影，但是它本身的結構並不具備創造因果關係的能力。

問：什麼是一切存在的起因？

答：神聖恩典決定了所有受造物的表達方式與面向。我們可以這樣說：未顯化的本體透過神的旨意而顯化出來。臨在讓一切成為可能，其本質就是促進讓它可以成為現實的可能性。比如，一顆在休眠狀態還未被活化的種子，在神的臨在狀態下開始成長。物質顯現的潛在模式，是以能量模式存在於不可見的領域中。所謂的「真實性」只是自性散發的光芒，也正是這種光芒賦予了我們稱之為「真實性」的這種特質。一般人的心智會將這種真實性歸因於物質，以為真實性就是源自於物質本身。但唯一真實的東西，只有自性；它基於自身的神聖性，散發出生命、真實及存在的特質。生命既不是存在，也不是不存在。

沒有像死亡這種獨自存在的現實，就像沒有電流的電線不存在「斷電」一樣。神性會以形體或生命等形式來展現自己，這取決於局部的條件及潛在的可能性。如果沒有成為生命的優先可能性（即「業力」），就沒有人能夠出生為人。整個宇宙及其中的所有一切，實際上是單一事件，是一種同步的業力展現。

問：這聽起來像是所有生命都是預先決定好的，難道這不是宿命論嗎？

答：不是，宿命論是截然不同的東西。「宿命論」意味著限制與結

果，而業力則是為選擇提供了機會及自由作主的空間。一個人能夠選擇的範圍會受到主要條件的限制，而這些條件可以由一個人的業力能量場來吸引或設定。選擇可以取代業力，並且可以透過有意志的行為來推翻或改變業力。

問：什麼是自由意志？

答：這是一個人與生俱來的能量模式之一，天生就具有選擇與決定能力。至於這些能力的質與量，則取決於他本身能量場的等級。透過個人與生俱來的能力，以及出生在這個世界後的個人進化，我們有機會可以體驗到寬恕，或是怨恨和譴責。我們可以說，一個人的靈性浮力會在他選擇寬恕時上升，而在選擇怨恨時下沉。這兩種選擇會使一個人進入人類整體生命能量場的不同「位置」，有如俗語所說的「物以類聚」、「同類相吸」、「自食其果」、「因果循環」或「種瓜得瓜」。佛陀說過，沒有必要攻擊或懲罰敵人，因為他們將會為了自己的本性而自食其果。所有宗教都在宣說，今生會影響來世，也因此來世是否有形有相並不重要。生命不可能變成非生命，它能改變的只有形式及表達方式而已。

問：高等級的能量場是否比低等級的能量場「更好」？

答：不是「更好」，只是不同。每個實體在整體貢獻上，都有自己的工作要做。一塊位於大樓高處的磚塊，不會比同一棟大樓的其他磚塊更好。更大或更小、更差或更好，這一類都是來自立場的評

判性用語。每個有生命的實體，都能從存在的覺知中獲得同等的喜悅。神性存在於萬有之中，這是受造物被灌注的一種特質。動物、植物或人類，所擁有的喜悅都是平等的。人類的心智可以思考和衡量，但如果植物有心智的話，可能會認為思考是多餘且愚蠢的事。每個生命的實體都熱愛自己的存在，這種熱愛不是來自情感，而是因為覺知的喜樂是生命及萬物所本具的。知曉不需要思考，也不需要去感受，因為存在已包含了神性覺知的意識品質。生命本來就知道自己的存在，但因為它誤把自己目前的形體當成自己，所以被困住了。從真理與實相的覺知層次來看，死亡是不可能的事，因為死亡沒有真實性。正如缺席並不是一種可能的存在狀態，而是一種心理描述。死亡若要發生，它必須成為宇宙業力潛在可能性的一部分。但它不具有這種可能性，也沒有什麼可以發生的。虛無，並不是一件有可能發生的事。

　　就像存在一樣，生命也沒有對立面。真理也沒有對立面，所以不可能有自行存在的虛假現實，真理只有存在或不存在兩種。神性、上帝、全體、一體及絕對本體，只是萬有的不同稱呼。神的對立面是不存在的。唯真是真，除此之外，別無其他存在，所以一切恐懼都源自於對有形有相的執著，這種執著是出自於一種幻覺，以為形相是存在的必要條件。

第 12 章
關於真理的問答

問：尋求所謂「開悟」的靈性真相，應該從何著手？

答：很簡單。從探究「我是誰」及「我的本質是什麼」開始。所有真
理都可以在自己的內在尋獲，並以經過驗證的教導作為指引。

問：哪裡可以找到永恆真理的實相？

答：首先，接受「一切真理都是主觀的」這個重要的聲明。不要浪費
生命去尋找客觀的真理，因為它根本不存在。即使有，一個人也
只能在自己的純粹主觀中去體驗它。所有的知曉和智慧都是主觀
的，除非能被主觀地體驗到，否則無一物能被稱之為存在。即便
是被認為純粹客觀的物質世界，如果它真的存在，那也只能說它
的存在僅僅是因為一個人對它有主觀的感官體驗。連最狂熱的唯
物主義者，也無法擺脫以下的事實：最終，只有他們自己的主觀
覺知才能賦予事物可信度。

問：難道客觀與主觀的實相並無區別嗎？

答：所有的實相都是主觀的，其他立場都是基於二元性所產生的幻
覺。主體與客體其實是同一物，只是從不同的認知角度所做的不

同描述而已。實相不是建立在認知、持續時間、描述、形式或測量上面，所有這些只是感官知覺的性質，感官知覺的本質是短暫的、反覆無常的、局限的、虛幻的，以及二元性的。

問：偉大的靈性導師與教導的價值是什麼？

答：這份禮物不限於訊息、真相或智慧，還包括靈性導師與教導的意識等級所散發的心靈力。這種強大的力量，是由純粹的背景來維繫的。然而，許多有用的教導在傳授過程中，因為環境、背景的錯誤而遭到破壞，讓這些教導的意義變得隱晦或扭曲。若不是如此，人類怎麼會以宗教、神學教義或立場為名，讓歷史上的恐怖行為不斷地重複發生？每一種人類罪行都能透過某種扭曲的聲明而被原諒及合理化，這種聲明被稱作真理，只因它們「引經據典」，被那些想要獲得力量、名望、財富及控制他人的人所利用。他們將教條偽裝成真理，以種種口號進行偽善，狂妄地假借宗教名義，將整個文明導向殘酷及可怕的死亡。所有這類的統治組織都將終結。

問：上帝、如是、佛陀、基督、神性化身、真理、開悟、自性、克里希那、實相、覺知、一、絕對性、萬有、全體及神性，這些名稱有什麼不同的意義嗎？

答：沒有。這些不同的語言形式，只是反映了教導發源地的文化。

問：難道不同教導所傳遞的真理沒有區別嗎？

答：事實上，不可能有區別。所有認定的區別，都只是出自於誤解，
　　以及反映出當時背景的局限。不同宗教之間可能存在著差異，但
　　真正的靈性教導並沒有差別。靈性促進團結，而宗教迷信則會導
　　致分裂。

問：這怎麼可能呢？

答：所有真理都是本自存在的、完整的、圓滿的、包容一切的；地
　　點、時期或部分都不存在。因為真理如其所是地完整存在著，那
　　個不證自明的主觀之「我」涵蓋了萬有；而萬有是一體的，不容
　　許分裂。

問：何謂「我」？

答：「無限的我」是一種主觀的實相，它是構成個別「我」的基礎，
　　允許以「我的身分」來體驗存在。正是這個完整的「我」，使人
　　可以用「我」來自稱。我們可以說，笛卡兒（René Descartes）
　　是反向地理解「我」：真理不是「我思，故我在」，而應該是
　　「我在，故我思」。

　　　意識或覺知的能力是無形無相的，也是一種能讓形式被辨識
　　的背景。正是表面看起來無形無相且空無一物的空間，才得以讓
　　人感知到形式的存在。「某物」之所以能夠被辨識，正是因為它
　　突顯於背景之前。就像天空晴朗，我們才能看到雲一樣。

問：開悟是否有捷徑？

答：確實有。一個人可能花了無數世的時間去研讀世間所有的靈性與
　　哲學教導，結果只是感到更困惑與灰心。開悟要尋求的是知其所
　　以然的「知曉」，而不是只知其然的「知道」。「知曉」意味著
　　主觀的經驗，而「知道」的意思是累積事實。到最後，所有的事
　　實都會消失，沒有一件為人所知。如果一個人了解到自己的自性
　　就是現在的一切、過去的一切，以及將來的一切，那麼，還有什
　　麼是他需要知道的呢？就自性的本質來說，它就是完美的、完整
　　的、圓滿的。

問：這是怎麼回事？

答：一旦你成為某物，對於此物就再也沒有什麼需要知道的了。想要
　　知道，就意味著不完整。我就是所有一切，如果了悟到自己已經
　　是且永遠是所有一切，就沒有什麼需要添加的了。

問：聽起來還是令人困惑不解。

答：這只是因為假我／小我把限制和形式當成了自己。

問：那麼，「學習」的目的是什麼？

答：有了對實相的覺知，所有的學習都會停下來，心智也會靜默下
　　來。在平安寧靜中，所有存在的事物都散發出自身的意義與真
　　相，彰顯出極為神聖的存在本質與光芒。存在本身與神聖原本是

一體的、相同的。從未顯化所併發出的顯化，本質上也還是未顯化。事實上，顯化與未顯化之間不存在著二元性。一旦超越了認知，所有看似的差異就會消失，因為認知本身是一種武斷且受限的觀點。正是認知創造了二元性。這是一個經驗上的事實，不是哲學的結論。哲學可能有用，但它只是一種智識所認知的現實。在實相中，哲學是不可能存在的。

問：那我們正在討論的又是什麼？

答：這些討論只是描述，但其背後是主觀的、經驗上的實相。

問：教導或發現有何價值？

答：每一則訊息都有助於直觀理解與識別。真理是識別出來的，會在覺知已經準備好的狀態下自行顯現。真理或開悟無法靠後天的努力去求取或獲得，它是一種狀態或情境，當一切條件合適時，就會自行出現。

問：什麼可以促使這種情況發生？

答：謙遜比所有實際的累積更有價值。除非一個人已經完全且徹底地體驗到神聖示現，包括令人驚嘆的、絕對的全知全能，否則更保險的假設是：這個人其實一無所知，所有累積的知識只不過是無知及自大。任何在「我知道」這個聲明下的東西，都能證明它是錯誤的，否則就不會做出這樣的聲明。

問：為什麼知識會阻礙開悟？

答：「我知道」的想法會妨礙對真正「我是」的終極覺知。「知道」是二元性的用語，它假設有一個獨立的個體「知道者」，以及一個「被知道」的某個外在事物。

問：如果「知道者」與「被知道者」沒有分別，主體與客體之間也沒有分別嗎？

答：這是二元性所犯的基本錯誤，它假定有一個覺知的觀察點。事實上，主體與客體是同一個，而與此相反的說法是獨斷的。

問：我們聽說小我是覺悟的障礙，能否解釋一下這說法？

答：小我只是一種幻覺，在實相中並沒有小我這種東西。小我是由心智活動所產生的各種獨斷觀點組成的，並受到感覺及情緒的驅動。這些欲望所代表的，就是佛陀所說的對受苦的執著。一個人只要謙遜，小我便會消融。小我是隨心智所欲的集合，它之所以獲得力量，純粹是因為一個人的自負與習慣。如果一個人放下思考所帶來的虛榮，小我就會消失。所有的念頭都是虛妄的，所有的意見也是虛妄的。因此，虛妄的快感是小我的基礎；只要拔除虛妄，小我就會瓦解。在更高的意識狀態下，小我會在神聖示現時靜默無聲，一個念頭都不會生起，更不可能有這種古怪、自大的表現。

問：是否有工具可以減少小我的執著？

答：某些觀念之所以能夠持續，是因為它受到重視。因此要留意，每個人對每件事都有自己的觀點；同時也要留意，所有念頭都是獨斷的。每個人都會執迷於自己的想法，即使那些想法一無價值。

問：那麼，教育的價值呢？

答：教育讓思考過程變得可靠，從而使得後續的行動也變得可靠。這在世界上是有用的，但是不能幫你走向開悟。受教育是一回事，開悟是另一回事。很多人受過教育，但只有極少數的人能夠開悟。

問：難道我所體驗的自己不是真實的？

答：所有表面上的分離都是思想的造作。我們必須看穿，心智在任何時候都在體驗著某個觀點。

問：那麼，我們經常聽到的幻相又是什麼？

答：小我所聲稱的事實，全都是認知幻相，完全是立場的產物。一個人在經驗覺知（experiential awareness）中，務必要理解這一點。如果仔細觀察，你會發現心智正在採取某種立場，而這個立場是由個人的選擇、所受過的訓練、欲望、情緒及政治或宗教觀點等許多因素形成。因此，從道德化的獨斷立場來看，所有的行為和事件都可以被歸類為正確或錯誤。世界上所有無謂的犧牲與痛苦，都源自於這樣的立場。

問：這種錯誤的原因是什麼？

答：妄自論斷，這是所有小我的一大虛榮。《馬太福音》說：「你們不要論斷人，免得你們被論斷。」主說：「審判在我」；基督說要寬恕，而佛陀說沒有什麼好論斷的，因為認知只能看到幻相。認知永遠是偏頗的、片面的，並受到變化無常的背景所限制。事實上，人根本無從論斷。

問：評判是合理的嗎？

答：評判永遠可以被合理化。從道德層面來看，我們學到的一個基本道理是：「不能為了達到目的，不擇手段。」若不能理解這個基本道理，就會成為極權主義者，並會犯下嚴重的靈性錯誤。因為一個「好的」結果可以用來為任何的野蠻行為開脫，因此在社會中被廣泛用來為各種違背社會及靈性的行為辯護。這些違法悖德的行為不僅破壞了社會的基本結構，還導致了不法行為與犯罪的猖獗，也造成了各種形式的人類苦難。

問：人類要怎樣做，才能脫離這個悲慘的深淵？

答：解除問題和無知的最快方法，就是了解意識的本質。對意識本質的覺知，可以使人跨越所有的問題、限制以及人類探索的領域。這是所有學習中最重要的一環，因為它是構成人類所有經驗及事務的基礎。科學本身已經發展到了一個程度，如果不了解意識的本質，就不可能再進步。因此，有許多探討科學與意識的國際會

議成為人們關注的焦點，參加的人也很踴躍。到目前為止，由於缺乏足夠的工具來探索人類最先進的智慧，因此這些努力一直無法更進一步。

問：聽說二元性是覺知的障礙，要如何解決這個問題？

答：二元性是形成分離錯覺的基礎，源自於某種立場，而這個立場又源自思想的總和，包括無數的評判、價值、選擇、偏見和意見。

　　這些思想源自象徵意義、受限的模式及背景的限制。只有在獨斷的背景限制下，一個人才可能對任何事物做出判斷或價值描述。事實上，大多數人所抱持的許多觀點，都是心智受到催眠的結果，而且很少有人能夠逃脫大眾共識的威力。人們已經習慣向外尋求指引，而不是向內探尋。正如佛洛伊德所說，個人良知在群眾和集體行動的無意識中消失了。在群體的歇斯底里下，道德被消音了。

　　很少人能夠抗拒新聞媒體的宣傳，雖然真相最終會浮現，但往往為時已晚。悲劇底下的人為錯誤有多麼常見，可以從 DNA 鑑定反轉了許多被定讞的死刑犯就可以看出來。司法鑑定是一種認知，而既然認知就是錯誤的根源，那麼就不難理解所謂的司法系統為何很容易出錯。真相不是光靠投票表決就能得出結果的，陪審團的結論只是意見，而不是事實，因為情緒會導致盲目的認知及錯誤的保證。由此可知，二元性就是用錯誤蒙蔽真相，而這種錯誤則是源自於認知及小我的虛妄。

問：認知如何導致二元性？

答： 獨斷的選擇產生立場，而立場是一種觀點，人為地將實相的一體性極化為兩個看似分離的部分。但這些分離部分只是表象，在實相中並沒有真正分開。換言之，這種分離現象只發生在心智中，而不是在實相裡。因此，我們才會談論「這裡」與「那裡」、「此時」與「彼時」，或是從生命過程中擷取任意片段，將之稱為「事件」或「發生的事」。這種心智過程會產生一個嚴重的後果，那就是對因果關係的錯誤理解，就是這種誤解造成了人類無窮無盡的問題與悲劇。

問：為何你會特別重視澄清因果關係的本質？

答： 為了重新連結那些在心智思考過程中被概念分開的東西，才有了因果的說法，以便用來解釋我們所謂的「關係」。在實相中，只有主體本身，任何事物的出現都沒有起因，也沒有這個必要。相反的，在牛頓學說的線性因果模式中，則認為先有「這個」才導致了「那個」。在實相中，萬物都已圓滿，這樣的完整性超越了時間、空間、分離及定義。顯然的，沒有一物會是另一物的成因，這種因果關係需要一種存在於時空中的二元性才會成立，但這是不可能的。

　　顯化之所以成真是因為創造。萬事萬物的出現，始終都是它們的本體以存在形式所做的一種表達，而所有我們能觀察到的都只是條件，並不是起因。

比較容易看出來的是，所有事物的「因」始終都是這整體宇宙，它涵蓋了所有存在的表現方式。萬事萬物的存在都是身分的一種表達，透過本質閃耀著光芒。萬物都是神性的自我創造，並以「存在」形式表達出來。因此，每一物代表的是整個宇宙，也只能做它自己。若沒有氣流，一粒微塵不可能落到目前的位置；而有空間才有氣流，有建築才有空間，有空地才有建築，有陸地才有空地，有星球才有陸地，有太陽系才有星球；有銀河才有太陽系，有宇宙才有銀河，以此類推。

所有從心智發出的聲明都是主觀的，在事件、順序及因果之間不存在著線性遞進關係。所有存在的表現形式都散發著光芒，而且是自我存在的，因此不依賴任何外物。

問：小我是「錯誤」的嗎？

答：小我的問題不在於它是錯誤的，而在於它是受限及扭曲的。若將小我視為敵人，就會產生兩極分化的心態，從而引發衝突、內疚、憤怒及羞愧。小我是由立場所支持的，因此只要擴大背景而不局限在某個立場，就能超越對立並消除種種問題。謙遜能移除小我的基礎，包括論斷、立場及道德說教。在實相中，不可能存在著對立，也不可能有贏家或輸家。

在幻相中，以統計學為例，所依靠的是如何設定及定義限制。一旦改變分類方式，統計數據就會改變。因此，美國境內所認定的犯罪率可以視政治情勢，或透過排除或納入某些因素，來

刻意呈現上升或下降趨勢。此外，透過提高或降低標準，任何社會現象都可以被塑造成增加或減少。因此，認知所描述的世界是獨斷的，社會的「真實性」變成人們可以操縱的東西。定義所界定的認知，也是同樣的道理。

問：想法對認知有什麼影響？

答：想法通常以語言形式出現，而語言就像是標籤，是整體分離及碎片化的結果。思考與心智活動是二元性的對話及表達，一個人可以反問自己「是誰或什麼東西正在思考？」或是「對誰有好處？誰是發言者？誰是聆聽者？」

問：小我與心智有何不同？

答：兩者實際上是同一回事。然而，小我一詞通常被用來描述心智的某些面向。事實上，小我可以更廣泛地定義為思考的源頭和過程。

問：心智與冥想之間有什麼關係？

答：冥想的目的是超越心智本身與心智活動，以及超越受限的感知及二元性，逐漸地覺察到萬物合一。

　　思考源自於「匱乏」，而思考的目的則是獲得。但真相是，所有一切都是完整的、圓滿的，什麼都不缺，所以沒有什麼可思考的，也沒有思考的動機。沒有問題，自然就不需要尋求答案。完整性就是圓滿、全然的滿足，沒有需要處理的缺憾。

問：如果碎片化的想法是二元性產物，怎樣才能以語言傳達靈性教導而不會誤導？

答：每個概念都可以測定真理等級。真理的等級越高，心靈力就越大。概念的能量源自於陳述的真實性，加上講述者本身的意識等級。若沒有較高能量（例如偉大的靈性導師）的幫助，小我／心智無法自我超越。

問：為何許多教導都模棱兩可，令人困惑？

答：模棱兩可本身是幻覺，一旦你理解了，所有看似模棱兩可的東西都會消融。在真理之內，不存在任何爭議。

問：這怎麼可能？

答：因為唯有真正存在之物才有實相。沒有「真與假」的相對性，所謂的「假」既不存在，也沒有真實性。只有真實的東西才談得上存在，任何被認為與此相反的東西都只是幻覺，最終都會消失。

問：可以舉例或進一步說明嗎？

答：實相中不存在著對立性，這些性質只是言語和心智活動的概念。我們以光明與黑暗為例來說明，事實上只有光明，並不存在著黑暗這種東西。這種情況更正確的描述是光是否出現，或是光存在的不同程度。不管有光或無光，都只能根據光的存在程度來定義。因此，只有唯一的變量：光的存在或不存在。

你不能讓黑暗照進一個地方。人們可以用語言將「缺乏光」的狀態形容為黑暗，但是黑暗在實相中並不存在。

再舉一個例子：有錢或沒錢。在這個例子中，唯一的變量是錢的存在。因此，「貧窮」一詞意味著沒有錢的狀態，但貧窮本身並沒有實體，一個人不可能擁有貧窮。

在實相中，也沒有上或下。「上」或「下」不是真實存在的東西，這些說法都源自一個獨斷的立場。整個虛幻世界就是由小我的各種立場形成的，並伴隨著一種天真的想法，以為對立是一個獨立的存在。由此可知，所看見的世界只存在於觀察者的心智中，而不是獨立存在的。在實相中，你不需要去區分「是」與「非」，只需要確認什麼為「是」。因此，不需要否定虛假，只需要肯定真實。

問：要超越認知及二元性似乎不容易，需要重新設定整個心智才能辦到。這是可能的嗎？

答：傳統上，把「超越對立」視為意識進化的一個重大進展，這會帶來覺知的快速躍升。舉幾個顯而易見的例子來說明。如果我們只認定熱「存在」或「不存在」，那麼「冷」與「熱」的對立自然就會消失。我們不說有更多的「冷」代替了熱，而是說熱消失了。當熱「存在」時，我們稱這種情況是溫暖或炎熱。冷並不是自行存在的東西，只是代表缺乏熱的狀態。我們不會說，這個房間存在著「無熱」，也不會說「無」出現了或「空無」是存在的。

再舉一個明顯的例子：可見與不可見看似是對立的。但顯然的，不可見並不是一個獨立存在的東西，所以問題就來了：要透過什麼方法才可見？

另一個對立的例子是：在場與不在場。在場是一個可以確認的事實，但不在場並非一個存在條件或狀態，因為我們不可能說「不在場」是存在的。

問：這些例子還是很抽象，能否舉一個更具體的例子？

答：電不是打開就是關上，但事實上並沒有所謂「關」這回事。關是無法透過電線傳輸的，這只是一種言語上的方便性。電報只能透過訊號開啟時傳送，但訊號無法傳送「關」。同樣的道理，生命不是存在就是不存在；死亡或死寂並非獨立的存在。

問：你能舉一個非言語的實際例子嗎？

答：針對這個原則，有一個非常簡單而有趣的證明。大多數人對基本的肌肉測試都有某種熟悉度。一個簡單的驗證可以表明，正面或真實的事物會使身體的肌力轉強，而非真實的、負面的、虛假的或有害的事物則會使肌力轉弱。對於天真的心智來說，這就像是肌肉會對正面或負面、真實或虛假做出回應一樣。但實際上，如同電力一樣，凡是存在的或是真實的東西一定擁有力量，因此肌肉測試會有正面的回應；而凡是不存在的或是虛假的東西，則沒有能量或心靈力。手臂的力量之所以轉弱，就是因為沒有能量或

電流通過讓手臂肌力轉強。換言之，並不存在所謂虛假的東西讓肌力變弱，這樣的說法只是一種表達方式。

　同樣的，電力使發動機運轉，一旦電力切斷，發動機便會停止運轉；也就是說，並沒有一種稱為「非電力」的東西讓發動機停止運轉。在實相中，不存在之物都是心智活動的產物，並不是真正獨立存在的實體。因此，想要尋找一個客觀及獨立存在的宇宙是無謂之舉，因為那是不可能的。所有存在的事物之所以存在，都只是作為一種主觀的經驗。一個獨立存在的客觀現實既不能被認可，也不能被否定；這兩種陳述都只是一種立場。沒有人能夠擺脫自身經驗的純粹主觀性。

問：小我的目的是什麼？

答：我們不能說小我有什麼目的，這是目的論的推論方式。然而，小我的主要功能是有系統地自我延續，以維持一個獨立的「我」這樣的假象，好讓它能夠獨一無二地自行存在。因此，它承受著痛苦、折磨及對死亡的恐懼，然後又透過各種表現形式展開它的求生策略，包括攫取、對失去的恐懼，以及對最終命運的焦慮。

問：小我可能導致的最主要後果是什麼？

答：相信所有行為背後有一個「執行者」，所有想法背後有一個「思考者」，所有感覺背後有一個「感覺者」。這些幻覺強化了「一個人是獨立存在的個體，受制於出生、死亡和業力」的這種信

念。倘若相信一個人是獨立存在的個體，便會引發恐懼，進一步強化所有求生的驅動力，以及小我的基本運作機制，包括貪婪、欲望、嫉妒、自負、仇恨和內疚。人一旦把自己視為個別的、有限的實體，便會自動產生一種「我」與「非我」、「這裡」與「那裡」、「現在」與「那時」等等的二元性觀點。

問：小我自我繁衍的基本動力是什麼？

答：由於小我相信自己是個別存在的實體，基於對不存在的恐懼而抗拒這種錯覺。它害怕自己的生命即將結束，不能及時求生。它對實相的認識非常有限，不知道在自身之外還有什麼。小我無法體驗無限，也不知道將取代它的精微存在。小我執著於渺小、個別的「我」，因為它不知道或無法意識到「大我」，也不知道「大我」在取代它之後所帶來的無限平安與喜悅。

　　我們不能怪罪小我的無知，它並不知道任何超過自身有限設定以外的事物，也不會設定「超越自我限制和界線」的這種目標。在沒有任何幫助的情況下，小我無法超越或解除自身的障礙和限制。它就像一個孤立的部落，不知道自身之外還有一個完整的世界。因此，原始社會的成員往往會稱自己為地球上的「人民」。然而，小我既不是壞人也不是敵人，它僅僅是一個需要放下的幻覺，以便有更加美好的東西取代它。

問：如果小我如上所述，那麼開悟是如何發生的？

答：這就是靈修的作用，它提供訊息、教育、啟發、引導，並支持超越小我限制的意識探索。在這條路上走了較遠而達到更高覺知的人，對世界所有人分享著他們的發現，並邀請志同道合的人一起加入。

　　雖然開悟從統計數字來看是罕見的現象，但是它發生的頻率並不低，也因此有大量的教導為人類帶來深遠的影響。每一位開悟的覺者，透過本身所散發的能量，默默地轉化並擴展了人類的意識，讓更高的意識等級有機會遍及並啟發所有的知識，創造出人類經驗的整體環境。進步是所有社會與文化固有的自然動力，無論是個人或集體的進步。人類在不斷自我完善的過程中，努力創造了文明的歷史，儘管這種努力經常犯錯，但奮鬥仍在持續。

問：有人說，我們所看到及體驗到的世界只是心智的投射，並不是獨立存在的，而且只以認知形式存在。這要如何解釋？

答：我們可以從一個簡單的例子開始。當我們聽說世界中有一個「問題」，或是觀察者看到一個「問題」時，我們相對容易看出，所有的「問題」都只存在於觀察者的心智中，這是觀察者採取了某個獨斷觀點的結果。所有的「問題」都只是心智活動的產物，並不存在於這個世界。

　　欲望或其他世俗的熱情及信念系統，導致了一個人的認知選擇。不妨檢視一下所謂的「黃道十二宮」和「星座」，它們照理

說是存在於空中的。如果你拍攝夜晚滿天星空的照片，在沒有先入為主的觀念下去觀察它，可以明顯看出在任何一組光點之間都可以畫上任意線，組成任何熟悉的圖形或幾何圖案。一個人可以在群星圖中畫出一隻狗、一隻貓、四個一組的圖案或任何圖形，但這些圖案並非真的存在於空中。事實上，除了觀察者的想像之外，根本沒有星座這種東西。若從太空的另一個角度來看，任何人都看不到那些天馬行空取名的有名星座。

問：那麼，為何有這麼多錯誤的觀察與信念系統？

答：語言創造並定義了思考模式與形式，然後將它們投射到外面的世界，這是我們一貫的擬人化做法。當我們看到一棵大樹緊靠著一棵小樹時，可能就會說大樹壓得小樹「喘不過氣」，或「大樹奪走了小樹的陽光」。或是說「那是一場野蠻的掠奪」，或者說「這是一棵美麗的樹，但旁邊那棵樹又醜又怪」。

　　這種天真的擬人化陳述已是見怪不怪。當我們說某樣東西是好的，言下之意是我們想要它；當我們說某樣東西是不好的，我們真正的意思是不喜歡它。

　　世界本身沒有受體、副詞或介系詞，也不存在順序、事件或發生的事。甚至所有的動詞都是不貼切的，因為沒有什麼東西在「做」任何事。連名詞也會製造認知錯覺，因為名詞代表著一種獨斷選擇的界線與特性。這些界線和特性只存在於觀察者的心智中。我們很難看出來的是，萬物都是圓滿且完整的，並作為自己

的自我認同而存在。真相是，無一物存在，即使有，它們也並非是人類所賦予的名稱。「這是一張椅子」的說法，等於否定了一切存在的完整性及絕對的自我認同。因為當你說「這是一張椅子」時，等於是在說 A 實際上是 B。同樣的，一張椅子的名稱、樣子及概念，都不是椅子本身。心智容易被名詞化及言語的便利性所欺騙，要知道，抽象概念只是為了言語上的方便，它們並非獨立存在。語言也只是一種譬喻。

我們都熟悉那種有隱藏圖像、精心設計的圖片，小孩喜歡在這些圖案中「尋找貓咪」。出於習慣，心智會經常反覆這樣做。感知世界是由熟悉的形式和圖像構成的，而這些形式和圖像是由信念系統來維繫的，並受到情緒的強化。對於某物或某處境是愛或討厭、害怕或讚美、被視為醜陋或美麗，主要取決於觀察者本身。這些特性並不存在世界上，形容詞並非真的存在或有任何真實性。

隨著意識進化到更高等級，世界的表象和行為也會跟著發生變化。當意識達到等級 500 時，世界的美麗與完美會閃耀著神聖的光芒。這光芒就是世界存在的核心。所有的表象與分離開始消失，萬物看起來彼此一體相連。由此，你將見證到永恆造化的無限奇蹟。每一物看起來都是完整的、完美的，以及圓滿的。一旦了解本體自我認同的道理，萬物看起來就會是全然的完美，這是其神聖本質的展現。不完美只存在心智的思想中，不存在眼前的真實世界中。

當意識等級往上提升並超過 600，或甚至達到等級 700 或以上時，可能連所謂的世界本身都會消失。只存在未顯化與顯化，而其中顯化的部分只存在感官知覺中。絕對實相的本身是無形無相的，因此能夠以各種形式呈現。

問：一個人可以透過訓練來達到上述的意識等級嗎？

答：這些了悟是自行揭示的，不是努力去取得的。靈性學習不像邏輯思考那樣，並不是以線性方式進步。更接近的情況是，熟悉靈性的法則與鍛鍊，能夠開啟覺知與自我了悟的門戶。我們所學的不是什麼「新的」事物，而是早已存在的事物更顯而易見地自行顯現出來，讓我們得以看見。

第 **13** 章

靈修與開悟狀態的解說

問：靈修的最佳態度是什麼？

答：「陰」是一種穩定且永久的屬性。靈修包括理解、領悟和一種
「隨順」而非「獲取」的整體態度。要知道，靈修所追尋的是當
下的、內在的、無形無相的，以及寂然靜默的，這種狀態是存在
本身的必要條件，也是絕不可或缺的特質之一，更是所有萬物能
夠如其「所是」存在的全然基礎。

　　然而，如此重要的基礎卻被理所當然地忽略。若要了悟存在
的本體，覺知是必要的先決條件。這個先決條件（即覺知／存
在）既有的特性與本質，就是神性。一旦你發現它，絕不會弄
錯。知曉是靜默無聲的，不需語言文字，而是像啟示一樣地顯
現。它以全然圓滿及究竟的方式來自我呈現，既不模糊也不隱
晦，而是強大且勢不可當的。

　　神的臨在消融了所有的分離，感覺就像是走出了時間。所有
的順序不復存在，彷彿所有的時間與世間萬物都在此刻完整且平
等地呈現出來。所有曾經存在或可能存在的，都已全然地圓滿呈
現與完成。所有可能知曉的都已知曉，所有潛在的可能性都已存
在。所有的念頭都停止了，因此所有的思想類別，諸如時間、空

間、距離、持續時間，也全都終止且不再適用。

　　世界確實看起來不一樣了。萬物都以更深的層次被看見，並充滿了朝氣，有意識地散發著光芒。每一物都知曉自己的本質，並知道其他萬物也是如此。沒有任何一物是無用的。

問：什麼是最適合自我探索的靈修途徑？

答：靈修是一種態度，像是瑜伽手印（mudra），它代表著一種覺知或觀察的位置。那是一種主動的順服，因為這種陰性／隨順的態度始終如一且無可動搖。一個人不用「試圖」去看見那些顯而易見的東西，只需要移除所有的障礙，比如意見、信念、心智的分類、評論、缺乏耐心，以及想要預期或控制下一個瞬間的心態。

　　小時候的我們，都曾經試圖在某些繪畫的藝術形式中「看出隱藏的圖案」。當我們停止嘗試時，隱藏的圖案便會自行顯現出來，就像是灌木叢突然明顯地變成了一隻微笑的獅子。「試圖」會導致認知的強化及縮小視野，結果是造成更大的局限性。

　　探尋不可見的事物，本身就是悖論，它更像是對萬有及存在本質的辨識。經由觀察可以清楚地看出，所有的情緒／心智／概念等現象都是自行發生的，並沒有任何「人」促使它們發生。

　　自性是一種包容一切的完整場域，而意識則是知曉自性、了解自性及表達自性的一種特質。神就是萬有，無一物被排除在外──包括視覺、聲音、空間、物體、形相、無形無相、可見、不可見、固體、液體。祂沒有維度或位置，且每一處都是同等

的。神沒有對立面，祂既是萬有也是虛空，既是有形有相也是無形無相。

問：一個人要如何超越對立？

答：這是一個常見的問題。我們要先明白所有的對立面，都只是為了方便描述，並沒有自行存在的真實性。對立是一種假象，是透過採取或選擇一個任意的起點或觀察位置而產生的。它唯一的價值是在執行上，作為某個意圖、行為或目標所設定的參考點。對立可能或確實具有操作上的便利，卻會導致人們錯誤的假設，以為它是自行存在的實相，而不僅僅是一種描述性的觀點。

　　所有的立場都取決於定義，而所有的定義都來自過去的認同所達成的慣例。立場導致了各式各樣的衝突。從更高的觀點來看，任何一組對立的立場都是不相干的。全都是基於預設或是理論上可能發生的未來行動，所做出的一種推測。一個明顯的例子就是選擇的可能性。如果沒有潛在的價值、行動、資格或對某種選擇的渴望，那麼對立面就會消失並失去意義。

　　「區別」是為了在分開的點或實體之間，進行訊息交流而定義的。在實相中，無一物是與其他物分開的，沒有需要傳達的訊息，也沒有任何空間或間隙來傳遞這些訊息。所以既沒有發送者，也沒有接收者，更沒有那些既分散又局限的訊息組合需要傳達。

　　溝通只在認知的世界才有價值，因為在這個世界中，萬物看似是分開的。在實相中，一切都為存在的萬物所知，因此沒有什

麼訊息是必要的，就像海洋不需要知道「浸濕」的概念才能成為它自己。

問：言語是否會誤導？

答： 言語如果能正確使用，可以作為一個起點來劃定探索的本質及方向，這會非常有用。言語表達有助於設定一個背景，然後這個背景逐漸變成更有包容性的非言語情境。正確的訊息可以節省時間，有效加速探索的成果，指出哪一條路是徒勞無功、讓人分心的。這就好比，知道鞋子放在哪一個鞋櫃，就不用花時間翻箱倒櫃地去找出來；有了好的指南針，就可以避免無謂的迷航，也像一張準確的地圖可以省去許多徒勞且令人喪氣的猜測。

問：如何看穿二元性的對立？

答： 神的無所不在及圓滿是所有且唯一的可能性，排除了其他的選項。神的「虛空」（void）是未顯化的神性，它無限的潛力尚未表現、無形無相、看不見且摸不著。它是無限的婆羅門、超越的克里希那，超越了存在或存有。它是尚未誕生及尚未展現的萬物源頭。從未顯化中誕生了全體，亦即神所展現的造化或萬有。

　　神無所不在，祂同時是顯化與未顯化，是虛空也是萬有，是可見也是不可見，是可能也是事實，是已展現也是未展現。

　　在濕婆（Shiva）之舞中那些看似若有似無的對立表象，其實只是不同觀點的顯現，就像是一種由觀察者的位置所決定的全

息圖，而不是由全息圖本身的移動或改變來決定。以溫度的概念來說明，溫度包括了所有的可能性，除非透過定義及某個任意的描繪點，否則溫度無法被稱作冷或是熱。

　　透過這樣的了解，我們便能看出所有表面上的選擇，都只是觀點或定義的選擇。所有的定義都是純粹主觀的，所以外面並沒有什麼是可以作為歸咎對象而獨立存在的。一個人不可能成為風暴或雪崩的受害者，他只是一個實際現象的參與觀察者。一個人不可能成為生活的受害者，那只不過是一種立場的選擇，看看哪些條件是有利或不利的、想要或不想要的。因此，所有的仇恨、報復、惡意、怨恨和憤怒是沒有現實依據的，全都是想像出來的。

　　每個人都會接觸到以自然界為表現形式的生命，也會與被稱為「社會」的人類互動。這種互動是非關個人的，所以人生的無常是不可避免的。這種情況可能被視為挑戰，也可能令人灰心喪志，完全取決於一個人的觀點。人若沒有了立場，生活就會變得寧靜而有趣。它能促進一個人成長、帶來智慧，而不是自怨自艾或受苦。事實上，每個人都有選擇的自由，正如下雨無法決定一個人是快樂或失落。若能斷捨任性與立場的堅持，在所有狀況下都能享有平安與平靜。

問：難道沒有任何的理性觀點或立場是真實的嗎？

答：這些觀點和立場主要是為了個人的方便，但事實上，它們都是自我放縱。所有怨恨都是對任性、情緒化及感情用事的自我放縱。

一個人可以成為殉道者、可憐的受害者、悲劇人物或英雄角色。有無盡的合理解釋或理由，可用以合理化、開脫或辯解任何人類的行為或反應。要知道，反應是受到制約的，但也是有選擇性的。虔誠的求道者必須繞過這些幼稚表現的誘惑，看到它們的本質，拒絕情緒遊戲的引誘。

　　在某種程度上，它們都可以被看作是虛假的，實際上是一個人的「表演」，即使當事人沒有這種自覺。

　　平和是一種選擇與決定，聽起來很美好，儘管在我們的社會中並不受歡迎。同理，決定忽略生活中看似不公的事，不去回應它，也是一種選擇。

問：那麼，社會問題又該如何？

答：成為一個社會改革者，與尋求開悟完全是不同的兩條路。要記住，靈性的提升是從內部去影響其他人，而外力（force）只是試圖改變外在。斷捨個人的不滿或積怨，比帶著煽動性的招牌和標語走上街頭，對整個社會更有價值。對於靈性已經提升的人來說，他人的認同無關緊要，因為他們不再需要向自身之外去尋求肯定或認同。

問：進入喜樂狀態是什麼意思？在這種狀態下會做什麼？會發生什麼？

答：一旦融入強烈的、無限的愛，會出現一種令人難以抵擋且喪失能力的狀態。人們既不希望也沒有能力在沒有幫助的情況下，離開

這種狀態。此時所有的身體機能都停止了下來，連呼吸也可能停止，只有在回應深愛你的人懇求你回來時，才會恢復過來。然而，沒有必要這樣做。當一個人知曉自己將要離開身體並允許這事發生時，完全是出於自己的選擇。

　　在這種情況下，為了回應所收到的愛，呼吸會恢復，這也可能是由業力所決定。然而，做這個選擇的同時，會意識到回到身體只是暫時性的，最終肉身會消融並回歸愛，這是必然且確定的事。相較於無限狀態的永恆，短暫地回到物質世界似乎變得微不足道了。

問：如果沒有人在身旁懇求你回到俗世人間又會如何？

答：身體功能要重新恢復如常，可能取決於業力、環境、條件、神的旨意，以及宇宙整體的互動等因素。在沒有任何人的祈願下，身體邁向終點，你也會欣然同意。當印度教上師拉瑪那‧馬哈希（Ramana Maharshi）自發性地進入極樂狀態時，有很長一段時間都沒有被人發現。在這段期間，他的身體被許多蟲子嚴重咬傷，而且不知道有多少天沒有進食了。在被請求飲水與進食後，他才開始緩慢地回應，最終恢復身體的活動及功能。然而，他在接下來的兩年中再也沒有說過一句話。

問：是否有不同程度的開悟狀態？

答：三摩地（Samadhi）有不同的程度，並在傳統上以梵語來命名。

有一種超越的狀態，是只有在閉眼冥想時才能夠持續。另一種更強烈的三摩地會在冥想狀態下出現，即使睜開眼睛後仍能保持。還有一種更進階的狀態，即便冥想者起身走路及簡單活動時，狀態仍持續存在。這些狀態都能反映在腦電圖（EEG）中，以 α 波呈現，相較於普通意識的 β 波緩慢許多。更進階的狀態是一種永久的覺知，即便重回到這個凡塵俗世，都有可能繼續維持著，主要取決於業力或先前的決定、選擇，或是意願。回到俗世間的人被稱之為「聖者」，有許多這樣的人扮演治療師、靈性導師以及訊息來源的角色。開悟聖者的腦電圖主要呈現為緩慢的 θ 波（每秒 4 ～ 7 個週期），使得他們生活在俗世中變得相當困難。

　　在此狀態下，開悟者也擁有隨時離開這個世界的選擇。這是一個永遠存在的開放選項，就好像它是一種無聲的約定或知曉的一部分。到達這種境界的人，沒有義務堅持或繼續留在人世間。

問：那麼要如何重歸俗世的生活？

答：在為期幾年的一段時間之後，透過重新學習溝通方式及重新認識種種人類事務來調整，直到能夠讓日常生活持續運作下去。此外，還必須了解近代的歷史，這些都可以從電視、新聞報導、報紙等管道來取得。在整個人類的意識場中，存在著一種持續性的對話。由於意識場的本質是透明的，人可以透過辨識意識場所提供的種種面向來選擇如何回應。

問：什麼是持續存在的？

答： 自性與覺知始終都存在，殘存下來的人格會盡量符合社會的期望，以維持日常生活而不引起評論或注意。雖然這種平凡是自願的、經由學習而來的，但仍需要花費精力與注意力來維持。這種在人類生活形式上的互動只能進行一段時間，而且顯得相當耗費精力，因為這不是一個人的自然狀態。由於不是所有世上的要求或願望都能得到滿足，因此人通常會選擇保留一些精力來滿足「需求」，而不是滿足欲望。

　　聖者的存在只是作為一個媒介，目的就是透過自性來表達神的旨意。一個人僅僅是這些自發性行為的見證者，身體的日常運作就像是一個活生生的木偶以人類的方式來行事，其需求則會透過跟宇宙的互動而自動得到滿足。

問：有任何「遺憾」嗎？

答： 沒有，而是覺知到這個世界的期望與願望往往無法實現。

問：你會如何具體說明「你的」任務？

答： 在這個世界做真正的自己，並盡可能清楚地說明這一點，以促進靈性覺知，從而幫助人類減輕痛苦。這項任務所伴隨的能量場，會默默地促進人類生活的福祉，減輕人類的痛苦。這個任務本身就是一種滿足與實現。

問：什麼樣的禱告是有用的？

答：請求成為神的僕人、神聖之愛的媒介，以及神意的傳達管道。請求指引及神的幫助，並在虔誠中放下所有的個人意志。奉獻一生為神服務，並在所有選擇中，優先選擇愛與和平。以無條件的愛為追求的目標，慈悲對待所有生命，並將所有的評判都交託給神。

問：如何寬恕那些看似不配得到寬恕的人？這似乎不可能做到。

答：了解他人的認知架構、人類的局限性與制約、基因的影響，以及社會思想的灌輸，可以避免許多怨恨與傷害。對人性抱持著不切實際的期待，是一種普遍的現象，還會透過否定及假設性的論點來擴大傳播。政治及社會學對人類的欲望、條件及限制所做的假設，通常禁不起時間的考驗。此外，這些假設還非常幼稚天真，因為這些準則總是忽略背景及環境的影響，天真地對人類的行為做出錯誤的推測。

　　比如說，誠實是有可能的，但只有在某些條件下才成立。如果需求、渴望或飢餓達到某種程度，那麼誠實這個「奢侈品」就會被犧牲。同樣的，貧窮也有它自己的生存法則。未獲滿足的生物本能，可能會凌駕於那些假設的理想行為。比如說，前額葉腦皮質所掌管的理性，可能在古老的、根深柢固的動物腦衝動之下潰不成軍。由此來看，把所有一切都歸因於後天環境的假設，確實藐視了數百萬年來生物學及種族的生存法則，包括外激素「費洛蒙」（pheromone）的影響。

　　另一個被忽略的是人類因素，也就是個體的變異性、異常的個人控制缺陷，還有偏差的教養、環境條件及大腦化學作用的缺陷，這些人很可能在某些情況或甚至在酒醉下無法約束好自己而越線。有了這些理解，會讓我們在一個充滿限制的世界中，降低對完美的期待。

　　在當今的社會中，沒有人接受過關於人類的局限性與變異性的教育。社會的嚴格道德規範，傾向於自以為是地說教，一再強調個人「意志力」這一類虛構出來的能力，並被道德家們用作報復行為的辯護藉口。事實上，任何研究人類活動的人，只要觀察到大多數的人在大多數時間裡完全缺乏意志力，而且意志力只有在少數有利的情況下才能稍微發揮作用，就完全可以明顯看出這一點。有關意志力的謬論，是造成許多無解的社會問題的根源。

　　如果我們能看出一般人是有缺陷的、不完美的、受限的，無法在任何時刻或任何情況下超越自己，那麼大部分的負面感覺和批判都可以避免。這樣一來，我們會更多地將「人」這種生物視為是受限的，而不是「壞的」、「自私的」或是「錯誤」的。那麼，人生就會變得更輕鬆、更平和。

　　個人的人生經驗，是由本身的意識等級及社會主流的意識等級來調節及決定。隨著科學的進步，我們發現越來越多的人類行為，尤其是越軌或異常的行為及性格特徵，都是繼承而來的。許多主要特徵，早在嬰兒時期就已經設定好並開始發揮作用。比如說，有一種稱為「輕鬱症」（dysthymia）的持續性抑鬱症，就

是開始於童年並持續一生，同時伴有一種重要的腦神經傳遞物質的缺陷。這樣的人若沒有得到幫助，許多情緒和行為都很難改善，即便有專業人員的幫助也往往無法解決。

問：所以說，大部分的衝突都可以靠教育解決嗎？

答：確實是這樣。慈悲與智慧是相輔相成的，抱怨他人的不足或缺陷不但無濟於事，也不切實際。

問：那麼理想呢？

答：你可以抱持希望，但是不要期待。目標是假設性的心智概念，可以是靈感的來源，但理想化往往指的是一種自以為是的自負。傳統上，理想是對他人的期待，但未必是對自己的期待，因為自己永遠都有合理的藉口。

　　期待別人達到自己的標準或理想是非常不成熟的，千萬別忽略了一個事實：大多數人都沒有理性，他們只是「有什麼就選什麼」。此外，這個星球上有高達七八％的人，意識等級低於代表正直的 200。追求靈性真理不是他們的目標，這對他們來說是虛構的或無稽之談。在意識等級 200 以下的人，對於公平、關心、誠實及倫理這些觀念都可有可無，如果有的話也是例外，而不是常規。

　　除此之外，還要了解一點，在意識等級達到 400 後，理性與智識才會成為行為與決策的主導基礎。大多數的人不是受到邏輯

的約束，就是被需求、情緒、欲望、無知、自負以及對「自己是正確」的渴望所困住。低於意識等級 200，這樣的社會所仰賴的是外力而不是心靈力。

問：那麼，追求靈性的人能做什麼來幫助社會呢？

答：致力於靈性進化是一個人可以送給社會的最大禮物。由於心靈力本身的特質，確實能夠從內在提升人類。心靈力會發散出去，並與他人分享；相反的，外力則是有限的、自我挫敗的、短暫的。

　　每一種善良有愛的想法、言語和行為，都會對整個社會潛移默化；每一次的寬恕，對每一個人都有好處。宇宙知曉並記錄人類的每一個作為，並以同樣的方式來回報。業力實際上是宇宙的本質，這是基於宇宙本身既有的結構及功能。在宇宙中，時間是以永世來計算，在此之上則連時間都不存在。因此，善念善行都是永恆的。

第 14 章
心智、身體與社會

問：如果不再認同心智與身體，人如何能存活？

答：有些時候，完全捨離肉身是「被允許的」。命運、業力、意圖、承諾或任何一個隨你怎麼稱呼的因素，也同時在發揮作用。如果是事先選擇的命運，那麼與這具身體有關的生命可能會自行延續下去。身體不需要靠心智才能存活，宇宙會提供它生存所需。

即便是此時此刻，每個人的身體都正在進行著成千上萬個生理過程，完全不需要透過有意識的思考來維持生命。每個心跳或消化酶，都不需要經過我們的決定就能自行運作。身體的每一項功能，都在做著自己該做的事，因為它是更大整體中的一部分。身體離不開整體，因為它是宇宙的一部分，它的存活也是整體中的一項功能。

在有需要時，必要的訊息會傳遞給身體，但這些訊息未必來自心智，因為神經系統及感官已經學會了自動回應。

雖然一般人的身體及心智會受到無盡的需求、欲望及焦慮所驅使，但是當這些念頭失去其潛在動機時，我們會發現身體的實際需求會變得很少。此時，身體本身不再被視為快樂的源頭，而被人所追求和需要，因為快樂的源頭是每時每刻都存在的覺知及

喜悅。

　　因此，肉身是否能夠繼續存活，取決於相關的條件，比如有其他人希望這具身體能夠繼續存活下去。如果沒有這種條件，肉身就可能不再存活。實際上，肉身能否存活並不是那麼重要。

問：難道說身體的某些功能不是「必要的」？

答：身體之所以有這許多功能，是因為身體的本質，但實際上並非「必要的」。然而，它們確實都有作用。例如，重複的感官體驗有助於定位及保持方向感。由於自性是不可見的，沒有重量，無處不在，甚至連聲音也不再是一種精確的定位指示，所以需要其他的身體功能。身體雖然是可見的，但並不特別。如果它的重複感官體驗無法持續，那麼時間、地點及物質性就會慢慢消失，甚至連方向感也會失去。一個人要活在「世上」或作為「當中的一員」，都需要花精力，因為這是刻意聚焦的結果。

問：「心智是開悟的主要障礙」，這句話令人困惑。

答：為了便於理解，可以將心智「劃分」為「思考之心」與「覺知之心」。「覺知之心」能知曉、辨識及意識到許多事情，同時也具備不仰賴思考、言語或概念的能力，能夠識別出整體、基本要素及模式。如果心智停止使用語言式及順序式的思考方式，仍然可以快速領悟非語言的層次。即便是狗也能知道或識別許多事情，完全不需要語言。

至於「覺知之心」，它始終都在，只不過當心智專注於理性／邏輯／思想／言語時，就會被忽略。相較於中心視覺，覺知之心可以比喻為周邊視覺。舉例來說，眼睛可以聚焦在某個特定的物體上，比如時鐘，但眼睛也同時在接收、記錄及識別整個房間。

靈修時，有必要將注意力從核心焦點往後退，進入一個更分散、更包容一切的視野。**核心焦點總是指向小我的利益，因此通常是出自欲望和限制。**有人可能會說，修持時他必須集中注意力。然而，一旦聚焦就會忽略了整體。反之，周邊視覺就像「覺知之心」一樣，是包含性而不是排他性的，關心的是本質而非細節，而且始終都能毫不費力地運作。不管是周邊視覺或「覺知之心」，始終都存在。

一個人可以一方面靠「覺知之心」生存，一方面靠「專注思考」的心智來達成某個目標。你只要簡單地記住，專注思考的心智是為了正常運作，而含納周邊的覺知之心則是為了平和。在開悟狀態下，躁動不安的「思考之心」所使用的能量會被吸收回來，然後進入一種毫不費力、非思考的「覺知之心」。一旦被允許，這股能量會變成純粹的覺知本身，在背後支持並照亮「覺知之心」。

同樣的道理，意圖會使肉眼聚焦在物體近側；相反的，愛會使瞳孔放大，讓眼睛聚焦在物體或人的遠側，以便將對方都涵蓋進來。有一則經常聽到的笑話就與此有關：大部分的男人都無法很快地告訴你，他們妻子的眼睛是什麼顏色。

聚焦、線性、使用言語式思考的心智可以透過學習來了解神的事，但因為真理是全面性且包容一切的，因此這樣的心智沒有能力直接認識或體驗到神。換一種方式來說，眼球的黃斑部或中心視覺代表「陽」，而周邊視覺則代表「陰」；智能是陽，而自性相對來說是「陰」（雖然它也包括陽，但它是以陰的方式來表現陽）。

開悟或覺醒的當下，就像終極的陰陽「體驗」。你所接收的，正是你所給出的。此時，終極的臣服將打開接收啟示的大門，這就是陰性的終極力量。而臨在的顯現具有無比強大的力量，看起來像是終極陽性的呈現。由於開悟是合一的結果，所以是絕對的圓滿及究竟。這種情況（開悟）就像是一個新星雲的誕生，或一個新行星的誕生。這聽起來可能有些誇大，除非你能了解到一個事實：**不是這個局部的、受限的「你」達到開悟。**相反的，自性是整個宇宙的全部，因此有些已經達到開悟境界的人會將自性描述為「宇宙意識」，這是由於開悟是個「大事件」，足以影響全人類的整體意識，而且影響力會延續千千萬萬年，直至永遠。

這個星球若缺少神性化身的意識，人類早在數千年前就自我毀滅了。當佛陀讚美其教誨的美德與偉大時，他只是謙虛地實事求是，完全不是自誇。能夠了解維繫所有生命的力量，絕非只是一個小小的發現。每一位聖者都知道同樣的事，只不過是以不同的方式或是用不同風格的語言來表達而已。

問：為何智識在處理物質層次的問題時非常有用，卻在達到開悟的過程中一無用處，甚至還是一種障礙？

答：小我／心智受限於認知的線性邏輯和抽象概念，還有語言、觀念及符號的使用。智識所提供的理解模式，實際上是一種依靠定義的知識論立場，所以定義本身就是阻礙的關鍵所在。定義是一種人為的造作，以言語或聽覺的語法來表現一種約定俗成的象徵，使之具有可傳達的、特定的及有限的意義。語言之所以有用，在於它的精確性。

　　為了定義，我們必須先把種種的抽象思維分門別類，具體指明等級、類別及種類。因此，言語及文字的使用會導致一種更加謹慎的、漸進的限制，從綱、屬、種，再到特定的個體。

　　這種意識等級的完美狀態可以測得的數值為 400，達到 499 已是智識上的天才。這個等級的力量非常強大，足以創造並支撐所有現代的科學、工業、經濟、太空探索及生物研究。測定值為 400 的意識等級，當然遠遠超越了尼安德塔人的智力。現代社會是一個大學、網路、報紙及電子傳播的時代，意識等級為 400。但是，自我實現是一個不同的次元，它是無限的、超越形式的，而且包容一切。

　　語言和概念由非常清楚且有限的形式所構成。雖然這種普遍性很容易看見，但是它深遠及微妙的影響卻不容易描述。正如波蘭哲學家科爾西布斯基（Alfred Korzybski）所指出的，思考／心智／邏輯的局限性，其根本原因是以下這個事實：符號或文字

與它們所代表的東西，根本不是同一回事（例如，科爾西布斯基的名言「地圖不是地域」）。

事實上，每一物都是完整圓滿的，且具有同一性。基於最根本的自我認同，每一物都只能恰如其分地呈現本該有的樣子，無法以任何形容詞、副詞、動詞、代名詞或甚至名詞來描述。若從根本真相的角度來看，我們可以說，每一物只能成為自己。由此可知，所有的語言都是建立在認知的偏見及局限上。比如說，如果有人說「這是美好的一天」，但根本的事實可能完全相反。畢竟，「一天」是指一段特定的時間，它不可能有任何色彩。實際上，並沒有所謂的「美好的一天」這回事。只要檢視，我們就會發現所有的定義和陳述都是錯誤的，無一例外。這些定義和陳述嚴重地受到限制，基本上只是一種定義上的自我認同。

個體本身不是綱，甚至也不是屬或種，因為這些都是思想的範疇。在實相中，每一物都是完美的，這是因為它們是透過本具的力量及光芒來定義及表達自己。因此，所有的標籤都是謬誤的，文字或概念都無法代表它們。從更深刻的理解層次來看，所有語言和符號也是錯誤的。例如有人被凍死，不是因為溫度計上顯示的溫度是零下三十度，而是因為身體缺乏熱能，而我們把缺乏熱能的狀態錯誤地稱為「冷」。即使我們說某人「凍死」，這種說法也是錯誤的。這個人會死是因為心臟停止跳動，但這麼說也不正確。因為心臟停止跳動，大腦就會缺氧，並停止呼吸，所以這個人死了。但這還是不正確，因為如果缺氧，身體的化學反

應就會停止產生能量（比如環腺苷酸〔cyclic AMP〕）。即使這樣也是錯的，因為一旦酵素停止分泌，它們所催化的化學過程馬上就會停擺。這麼說還是不正確，以此類推。到最後，我們會發現這個人身體死了，是因為居住在身體的乙太體／生命體／能量體／靈體已經離開了。

沒有一物或一人能夠真的成為一個形容詞，也不可能真的成為一個名詞。事實上，它甚至什麼都做不了。根本實相的限制在於，每一個實體都只能「如其所是」。不僅如此，它只可能具體且如實地成為它自己，沒有任何描述性的言語是適用的。

抽象概念並不存在也不具真實性，它們不具備「成為」什麼的能力。所有修飾語都是認知的造作，沒有一個是真實存在的。當認知與心智活動（包括信念系統）的障礙被移除之後，實相便會不證自明。

問：信念是否也是一種障礙？

答：是，也不是。信念是知曉的替代品，但真正的知曉只有透過體驗才能獲得。比如說，一名旅行者相信有一個稱為中國的國家，這是基於他的信心和接收到的訊息，於是這個信念為行動提供了充分的依據。旅行者首先是聽到關於中國這個地方，然後閱讀相關訊息，在這個階段他只是「知道」中國的存在。當旅行者真正抵達中國，在當地生活並與當地人交流後，他才真正「認識」中國，而不是「知道」中國。一旦有了親身經驗，旅行者就不再需

要靠信念或信心來相信中國確實存在。因此,一個成功的行動是開始於合理的信念。然而,信念不能取代實際的經驗。

　　大多數人都有許多的宗教信念,並以這些信念為指引。然而,除非這些信念接受過謹慎的測定,了解其實際的真理等級,否則它們有可能是謬誤的,或只有部分是真理。許多錯誤的靈性觀點都包含了少許真理,然後這少許真理又因為被誤解或扭曲而丟失了。例如,「為了基督,要殺死共產主義者」,或是「為了真主阿拉去殺異教徒」,這些絕對不是靈性真理,但這樣的主張卻被世世代代、成千上萬的人所接受。

　　感性與情緒化被疊加在這些錯誤的信念之上,這讓它們更具吸引力,也更容易支配人們的思維。宗教的荒謬行徑之所以有推動力,只因為它們是「宗教」。舉例來說,西元一二一二年,有個歐洲男孩聲稱自己受到召喚,帶領著一群兒童十字軍東征,想從伊斯蘭異教徒手中解放聖地(神為何會對誰統治這個星球上的某領地感興趣?這個問題一直沒有答案)。「純真的孩子」、「宗教願景」,再加上「拯救聖地」的英雄主義,掀起了一股狂熱的浪潮。兒童十字軍事件是駭人聽聞的,成千上萬的孩童死於曝曬、疲憊、疾病、營養不良或其他災難;而剩下的幾千人並沒有真正抵達聖地,而是成為俘虜,被賣為奴隸。這整個災難是基於信念、信仰,以及對宗教的篤信。然而,這樣一場災難在人類歷史上卻是微不足道的,因為當時整個陸地、人口、文明及人類生活的主要部分,都被荒謬的宗教狂熱給摧毀了。

由此可知，信心和信念雖然是促使旅程的必要條件，但要完成旅程必須要有可驗證的知識。沒有羅盤或六分儀，一般水手最後也只能走到沉入海底的命運。

正如佛陀所言：「踏上旅程的人很少，最後成功的人更少。」（克里希那在《薄伽梵歌》中也說了類似的話）。這裡所關心的是全人類的成就與福祉，因為直到近代，人類的歷史一直都相當悲慘。

問：你經常談到人類，好像那是你關心的或認同的身分，為什麼？

答：想要完整地擁有自己，就要擁有全人類。所有人的自性都是一樣的，而社會則代表著集體的小我。縱觀人類的歷史，可以帶我們穿越人類的意識地圖。當我們看著人類時，會看到悲傷、難過、絕望、沮喪、內疚、悔恨或遺憾。我們也會看到人類可憐、邪惡、絕望、悲慘及恐怖的那一面，並對過去所發生的事情感到憤怒。

在「勇氣」（200）這個意識等級中，我們看到往更好的方向改變是可行的。我們停止責怪、仇恨及恐懼，把自己從受害者、軟弱及冷漠的心態中解放出來，努力讓世界變得更好。我們放下自責與自憐，肯定自己內在的力量。為了達到真理的層次，我們必須接受一個事實：無知是人類一直犯錯的原因。透過理解，我們可以變得更有同情心、更慈悲，並嘗試在新的背景下，重新看待我們與整體的關係。

回顧人類歷史，我們會發現人類因無知而受到奴役及殘忍的

對待。這種普遍無知的意識等級，其測定值只有 190，並持續了數個世紀之久。然而，就目前人類的整體意識等級已達到 207 來看，人類的未來肯定與過去大不相同。現在，我們每個人都可以在自己的意識等級上不斷進步，往上爬升到維繫生命與愛的高階意識等級。這正是過去所有偉大的靈性領袖與聖賢要我們努力的方向，就連佛洛伊德都說，人類的天命就是有能力工作、有能力去愛。榮格還加上一句：「並且擁有個人實相的靈性真理。」

由於認知的局限性，人類看不出黑暗時代並沒有結束，直到一九八六年，人類的意識等級有史以來第一次跨過了正負能量的分界線，往上來到了關鍵的等級——代表正直、誠實與真理的等級 200。

問：所以，宗教與靈修對社會不會產生重大的影響？

答：人類的問題不在於是否接觸過靈性真理，而在於不理解。這就是澄清與解說的目的。我們需要用大量的文字，才能夠說明這些超越語言文字的東西。

意識地圖中的測定數值，加上相關的文字描述，正是為了使那些聽起來像是哲學或社會學的概念，變成可以驗證的具體事實。任何人都可以理解簡單的數字，但是儘管看起來很虔誠，也只有少數人能夠真正理解最簡單的事物，比如正面與負面、「對」與「錯」，或是建設性與毀滅性的區別。

不正直幾乎與社會的每個面向交織在一起，以至於一般人看

不出來。披著羊皮的狼躲在愛國主義、正義及信仰的旗幟下，大聲主張「這只是就事論事」、「只要目的正當，可以不擇手段」、「社會應遭到報復」、「控制人們的最好手段，就是威脅和恐懼」、「為打擊毒品而戰」、「在商場上貪心是可以接受的」；「政府或企業可以撒謊」、「驕傲是好事」、「唯物主義與利益可以合理化所有行為」、「如果能定罪，可以扭曲或隱藏真相」、「為了當選，欺騙是無妨的」、「只要能賣報紙，印什麼內容都沒關係」、「正確比誠實更重要」，以及「利益可以合理化所有人類行為」等等；甚至連法律的精神也被法律條文破壞了。

問：為何上述這些負面現象如此普遍？

答： 列舉這些現象的目的，只是為了協助人們克服負面心態。在當前的社會中，大眾傳媒，包括某些商業行銷，往往習慣強化及支持負面事物，而且針對的都是年輕人。於是，受到誤導的年輕人開始使用毒品、暴力、不負責任、自殺、蔑視當權者、扮演受害者、推卸責任，並擁護道德敗壞。媒體的不誠實，在於他們宣稱自己沒有責任，也否認自己造成任何負面影響。如果媒體沒有影響力，為何企業主每年要花數十億美元來投放廣告，對著大眾宣傳？同樣的情況也發生在近年風行的各種打打殺殺的電玩遊戲上，這類遊戲會使心智進入催眠狀態，無意識地接受灌輸，於是製造出一批「毫無理由行動」的青少年殺人機器。甚至美國的某些州，在特定季節還會開放青少年使用望遠設備及槍枝來獵殺草

原犬鼠、鴿子或松鼠「取樂」。

生而為人並不容易，但多數人面對困難的方式，就是對那些顯而易見的挑戰視而不見，逃避自己的責任。因此，正直的重建是跨過負面能量、通往真理的第一步。為了達到這個目標，我們必須脫掉狼身上的羊皮，並意識到我們談論的不是「運動」、不是「在商言商」，也不是「這就是大家想要的」。對於這所有一切，社會既是加害者，也是受害者。

問：你似乎對這些問題特別關注？

答：這是《心靈能量》一書中談到的一個重點，即所謂的「臨界點分析」。在一個相當複雜的系統中，有一個非常精確的點，在這個點上，即使是微小的能量也能帶來重大的改變。正如一個巨大的機械鐘錶都會有一個脆弱的點，在這個點上，即使是一個輕微的壓力，也能使整個時鐘停止運轉。如果你確切地知道要把手指放在哪裡，然後按下去，就能讓一輛大火車頭停下來。人類社會這個大鐘錶也有這樣一個臨界點，只需要輕微施壓就能讓社會發生重大改變。

你意識到媒體的影響力了嗎？想像一下，在二次大戰期間，如果媒體關注的是美國總統小羅斯福的跛腳，或是杜魯門、邱吉爾的軟弱無能，會發生什麼事？在那個時候，這些世界領導人是拯救自由世界的關鍵號召力。有好幾次，只差幾個月希特勒就可以贏得戰爭。

問：為何要關注社會議題？

答：誠信與正直就是力量。要拒絕負面事物，首先就是暴露它。比如
說，如果新聞界選擇誠信、正直，它就可以扭轉局面，重新獲得
力量。目前的教宗（若望保祿二世）就是一個絕佳的例子，他的
做法激勵了全世界：他重建了靈性的正直，因為他承認錯誤，並
且因這個態度而獲得啟發，達到更高的靈性層次，重新獲得真正
的力量。因此，教宗的作為不只具有象徵意義，還確實反映了人
類的真實情況——黑暗時代終於結束。

問：為何人們會認為改變很困難？

答：人們認同自己的個性，就像上癮一樣。風格是流行的、熱門的，
而且被美化的。每種風格都有自己的優勢，可以用來打動及控制
他人。不管是成為受害者、殉道者或失敗者，都會有一種隱密的
回報與滿足感，無論哪個角色都是一種用來操控社會反應的方
式。社會形象是影響輿論的一種方式，反映了一個人的立場。然
而，這些自我形象也帶著強大的業力因子，在自我指派角色的同
時，也會編造劇情。

　　這些個性風格都受到了媒體的影響，每一種風格都有好處及
代價。它們深植在特定的文化中，成為一種刻板印象。風格會隨
著時代而改變，所謂的「硬漢型」、「老練型」、「迷人型」，
以及廢話不多的「務實型」，全都是社會所指派的角色。「王牌
騎警」（Dudley Do-Right）*、反叛者、亡命之徒及暴徒等等，

也反映出群體的認同。人會沉迷於某一種個性風格，甚至到了至死不渝的程度。有危險傾向的「男子氣概」形象，往往會導向暴力的結局。極限運動的狂熱者會越跑越快，一路提升速度直到撞牆。天生喜歡這種形象的人，都有想成為英雄的渴望。人們珍視自己的形象，並迷失在對它的認同中。這些影響往往都是無意識的，會讓人頑固、僵化地自我定義，從而抗拒改變。

---

* 譯註：一九九九年美國一部喜劇片的片名。

第 **15** 章
靈修觀念的釐清

問：靈性與意識有何關係？

答：靈性的領域就是意識的領域。因此，了解意識的本質能夠促進靈性的發展與進化。

靈性成長是透過意識的各個層面達成的，一旦認出這些層面並不專屬於個人，而是與意識的本質有關（不是「我的」，也不「屬於我」或一般所稱的「自己」），那麼靈性就會變得更有力量。從慈悲心中產生的靈性啟發、了悟及覺知，並不屬於個人的特質，而是以本體的內在特質作為催化劑，並透過靈性動機及意圖來啟動。實際上，這些特質是神的恩典，透過求道者的意願而變得可行，這包括謙遜、捨離小我／心智的自大與掌控，以及放下小我自以為是的信念。

實際上，小我／心智只能夠「得知」，而無法真正「知曉」任何事。若要真正「知曉」，小我必須「成為」它自以為知道的那個東西。

問：「神祕」一詞的意思是什麼？

答：所有靈性覺知的狀態都是神祕的，因為這是主觀上一種深刻又具

轉化力的經驗，無法以客觀的、理性的，或是令人（尤其是懷疑者）信服的方式來傳達給他人。所有深刻、微妙或重要的覺知，都是發生在非線性的意識等級中，而這在普遍的牛頓線性因果邏輯理論中是無法描述的（這種意識等級的最高測定值為 499）。傳統世界被有限的有形層面所限制，此一事實反映在語言和機械決定論上；而靈性所體驗到的世界，是在有限邏輯的框架之外。因此，靈性體驗無法讓一般人的小我感到有意義或是有根據。

　　事實上，生命中最深刻、最重要的經驗都發生在非線性的領域中。外力是線性的，而心靈力是非線性的。正是「意義」為人們的生活注入力量，並改變了人們的生活，而「事實」唯一的重要性，在於它對人們的實際意義。快樂其實與事實無關，而是與心態有關。

問：靈性探索的本質是什麼？

答：靈性探索可以簡單視為一項任務：超越線性、循序二元性的限制，好讓無限的、非線性的及非二元性的實相得以顯露。

　　在意識地圖中，我們可以看到低於 200 的弱勢等級，必須仰賴外力來代替心靈力。當一個人越接近實相時，心靈力會以飛快速度大幅增強。意識等級 400 是牛頓理論所能達到的最高能量領域，也代表著物質領域的精通。科學世界的卓越之處，在於它能夠理解和操縱物質世界。科學能使我們登上月球，但是只有人類的意識能賦予這項壯舉意義或重要性。同樣的，喜悅並非來自統

計上的數字，而是這些數字所代表的意義。

問：哪裡可以找到實相？

答： 生命是經驗的層次，而不在其他層次。所有經驗都是主觀且非線性的，即便是用線性的、認知的、循序的方式來描述「實相」，人也只能靠主觀的體驗。所有的「真理」，都是一種主觀的結論。

　　一旦了解線性及感知世界的唯一意義或重要性，全在於它是如何被主觀體驗的，那麼對真理的探尋便會由外轉向內。對於世人來說，成功是在「外面」的，需要去「擁有」和取得。

　　但是，對於經驗豐富及成熟的人來說，他們的智慧可以清楚地看出，快樂的源頭是在主觀體驗的內在世界裡。這種快樂的體驗，是一個人的內在特質、賦予事物的意義及當時情境等因素的綜合結果。

問：一個人如何得出意義？

答： 是意義賦予了生命的價值。一旦生命失去意義，就會導致自殺。意義因其價值而顯現。一個人如果能夠了解，快樂並非取決於人生所經歷的事實或事件，而是這些事件的意義，就會開始對哲學這個主題感到興趣。這是智能所嚮往的最高境界，也是一個檢視意義及其中微妙隱喻的領域。哲學試圖定義其組成部分，以及人如何理解意義。這種研究形成了認識論，或者說一門探討「人如何認識事物」的科學。接著，形成了宇宙論，它試圖定義人們可

能知曉的範圍。除了認識論和宇宙論之外，還出現了神學，它從線性智能延伸出去，試圖理解神性本身的非線性實相。

抽象概念發展到下一個更高階段，就是形而上學，探討的是非二元性的實相，並再次強調靈性真理這個領域的主觀性。「形而上」一詞只是意味著「超越有形物質」，所探討的實相，是傳統上被描述為神祕體驗的層次。超越神祕體驗的層次就是覺悟狀態，也就是傳統上所謂的「開悟」。開悟狀態是從覺知神的臨在開始，然後達到靈性進化的究竟圓滿，放下了所有與神分離的二元性自我。因此，最終的了悟就是：只有一個完整的一體生命，自性與自性的源頭是同一的。

那無限、終極的潛力，是存在的真相。「萬有」天生就是神聖的，否則它根本不可能存在。神性的全然展現是主觀的。如果我存在，神也如是存在。

開悟證實了一切存在不僅是創造的結果，而且所有的存在與造物主並無分別。換言之，受造物與造物主是一體的。一旦移除認知所產生的虛妄二分法，實相的真正本質就清晰而明顯了。此時，不存在虛假的主體－客體之分，這種認知是心智活動的造作，將實相分成造物主與受造物。在純粹主觀的非二元實相中，所有的幻相都消失了。

所有的存在與創造是主觀性的產物，而神正是這個主觀的本體。我們覺察到存在，就是覺知到神的臨在。一旦了解這一點，就能解決靈修上的難題：**正在探尋的主體，就是探尋的對象。換**

言之，**是主體在探尋主體本身**，於是原本認為存在著被稱為主體與客體的這種二元對立的錯覺就消失了。人類的終極矛盾就在於：因為對認知的依賴，而無法認識到自己的真實身分。

　　當開悟的狀態自行顯現時，會有一段欣喜時刻，猶如自己再次經歷著那種深刻的熟悉感。原來那些轉瞬即逝的想法，讓一個人忘記了自己的身分。這個遺忘是認知本身運作的結果。正如《創世紀》所比喻的，吃了「知善惡樹」的蘋果後，開始有了善惡對立的認知世界。於是，主體的純潔本質受到了一種立場的汙染，這個立場使人類注定要在錯誤中承受無盡的痛苦。若沒有神的介入，回到實相是不可能的事，所以人類的解脫之道只能透過神的恩典。

問：對神的了悟是「個人的」還是「非個人的」？

答： 到目前為止，關於神的臨在和開悟的途徑被描述為意識等級的覺知進化，但選擇這樣的語言，只是為了方便理解這個轉化過程。雖然描述了各種意識等級需要跨越的領域，但卻沒有提到像「愛與虔誠」這些能夠啟動開悟之旅的基本因素，因為它們是必要的能量來源，使一個人能夠付諸努力，並不屈不撓地堅持下去。若用比喻來說，一個人雖然擁有車子及地圖，但若缺少能量與動力來源的汽油，車子還是無法發動。一個人之所以想要到達目的地，是因為他被驅動及受到吸引想往那個方向走。這條路受到神恩照耀，透過聖靈提供了嚮導及支持的力量。

　　最後，超越之神與聖愛之神，會融入至高無上的本體中。與所愛之物合而為一是神聖的天命，也是救贖的核心。因此，愛既是手段，也是目的。

　　當一個人求道的基本動力不是為了某種靈修抱負（想要達到某個境界），而是逐漸放下阻擋聖愛的障礙，那麼所謂的「靈性小我」就不會成為阻礙。某個意識等級並不會比另一個意識等級更優秀，而是僅僅代表靈性進化所經歷的過程。磚瓦堆砌的基礎提升了一棟建築的結構，而最後虔誠之心才能完整一座教堂。

問：如何清除障礙？

答： 在虔誠的道路上，最明顯的靈修就是移除通往愛的障礙。這些障礙全都源自因為立場而起的認知錯誤。立場可以說是「對立」這個假象的始作俑者，所有對立都來自於固執己見，而固執己見又來自於小我的虛榮與自大。這種心態靠著小我的習性來維繫及餵養，小我的習性會對自認為「我的」東西過度高估及珍視。一旦某個事物被貼上「我的」標籤，就成了一個有價值的觀點，從這個觀點出發，就會像三稜鏡截斷光線一樣，將實相分割成不同、分歧以及相互對立的觀點，於是原本的「一」就變成了「多」，幻相於焉產生。自我感會進一步認同並保護這些觀點，將之視為「我」的實相。一旦落入了對立的二元性，小我／心智就會被困住，由此投射出的觀點，誤以為這就是客觀的現實。

　　接著，小我會否認這種投射是自己的傑作，所以它成為自己

投射之物的受害者。這種伴隨著存在覺知而來的現實感，把這些投射產物歸因於「外面」，用想像力創造出一種「客觀的現實」。如今，這個客觀現實的源頭已被遺忘了，而否定、隔絕、壓抑及投射等眾所周知的心理機制，則進一步強化這種遺忘狀態。

當不再自以為是創造者時，就能放下認知上對實相的虛假概念，誤以為造成這些現象都是有「原因」的。人們所感知的實相是二元影像，它像是經驗的篩選器一樣，會強化自己投射出去的影像和特質。因此，物質世界被認為與經驗者是分開的，兩者是各自獨立的存在。感覺會複製信念，並按照認知結構與形式來分類與解讀，這些結構和形式會賦予所感知的物體一個獨立的身分，以及慎重又獨有的名稱。接著，語言強化了認知的世界，並巧妙地鞏固了世界的表象。於是一個「客觀」的宇宙，就從任意選擇的點、這些點之間的假想距離、假想的平面和維度，以及時間與空間的幻相中產生了。

為了投射出一個虛幻的世界，小我必須以離開造物者的方式來體驗自己。與神分離的感覺越強烈，痛苦就越大。於是，小我現在開始害怕毀滅、死亡，甚至更糟的情況——可能神會因為自己犯下的罪，而在一怒之下報復性地施予無盡的痛苦。較低層次的認知會專注於負面能量，這是小我在最低意識等級時對自我的概念。結果，小我現在反而害怕自己最糟糕的預測，並在天堂與地獄的對立中掙扎。

由此可知，人並非「外在」那個可怕世界的受害者，而是這

個虛妄世界的源頭。這些想像甚至不是個人的，而是意識場與其隱藏的吸引子互動的結果，這些吸引子決定了每個意識等級的內容。小我的最後勝利，就是相信是它自己的投射所創造的虛幻現實是「神的傑作」。因此，宗教真理被迷信、錯誤解讀及錯誤的信念所蒙蔽。我們要了解到，凡是出自神的，必會帶來平安；凡是非出自神的，必會帶來恐懼。

問：如何避免這種錯誤？

答：在當今世界，任何聲明或教誨的真理等級都可以被快速測定。至今為止，小我已經創造出許多令人印象深刻的代言人。另一個避免錯誤的方式，就是謹記：實相是超越形式且無法定義的。

問：你先前提到「大道至簡」是什麼意思？

答：對於生活忙碌的一般人來說，要比照求道者追求開悟的強烈意願及認真投入，通常是不切實際的。但是，這並不表示他們應該追求另一個目標，而是應該將達到目標的方法稀釋到可以融入日常生活之中。

　　實際上，一般人沒有必要去了解這所有內容，這些討論及對話，主要是為了傳達人類意識尚未被充分了解的部分。若要有顯著的靈性成長，只需要一個簡單的工具：選擇任何對你有吸引力的簡單靈性法則，然後毫無例外地運用在生活中的每個領域，包括內在與外在。比如說，人們可以選擇仁慈、同情、寬恕、理解

或非批判性地接納；或是選擇無條件地去愛，或去見證生命的純真本質。不論選擇哪一種，都必須能夠套用在每個人身上，當然也包括自己，無一例外，並全力堅持下去。這個過程會帶來靈性的淨化，因為這些阻礙靈性法則的障礙都會在過程中浮現，並受到檢視。

　　想要達成靈性目標必須改變認知，而這樣的改變又需要增進理解及重新建構概念的能力。

問：對一般人來說，什麼靈修目標比較實際可行？

答： 在意識地圖上，任何進步都是重要且有價值的。凡是認真、有決心的靈修者都能達到的實際目標，就是無條件的愛，這是具有轉化力量的等級。從這個等級開始，人們就可以放輕鬆了，因為主要的目標已經達成。一旦達到「無條件的愛」這個意識等級，人類與生俱來的渴望會想要去完善此一條件。當到達這個等級時，哪怕出現一丁點不完美，都是不可接受且需要修正的。

問：什麼是心靈淨化的最有效方法？

答： 聚焦於「愛」，這是通往神的一條坦途，也是每個人都可以隨時隨地做到的。剛開始，愛會具有二元性，也就是分為「付出愛的人」及「被愛的人」。剛起步時，愛是有條件的，而且體驗起來似乎是一種感覺狀態，然後它會逐漸進步。接下來愛會變得很明顯，成為一種看待、體驗及詮釋人生的方式。接著還會發現，愛

是一種存在狀態。

　　生命本身成為愛的表達，而人生則成了一個人了解愛的過程。在最終的了悟下，愛的神性將認知轉化成了靈性慧見，而「神的臨在」也會自行揭示。所有的存在都散發出身為受造物本質的神性，這就是神之愛的展現。

問：愛是一條奉獻之路，因此不是最有效率的方式？

答：愛具有轉化力量，其力量足以掃除所有障礙。愛既是手段，也是目的。它會使人產生意願及臣服的能力，也會帶來對慈悲及理解的渴望。有了理解，寬恕就會伴隨而來。只要放下立場，就會明白並沒有什麼事情需要寬恕。此時批判消失了，譴責與仇恨也不再可能存在。我們會看出，來自天真的無知，才是唯一需要超越的「缺陷」，也會看出，創造的本質就是如其所是，沒有什麼需要修正之處。

問：愛不是一種很普遍的情感嗎？為什麼需要一再地談論？

答：愛肯定不是人類普遍的意識等級。世界人口中有高達七八％的人，其意識等級低於 200（基本的正直），因此所關注的都是負面事物。世界人口中只有百分之零點四的人，其意識等級達到無條件的愛，這樣的人是富有愛心的人。

　　愛是一種覺知、態度，也是一種理解人生的心境。愛位於實相的最前端，是靈性的本質，也是靈性本身。否定愛，就是否定

神。愛會受到立場及評判的蒙蔽，也因此許多社會都不把愛視為決策與行動的理性基礎，甚至還有很多地區的人認為愛同胞是一種脆弱的表現，並認為人類真正需要的是獲得、榮譽、占有、權力，以及用懲罰進行報復的權利。

美國或那些號稱「自由」的國家，比起其他國家（除中國之外）有更多的人及更大比例的人口關在監獄裡。社會對自身的問題「宣戰」，自然就會衍生出更多的問題。外力是無效的，它只是心靈力的替代品。相反的，人們會出於尊敬和愛去做任何事，不需要加以威脅恐嚇。缺少尊敬的忠誠，即使是將軍也無法命令他的軍隊服從。假如沒有這種被稱為尊敬的愛，造反和叛亂就會發生。外力只能充當暫時的權宜之計，所以過去用恐懼來治理國家的帝國都已經分崩離析了，而那些以罪的恐懼而不是神的愛所建立的宗教，本質上就是不堪一擊。

愛是與世界相處的一種方式，這是一種慷慨的態度，以看似微小卻強大的方式來表達自己。愛也是一種願望，想要帶給他人快樂，照亮他們的每一天，並減輕他們的負擔。只要能夠善待及讚美遇到的每個人，就能帶來啟示。然而，這不是常見的態度，你可以從人們的反應看出來。通常，他們會以驚訝或甚至驚喜的方式來回應你的友好。你會聽到這樣的評論：「從來沒有人稱讚過我做的事，他們只會抱怨。」大部分人所專注的，都是自己的需求及批判的態度，因此生活中很難看到積極、正向的那一面，當然也得不到好的回應。人們通常將他人的服務視為理所當然，

還解釋說：「他們這是有報酬的服務，不是嗎？」（但真正的問題不在這裡。）

　　社會的主要階層都是在缺乏愛的層次運作。大公司和政府機構的運作，只能以刻板來形容。感恩不但不會出現，甚至也不被社會視為一種合適的態度。愛被貶低為「感情用事」，也因此愛在社會中只局限於愛情、親子或人與寵物之間的感情。若在其他地方表現愛，就會顯得尷尬又彆扭。在男性社會中，只有少數的領域允許表達愛，比如家庭、運動、國家或是車子。

　　被社會所接受並能在日常生活中做的，就是所謂的「關心」。「關心」是一條表達及擴展愛的寬廣大道。人們常說無法找到愛，好像愛是某種需要獲得的東西一樣。但事實上，一旦有人願意付出愛，很快就會發現自己被愛所包圍，只是以前不知道如何接近愛而已。愛其實無所不在，只不過它的存在需要被意識到。

　　讓愛盛行於世，就是宇宙對愛的回應。對一般認知來說，愛是隱藏不顯的，但有了愛，人的覺知就會對愛變得很敏銳。覺知是一種超越感官和情緒的能力。如果一個人停止擬人化的投射與限制，就會看出所有存在天生都是有意識的，並且散發著愛，這是受造物具有神性的結果。

　　每株植物都能覺察到周遭的環境，也可以察覺人們對它的讚賞與尊重，並以自身本具的完美及美好來回報我們。因此，每株植物都是獨特的，猶如富有創意的雕塑品，完美地展現自己的本質。所有受造物都閃耀著神性，不吝於向能夠看見的人展現。大

自然就像一部兒童卡通片，樹木在微笑、動物在交談、花朵興高采烈地左搖右擺。人一旦放下自身的感知，神奇的世界便會自行顯現。意識存在於萬物之中，它能看出自己所顯現出來的，與萬有的創造者一樣。

問：如何才能獲得這麼美妙的啟示？

答：只要抱持善意、尊重及關心萬有的意向即可，但必須無一例外，並且無微不至，也包括對待自己。只要看看我們相信什麼、接受什麼，就知道自己是什麼樣的人。感恩、溫柔及欣賞等特質，都具有強大的轉化力量。我們對世界與人生的體驗，完全是內在信念與立場的外顯結果。出於對神的愛與尊敬，我們願意放下所有偏見，隨之而來的謙遜便能開啟通往輝煌實相的大門，這就是自性的啟示。愛是神奇的催化劑，能夠啟動一個人的覺知。到最後，信念會被肯定所取代。因此《耶利米書》（*Jeremiah*）說：「若專心尋求我，就必尋見。」

問：你很少談到身體，它在靈修中有何重要性？

答：身體是大自然的產物，也是動物世界的一部分。我們可以說，它是屬於大自然的，但暫時租借給我們使用。因此，身體只是一個暫時的存在，不需要對它過度關注或重視。身體的價值在於它的交流能力，是一種傳達訊息及分享覺知的媒介。如果照料得當，它有望成為快樂的來源，以及完成工作與情感表達的手段。本質

上，它是一種暫時性的工具，一種對時空感及位置的體驗。認知聲稱身體就是「自己」，或至少是「我的」身體，這是把身體及形相當成自我身分，從而形成主要的束縛與限制。人類的身體就像大自然中的其他生物一樣，也會對善意、尊重及關心有所反應。它可以像是被珍愛的寵物一樣受到照顧與愛護，但不必認同它為自己的身分，或是過度執著於它。

　　想要澄清及區分自我與身體之間的區別，最困難的一點就是感官功能。感官體驗被認為是身體本身的功能，因此人們才把身體當成「我」。雖然聽起來很奇怪，但感官體驗的真正所在地卻是不可見的領域，這是啟動身體運作的「內在能量體」。肉身本身並沒有能力體驗任何事情！

　　感官的體驗（以及所有其他體驗）是意識所具有的一種性質，與一個人以能量體的方式存在於肉身有關。有過靈魂出體經驗的人都記得，所有感覺形式都是乙太體的功能，而乙太體又與他們的意識和自我感覺有關。即使身體處於休眠或無意識狀態，視覺與聽覺仍會持續。由於位置改變及移動感，「自我」體驗到自己離開了身體，在這樣的狀態下，「我」的感覺是位於能量體之內，而肉身則成了「它」。它被視為「一具身體」，而非「我的身體」。

　　很多人都描述過一模一樣的出體經驗，對這個現象的本質有共通的看法。同樣的，瀕死經驗也往往涉及「我」在光的隧道中行走，途中會遇到其他人，看到各種顏色，最後不情不願地返回

到先前居住的身體。所以應該這樣說，我們居住在一具身體中，但我們不是一具身體。顯然靈性、靈魂或能量體都是肉身的居住者，且很容易就與肉身融合及擴散，從而失去了本身的獨特身分。有些人很容易出其不意或隨意地離開身體，靈魂出體其實是一門可以傳授的技能，可以讓一個人任意離開自己的身體，甚至選擇要造訪的地點，例如門羅研究所（Monroe Institute）就有傳授這種技巧。

遙視及透視是能量體感知能力的局部投射，「體驗者」是被稱為星光體、乙太體、靈魂或靈體等不同稱呼的內在臨在。靈體不受一般所說的物理外力所控制，而是存在於另一個次元或面向。

心智也會隨著靈體一起旅行，並意識到它與大腦是分開的。意識並不仰賴於肉身，而是獨立於肉身而存在。然而，當它局域化（localization）時，會傾向於將那種形相及所在部位當成自己。

問：淨化身體或苦行是怎麼回事？

答：除了幻相之外，沒有什麼需要淨化的。欲望是為了某些體驗及感覺，而透過身體去獲得。但問題並不在於身體，而是在於心智，是心智想要預測和控制經驗。

問：身體的體驗會隨著高階靈性覺知而改變嗎？

答：在身體體驗的本質上會發生變化。比如說，對身體部位的感覺不再那麼具體，而變得更尋常。靈修過程中，會有一段時間感覺身

體好像消失了，彷彿被遺忘了一樣。還有一些時候，會感覺到似乎有非常強烈的能量流經神經系統，體驗到一種灼熱感，就像神經系統著火了。此外，也會有一段時間體驗到昆達里尼的能量帶著強烈的快感沿著背部脊椎往上攀升到頭部和大腦，然後往下流向心輪部位，並從心輪部位流出。

另外，有可能會喪失對身體的欲望，不再對這具身體感興趣，此時肉身的存活甚至要仰賴他人餵食及協助。有可能會沒有食欲，也失去了對身體的興趣。視力方面的變化，則會讓周遭的一切看起來像處在慢動作的狀態下。此時主要依靠的是周邊視覺，而不是中心視覺。時間停止了，這似乎與失去空間的具體連結有關，身體的動作也會有點不穩。

當自性的了悟發生時，會很難再使用代名詞，也不知如何用可理解的詞語來稱呼這個世界所認為的「我」。在看到人們對著一具身體說話，彷彿把它當成是一個人的身分時，剛開始會覺得非常奇怪。

恐懼和驚訝的反射會消失。此時，更難用線性思維來解讀一般人的話語，導致回應會變得慢吞吞。這種延遲與發生在意識層次的轉譯過程有關，在這個過程中需要將線性處理轉化為本質上的意義。然而，在解讀動物或人類的肢體語言時，這種延遲不會發生。這似乎是因為此時意識會專注在本質和意義上，而不再是形式上的細節。此外，意識還必須從寂靜的自然調和狀態，切換到近距離的聲音細節。

　　發生的事似乎與自性沒有區分。「起因」不是從外在尋得，所謂的「事件」是心智想法的結果。並沒有能夠歸咎於外在世界的起因，意識才是唯一的「因」。

　　周遭的人似乎被不相干、無足輕重的事所操縱，浪費了許多精力。意識的這些層面像是被獨立的個人分別體驗，但實際上，**內在的體驗者基本上就是在每個人之內的那個相同的自性**。身體像是一個夥伴或一隻友善的寵物一直跟隨在你身邊，它看似確實存在，甚至可以不需要麻醉地進行無痛手術。人可以持續擁有身體並對它負責，但不要把它視為自己的身分。

第 16 章
關於業力、大師及聖賢

問：可以解釋一下你對業力的理解嗎？

答：每一個念頭或行動都會發出一種振動頻率或軌跡，這是一種與個人能量體有關的高頻能量模式。這個能量模式會與意識海相互作用，而後者有無限種來自其他能量體的能量模式。在這個由複雜能量模式所組成的綜合意識海中，人們的選擇會影響人生的決策與方向。其中持久不變的能量模式會被強化，變得更占主導地位。隨後可能發生的互動類似於一個分子的結構形式，並由此決定了它可以與其他哪些分子互動。因此，它可能與某些分子的形式相容，而與其他的不相容。

　　每個人的能量體都攜帶著歷來的模式軌跡，隨著時間持續運作，影響著一個人的決定、行為，以及產生吸引或排斥的感覺。所有「我」的感覺都來自這個能量體，它獨立存在於肉身之外，任何有過靈魂出體經驗的人都會記得這一點。這個「業力體」，是由一個人種種立場的總體軌跡所組成的。

　　意識場是無邊無際的海洋，有各種不同等級的能量場相互作用，而這些等級都是可以測定的。因此，一個靈魂能量體的命運就類似於太空中的漂浮物體，或是海面上的軟木塞，其天生的漂

浮性會決定它將停留及漂浮在哪個意識等級。

　　存在的非物質領域是由意識海中各種不同等級的能量體組成的，這些能量體會傾向在各領域中安頓下來。每個領域都聚集了一種吸引子場。當一個背負著過往振頻與模式的能量體或靈魂離開肉身之後，會被吸引到一個與其相容的場域或領域中。這些條件構成了靈魂離體後可能經歷的生命形式或選擇機會，它可以在不同層次間選擇，比如地獄、煉獄、中陰界或天堂。顯然對某些靈魂來說，他們還有再世為人的機會、選項或命運。如果我們用肌肉測試來詢問「這是不是關於靈性實相一個相當正確的描述」，得到的答案為「是」。

　　針對這個主題，每個人肯定會有自己的看法，而輪迴轉世的問題是最常引起爭議的一個領域。然而，所有宗教都同意這個觀點：能量體在肉身死亡後會前往它該去的地方，至於去處則視生前行為來決定。因此，這樣的命運主要取決於精神層次的決定和行動，其中非常重要的部分就是意圖、責任及意願。

　　從靈性角度來說，「肉身層次的輪迴是否真的發生」，其實是非常學術性的問題。然而，不管是否有肉身，能量體所遵循的法則與命運始終都是一樣的。當然，一個人的命運不是變好就是變糟，這取決於靈性意志的選擇。研究意識的靈性本質後，可以看出是否選擇另一具人類身體開始一段生命，這似乎與靈魂既有的能量模式有關。更重要的是，我們對於決定因素的詮釋與了解，這些因素決定了靈魂／能量體的命運，以及靈魂在肉身死亡

後將會何去何從。

　　從上述分析與靈性研究來看，一個人最終的命運似乎是靈體氣場內，一種自動的、非個人的能量模式結果。換句話說，在肉身死後，一個人的命運僅僅是自己選擇的必然結果，而不是由某個外在的人物、能量或力量所武斷施加的獎賞或懲罰。在無限的自性大海中，自我純粹是因為自身的本質而走向其命運。這是全能之神的絕對正義，保證了絕對的公平及公正。因此，所謂的審判只是一種語義上的發明（如同因果關係或向光性），用來作為一種看似合理的「解釋」，但這種解釋是源自人類心智的擬人化假設。

　　由於一個人的靈性歸宿是由自己的選擇與作為來確認及決定的，因此每個人都是在絕對公平之下決定自身的命運。由此來看，神的正義確實是完美的自我實現，所以人類需要為自己的命運負責，並停止責怪一直遭受大肆誹謗的神。事實上，神的愛就像太陽一樣，平等地照耀萬物。一旦了解這一點，靈性世界就變得合理了，不需要用迷信、擬人化的虛構物及幻想來解釋它。

　　到目前為止，我們所說的大部分內容，與多數人類所累積的靈性訊息和經驗是一致的。從靈性角度來看，如果發生的每件事都是自由意志的結果，並沒有「外力」導致任何不一致的情況，那麼肉身層次的輪迴問題就澄清了。如果它發生了，必定是出於靈性意志的選擇及同意，然後經由「業力」來促成決定。

　　一個人對肉身與俗世的認同越強，輪迴轉世對他的吸引力就

越強。顯然輪迴的吸引力是為了消除或撫慰過去的靈性偏差。有許多靈魂認為，唯一合乎正義的補償，就是承受他們前世對他人施加的同樣命運。我們確實看到數以百萬的靈魂選擇了這種災難性的結局，甚至選擇的死亡方式經常是特殊且明確的，足以讓人直覺地認定，其中必定涉及強烈的業力因素。自殺事件經常也採取某種特定的形式和風格，帶有非常特定的意義。

我們可以假設，如果靈魂的各世生命可以生活在物質界之內或之外（亦即物質層次或能量層次），那麼一個近乎無限的連續生命顯然是非常有可能的。這個構想，與古代聖哲、佛陀、《吠陀經》、克里希那、印度教及其他古老宗教的教義一致。

在非常高階的意識等級中，開悟的聖賢能夠記得的前世，通常被形容「為數眾多」。有過出體經驗的人，也記得他們的能量身曾經待過的前世；年幼的孩子也容易記得前世。研究顯示，這種情況並不罕見。有人曾經問過某個聖哲他的前世有多真實，他的回答是：「前世與今生一樣真實──不多也不少。」

對於前世今生的興趣，不僅僅是小我的自利及虛妄所致。更重要的是，一旦理解了「神的正義如何運作」，便能澄清我們對小我本質的誤解，同時也闡明了基督教的教導：「種什麼因，得什麼果」；「人手所做的，必為自己的報應」、「自己有過，勿道他人之短」；「凡動刀的，必死在刀下」；「沒有一根頭髮不被計算到」；「每一隻落下的麻雀都為神所知」。

關於耶穌對輪迴轉世的評論非常簡短，出現在《馬太福音》

第 11 章 7 ～ 14 節，以及第 17 章 10 ～ 13 節：「以利亞回來了，成為施洗約翰。」

基督教之所以聚焦在選擇德行而非罪，或是選擇善而非惡，正是因為靈魂命運的重要性優先於輪迴的主題。

問：那麼，業力（靈性命運）是由個人的選擇和責任來決定的嗎？

答：最有力的決定因素，是靈性意志的意圖及決定。一個人看待事物的方式、想法或行為會形成一種能量模式，這在能量等級上可以測定為心靈力或外力。這也是稱為「業瑜伽」這種靈修法門的理論基礎。業瑜伽的意思是，所有的行為都能夠因為奉獻於神而被聖化。

即便是最簡單的一個動作，比如削馬鈴薯皮，也可能帶著不滿、怨恨，或是因為付出而感到喜悅（知曉生命是相互扶持的）。基於對生命這份大禮的感激，一個人將自己的生命奉獻給神，並透過無私服務神所創造的所有生命來回報。有了這種奉獻精神，就能肯定所有生命的神聖性並予以尊重。當我們停下來用一根小樹枝幫助一隻無助的甲蟲翻身，讓牠能夠重新回到原來的生活時，整個宇宙都會知曉這件事並給予回應。

承認並支持所有生命的價值，這樣的態度會反過來支持自己，因為人也是生命的一部分。**「靈魂」一詞通常指的是體驗生命的能力。**由此可知自性存在於所有生命的覺知中，閃耀著光芒。就像人類享受人生一樣，鹿和所有動物也一樣在享受牠們的

一生，牠們從自身的存在與生命體驗中獲得喜悅。

　　水獺是一種有領土意識的動物，在一部拍攝祕魯野生大水獺生活的紀錄片中，有一隻雄性水獺獨占著一整片湖。在牠獨自生活了幾個月後，製片人的耐心終於得到了回報，因為湖中來了另一隻水獺。影片拍到了兩隻孤獨的水獺相遇的情形，牠們的喜悅擋都擋不住，發自內心的欣喜讓牠們情不自禁地翻觔斗及一起跳舞，單純的快樂明顯到連最無知的人都看得出來。動物是否有線性邏輯思維或語言能力真的無關緊要，重要的是，在對生命的實際主觀體驗上，動物所感受到的快樂與人類的經驗是同樣的。

問：運用意識作為研究方法時，是否任何人都可以取得所有訊息？

答：是的。一個人的內在生命實際上是一份公共檔案，任何人都可以隨時隨地取得。因此，不可能有祕密，一切都會揭露出來。當前已是科技軟體時代，此一事實並不會太令人驚訝，因為個別網路用戶可以從世界上任何一部電腦取得並下載存在的檔案。網路上的所有訊息都是公有領域；同樣的，大部分公共及私人網路也持續受到監視，即使是公共的大街小巷也裝有監視器。這種對人類活動的監視和記錄，都是透過衛星持續進行的。

　　指紋不只是留下獨特且可辨識的模式，也留下一個可以追蹤的 DNA 模式。電腦可以追蹤及分析每筆購買和交易；信用機構記錄所有金融模式的細節。如此看來，隱私權真的已經成了過去時代的幻相了。一個誠實的人會對這一切做法放心，因為這樣一

來，誠實與天真都會被記錄存檔。然而，一個不誠實或有罪的人面對這個事實時，就可能會以恐懼來回應。

可以肯定的是，不管是這一世或下一世，所有一切都會揭露出來，責任是肯定要承擔的。否則，宇宙在創造之初就是不公平的，而這是不可能的，因為它不符合神性本質的表達。

問：有些靈性傳統認為靈性導師是必要的，是這樣嗎？

答：每個人早就有了自己的靈性導師——自性。神的臨在始終都在。所謂法雨均霑，每個人都能透過聖靈去接觸神性意識的那一面。由於小我會蒙蔽對內在自性的覺知，因此透過接觸靈性導師、神性化身或靈性教誨，確實有助於一個人重新與真理連結。

靈修聖賢（靈性更進化、更接近自性的人）若能夠講述、教導、提供幫助和引導，僅僅是聆聽這樣的靈修經驗，就能讓許多人獲得啟發。所有的靈性成長都是經過個人自由意志的同意，所以真正的靈性導師不會將自己的意志強加在他人身上，而是把自己的理解傳播出去。開悟的導師不會為他所提供的訊息收取任何費用，因為他所獲得的訊息是一份禮物，所以也將這一份禮物送出去。這些教導都是高階的真理等級，因此能促進靈性成長。僅僅是聆聽偉大的教導，本身就是一種功德；若能付諸實踐，獲益更大。

佛經云：「人身難得今已得，佛法難聞今已聞，此身不向今生度，更待何生度此身？」在宇宙中，能生而為人已是難得，有

幸得以聽聞佛法者更是不多；聽聞佛法而能受教者更是稀少，而能夠付諸實踐者更是少之又少；至於能夠明白教導真義的，就更加難得了。由此可知，能夠聽聞「開悟」這件事就已經是最稀有的禮物了。凡是聽聞過開悟的人，從此不會滿足於其他事情。

　　訊息本身就是導師，但有個先決條件才能啟動：需要靈性意志的同意。已達靈性成熟階段的導師深知一點，虔誠的信徒雖然充滿了熱情，卻天真無知。天真的信徒很容易受到假導師或包裝得很吸引人的教導所欺騙，因此引導是靈性導師的另一個價值，讓學生遠離靈修誘惑及個人魅力的陷阱。靈性導師的功能只是啟發、指導，並透過個人的見證來確認教導的真理，以鼓勵仍在路上奮鬥的學生。

　　靈性導師能夠提供的另一項重要服務，就是解釋與澄清觀念。許多古老的教導是正確而有效的，但只是「梗概」，並不充分，這導致了錯誤的解讀。因此，人們需要的靈性導師不只要能講述真理，照亮路途使學生跟隨，還要能講解真理。真正的導師已經由開悟而達到圓滿，不需要學生來滿足自己，也不需要透過許多追隨者來獲得任何好處。真正的導師沒有控制他人的欲望，也不需要任何形式的權力或象徵。所有的浮華、財富及裝飾品都是無意義的，聖賢不會受到世間這些小玩意兒或任何虛幻的短暫之物所吸引。

　　對靈性導師來說，身體的意義僅僅在於，它是日常世界中與他人溝通的工具。因此，身體只是一個交流媒介。靈性導師始終

代表著不可見的自性，並沒有所謂的「人」在場，所以自性沒有擬人化的特徵。靈性導師的其他角色，就是成為一種社會學習的集結，促進真理與普通世界的互動及傳達。靈性導師對世界本身及其價值觀既不感興趣，也不會厭棄。

成熟的靈性導師已經超越最初極樂狀態的失能階段，活在一種無限平安的境界。這是一種非情緒的喜樂狀態，包括全知及一種對絕對圓滿的篤定。靈性導師的工作，就是將不可言說的東西轉化為可理解的內容，將無形轉譯為有形，並且試圖預見可能出現的誤解。雖然靈性導師本身不再以世間語言來「思考」，但是他知道如何將完全主觀的經驗轉譯為有意義的術語，這是他的天賦，實際上也是聖靈的任務。

此外，聖賢還以另一種非語言的方式來服務其追隨者，因為他開悟後的意識會將振動頻率傳遞到人類意識與覺知的思想場域，這是聖賢覺知的影響及結果。教導覺知是一種選擇，同時這也是個人意志同意後的結果。

問：你強調一定要測定導師或教導的真理等級，難道選擇靈性導師不能只憑信心或名望嗎？

答：絕對不能。人類的心智是非常天真、容易受騙的。它很容易被打動，也容易被說服及操縱。請記住，這個星球上絕大多數人的意識等級都遠低於 400（400 是理性及智能的等級），因此很容易受到感性、荒謬的情緒及口號煽動而感情用事。所以才會發生陪

審團給無辜者定罪，或選民通過荒謬且公然違憲的法規等事情。這種嚴重的錯誤在一般事務上早就屢見不鮮，但何況在靈性方面，心智更加不可靠，完全缺乏經驗證據可以遵循，通常只是盲目地遵從社會、種族或家庭的先例。也因此，多數人的靈修和宗教信仰，都是跟著出生地點及文化認同而隨機決定的。小我將這些信念體系視為「我的信念」，並進一步地挺身維護它們。這些信念的真實性並不是心智能夠確認的，甚至因為它們容易招致攻擊，而往往被過度捍衛，甚至達到一種狂熱的程度。

真理需要被體驗而不是被捍衛，它就只是一個事實而已。因此，「信徒」在表達自己的觀點時通常最大聲、最激進，真正追求真理的人要特別注意，不要受到信徒、激進傳教者及所有宗教狂熱者的各種說服及影響。

以信心和真實經驗為基礎的知曉是祥和的。它是邀請而不是說服，它之所以吸引人是因為內在的價值以及真理本身的力量。真理不靠說服、辯駁等外力來傳播；它會解釋，但不會試圖說服。

由於心智的天真及容易犯錯的弱點，再加上一個「非真理」的主流社會，因此若能有一種可驗證的方法（不只能斷定真偽，還能測定真理等級）確實是一項驚人的突破，對求道者而言更是一大福音。我們現在所處的歷史時點，可以與發明羅盤或望遠鏡的時期相提並論。

針對靈性教導的評估，基本上只需要測定兩個部分，一是靈性導師，二是教導本身的真理。這兩種測定值都提供了極具價值

的指引，這是過去的靈性導師或學生無法取得的。

　　在過去，即使是最優秀的開悟者也不知道自己體驗或教導的真理，在意識上達到了哪個等級。他們每一位都是高階覺知的探索者及發現者，他們的傳記和教導所描述的實相境界，對一般人來說是很少聽聞的陌生領域。要達到這樣的高覺知層次，還需要過人的勇氣和信念，如此才能在沒有高度計或地圖的情況下探索最上層的意識。每位探索者都有一位內在與外在的智者，但是沒有「全方位探測器」，比如意識地圖或肌肉測試，作為確認參考。

　　世界上有一些靈性導師，他們的知識來自於個人真正的「靈性體驗」，但也有一些「傳授這類知識的老師」，其訊息是透過學術研究或智識所獲得。宗教的傳教士根本不需要親自開悟，只需要在一些神學院中接受靈性真理的教育。此外，還有一些靈性「了悟」者，先前並沒有在神學或宗教學領域受過正式教育，而是把現行的教導當作一種訊息、方向或參考要點，提供給感興趣的學生。

　　世界上所有被視為「上師」的靈性導師中，大約只有五五％是名副其實的。也就是說，在實際修行中，想要在眾多老師中找到一位真正的靈性導師，機率是五○％。

第 **17** 章

對話

問：什麼是提升個人意識最好的方式？

答：透過興趣、意願和學習，就能逐漸熟悉靈性主題和教導。由於教
導本身的真理等級位於高階層次，因此具有超越普通意識的力
量。這些教導一旦被納入個人的思想及反思中，便會自動促進意
識的成長。

佛陀說過，一個人只要聽聞開悟並接受教導，結果就已確
定，因為除了開悟一途，其他事物再也滿足不了他。佛陀還說，
這個過程可能會持續很多世，但最終，開悟是這個人的必然結
局。因此，這也意味著，任何對本書這類資料感興趣的人，都可
能注定走向開悟；否則，他們為何會在這裡？又為何會對這個主
題感興趣？

問：能否談談冥想？

答：這是一個很大的主題，但也很簡單。最簡單的練習是最好的，尤
其是整天任何時間都可以做。在正式的冥想中，可以安靜地坐下
來，閉上眼睛，覺察自己的呼吸。在閉眼狀態下，我們可以觀看
眼瞼內出現的畫面，單純地觀看心智的活動，不介入也不評判。

　　接著，把注意力轉向那個正在觀察這個過程的本體。認出這個觀察者，然後與見證者合而為一，了解到這些活動都是意識的特質。不論是目睹、體驗及觀看，可以看出這些活動都是自行發生的。這些過程都是意識所擁有的非個人特質，而且是自動發生，實際上並沒有一個實體「正在」觀看、目睹或觀察。要注意的一個重點是：這種非個人特質並不受觀察內容的影響。這個真實的、超然的「我」，甚至可以目睹睡眠狀態。

問：什麼是悟（satori）？

答：這是一種靈性覺知的進階狀態，最常發生在冥想過程中，而且持續時間也不一定。「悟」可能會出現、消失、改變意識等級、常駐不變或成為一種永久的覺知狀態。由於它是一種啟示，因此無法操控。即便這種狀態消失了，但曾經看到的、領悟到的及理解的，仍然都會與我們同在。

　　比如說，一個人可能突然之間就超越對立，領悟到所有體驗的出處都出自內在的立場。這種領悟可能會發展為一種沒有內外在之分的覺知，因為內外都是同一實體。除了主體之外，沒有其他可能性。

問：追求靈修成就會不會壯大靈性小我？

答：會，如果一直停留在追求成就的企圖心就會。然而，透過臣服與謙遜，追求成就的企圖心會被愛、靈感及奉獻的動機所取代。

　　「靈性傲慢」一詞通常暗示著這是一種幻覺產物，認為有一個正在靈修的「個人自我」存在。所幸，這種傾向會被謙遜、感恩所抵銷。靈修的出發點僅僅是受到靈性啟發，這是一種源於自性的支持能量。此外，靈修的意願會吸引來較高的能量場，那是一種如沐恩典的體驗。

問：如何在日常生活中持續冥想？

答： 只需要經常反問自己：是「什麼」在做事、說話、感覺、思考或觀察？這是一種非語言式的注意力集中。靈性導師拉瑪那‧馬哈希稱這個過程為「參究真我」，這是他建議的方法，適用於所有活動及任何時刻。持續的冥想可以比作一種瑜伽手印（mudra），或某種姿勢和態度。在此狀態下，每個行動都因臣服而被聖化，成為一種服務或禮拜的行為。當一個人對萬事萬物的態度都成為一種奉獻時，神性就會自行顯現。

問：我們如何停止評判他人？

答： 慈悲心會讓人生起理解而不是譴責的欲望。有了理解，就可以看出，實際上人在某個時刻可能會身不由己。一般情況下，人並不知道自己是被社會及特定能量場中的思想程式所驅使，並掌控著他們的意識。普通人的心智會在不知不覺中被洗腦，受到某個意識場的吸引而被操控。

　　「目的與手段」就是一個典型的例子，任何一位靈性較高的

人都知道「不能為達目的，而不擇手段」，但是在我們的社會中，這種觀念卻被顛倒了過來，變成了「為達目的，可以不擇手段」，並成為一種行事準則（「為達目的，不擇手段」的論點，在肌肉測試中會讓肌力變弱）。

問：禪宗的「無心」是什麼意思？

答：有些源自東方的靈性教導會使用「心念」（mind）一詞來代表普通的心智（即小我）；或相反的，使用「聖念」（Mind）一詞，用於代表「無心」或自性。有些教導甚至把這些術語弄得更錯綜複雜，用心智來代表宇宙之心（Universal Mind），也就是自性、一或萬有。「無心」的教義僅僅表明永恆的真理就是自我覺知，超越普通的心智而存在於靜默之中。自性的覺知（即聖念），會因為個人心智塞滿了各種念頭而受到遮蔽。

問：為什麼佛陀沒有談到神？

答：不同宗教，對神的定義和描述也不一樣，因此有關神的種種概念，反而矛盾地阻礙了人們去覺知神的實相，結果求道者變成是在追求一個先入為主的概念，而不是放下概念，好讓實相自行呈現。

問：「無心」是什麼樣的狀態？

答：一開始，進入到一個全新的領域會令人感到相當震撼。先前餘下的自我，會被巨大的啟示及輝煌的場景所震懾。萬物充滿著蓬勃

朝氣，相連一體，極度神聖且令人驚豔。然而，還有一種無限的寂靜和平安，那是一種終於回到自己真正家園的深刻感覺。此時恐懼是不可能存在的。一個人的真正本質超越了所有形式、時間和空間。這些真相都是不證自明的。所有的念頭、想法及心智活動都停止了，寧靜無所不在、遍透一切。

此時一個人所領悟到的自性是無處不在的，而不是局域性的。所有人類的活動及心態都停止了，對任何事物也沒有了渴望。一切都是知曉的、平等存在的，所以沒有什麼需要認識或需要知道。所有問題都已獲得解答，所以沒有什麼需要問的。沒有什麼需要思考，也沒有思考的目的。所有的感覺都消失了，取而代之的是純粹的平安。

剛開始經歷這個狀態時，會有一種短暫死亡的痛苦（殘餘小我的死亡），那是個別的「我」感受到自己的消亡。此時個人的意志消融於神的全知中，意志也停止了。萬物一同前進、行動及展現自己，而且同等重要，無一物比另一物更偉大或更渺小。沒有起因、沒有改變、沒有事件，也沒有任何事「正在發生」。一切都是自己本來的樣子，這是創造本身持續進化的結果。

我們見證了潛在的可能性化為現實。宇宙最核心的本體，以一種美妙的景象展現出來。它將自己呈現為愛與信任的禮物，就好像歡迎一個人回家一樣。

問：在這樣的狀態下，人如何能正常生活？

答：剛開始確實無法做到。在身體恢復活動後，會有一種失去平衡地走在陸地上的感覺。這種失衡問題，在於不確定身體各部位的位置。由於此時不再把身體認同為自己，也抓不到空間的位置感，因為自性是無形的、非局域性的。當有人對著身體說話，把身體當成「你」時，你甚至還要重新適應。說話時，聲音會自行運作來回答問題，心智或心理狀態也不再需要集中注意力來執行世間事務，同時也失去了方向感。身體與行動、言語與活動都是自行發生的，沒有任何內在的方向或意圖。所有的自發性，都是對「臨在」旨意的回應。萬事萬物都是自發性的，是作為其本質和普遍條件的一種表達。身體是宇宙的一種官能，適合在這個世界運作。

所有日常活動都會停止一段很長的時間，連說話都不需要，對他人的話語還必須經過轉譯才能理解。言語是線性思維，需要經由作為聖靈臨在的自性／神性的轉譯，因此無法即時理解人們在說什麼。在世人看來，這樣的一個人就像是有「聽力障礙」或「心不在焉」。轉譯的過程會採用形式上的細節，並將它轉化成可理解的本質。普通的思維不再是一種自然狀態或是一種自發性的活動，甚至需要靠意志來驅動。這個世界被瑣碎的細節和無關的東西所占據，所見所聞都不是事物的本質。把注意力放在有形有相的世界非常耗神，令人十分疲倦，因此才需要花時間與精力才能把焦點從本質轉移到形相上。

問：這麼多年下來，現在是什麼在引導你的日常生活？

答：生活本身自有安排，其運作軌跡位於意識場內。最初，我需要離開以前的生活方式，搬到一個簡單安靜的地方，過了大約十年猶如隱居避世的生活。回到世俗環境，啟動智能與心智活動，需要花費時間和精力，至今亦然。

　　當時我花了好幾個月的時間重新訓練心智閱讀，並保持這個能力。至於被稱為普通心智的能力只有在需要時才會運作，因為那不是一種自然狀態。自然狀態是靜默的、安止的。即使心智經過重啟，也是在寂然與靜默的狀態下進行，這一點是無法被取代的。以比喻來說，就是森林的寧靜實際上並不受噪音的干擾，噪音對森林沒有任何影響。或者就像一艘穿越海洋的船，也不會對海洋造成任何影響。

問：覺醒後好像還是有某種性格存在著？

答：那是出於愛的性格表現，連結著自性與這個世界的人，有提振、交流及療癒的功能，還經常以幽默的方式與世界互動，並用歡笑及幽默來轉化人們扭曲的觀點，其目的就是透過重建情境來自我療癒。那些正在受苦的世人，可以透過內在自性的互動來獲得療癒。同樣的愛（等同自性）也會想要透過寫作、演講或傳達可能有幫助的訊息，來接觸每個人內在的自性。

問：**是誰在演講或寫作？**

答：身體與性格像是多餘但必要的工具。溝通能力其實是聖靈的功能，它是轉譯者，在一與萬有的自性之間透過意識與許多人交流。若沒有聖靈的介入，身體會因徹底被忽視而衰敗。自性不會受制於業力，但身體會像一個上了業力發條的玩具般自行運作。

問：**有兩種不同的意識狀態嗎？**

答：沒有，只有無限的自性才是真實存在的，它無所不在的實相超越了所有的表象。它透過聖靈的介入轉譯，經由身體來溝通，而身體是自性的僕人。身體的任何作為都不是出自它自己的興趣，甚至連自身的存活也不是。雖然在絕對意義上，這個感知的世界不是真實的，但人們都認為它是真實的。因此，意識成為一種提醒人們的方法，讓他們知道：自性與實相始終都在，而且超越了所有的痛苦與悲傷。

問：**是什麼在負責身體的運作？**

答：是意識啟動了身體、行為及回應，而且是自發性的，不具任何意圖。自性不需要言語、陪伴或活動，就能在所有事物中體驗到喜悅，並喜歡在愛的各種表達形式中感受到自身的存在。由於所有存在都是有意識的，因此愛能夠在自然界中被識別並認可，而大自然中的萬物也會同樣以愛回應。實相的本質閃耀著光芒，自性無條件地愛著天地眾生。所有的愛都有利於一切生命及人類。事

實上，連愛自己的寵物狗都能讓全人類受益，並被宇宙看見。

問：凡是非「靈性」的努力，都只是在浪費時間？

答：行動是否跟靈性有關，看的不是行動本身，而是該行動的背景。
背景是由意圖所構成，不過動機才是區別所在。一個人可以出於
對家庭、公司、國家或全人類的愛而去賺錢，也可以出於恐懼、
貪心或自私而賺錢。如果我們視自己的工作是對社會的貢獻，那
麼工作就成了一份禮物，即便是一個非常簡單的工作。出於對家
人的愛而下廚做飯，或是為了那些需要食物的人去削馬鈴薯皮，
對自性和世界來說都是可以提升靈性的作為。

　　將自己的生命及努力當作禮物，就是用愛、奉獻及無私的服
務來聖化它們。這是心靈通往神的道路。如此一來，家庭生活就
成了一種禮拜形式，也是所有人快樂的源泉。當我們想要提升他
人時，自己也會在這個過程中被提升。因此，付出是一種自我獎
勵，因為實際上並不存在一個接受及被給予的「他人」。所以
說，每一個善念、每一個微笑都是靈性的，而且對自己及全世界
都有好處。

問：什麼是愛？它往往看似遙不可及。

答：愛被誤解為一種情感；事實上，**它是一種覺知狀態、一種處世態**
度，也是一種看待自己與他人的方式。一個人對神、對大自然的
愛，甚至是對寵物的愛，都能打開靈性啟發之門。此時，想讓他

人快樂的渴望會勝過自私的想法。我們付出的愛越多，付出的能力就越強。以下是一個很好的入門練習：每一天，都在心裡祝福他人。愛會發展成大愛，變得越來越強烈，變得越來越沒有選擇性，也越來越快樂。終有一天，一個人會「愛上」他遇到的一切人事物。然而，這種強烈的愛卻必須壓抑，因為很奇怪的，愛會讓許多人感到害怕。很多人無法直視他人的眼睛超過一秒鐘，尤其是當看著他們的人散發出愛的光芒時。有些人在接觸到愛時，甚至會感到驚慌。

　　有一些靈性論述表示，開悟實際上是沒有階段性的，就好像這是一種「全有或全無」的狀態。這是某些靈性導師在特定時間為特定目的，針對特定群眾所傳達的一種未經檢驗的觀點或部分論述。若要完整地了解任何陳述，我們需要知道它是在什麼背景下提出來的。

　　研究顯示，聖賢是一種描述用語，通常適用於意識等級已達到 500 的人。在這個等級中，內在的喜悅經驗讓許多人成為靈性啟蒙老師、治療師、偉大的藝術家，甚至偉大的建築師，他們創造了宏偉的教堂、啟迪人心的美妙音樂，以及各種各樣不同形式的美。

　　開悟的恰當描述是，非二元性取代了二元性，這是 600 或以上的意識等級。我們可以說，任何意識等級 600 或以上的人都代表已經開悟。

　　在等級 600 以上，極樂的能量進入，世俗活動也停止了，有

時是永遠的停止。如果一個人注定要在世間停留，那麼這種狀態便稱之為「成熟」，因此會有一段緩慢恢復運作能力的過程。有些開悟的「人」會隱退去靈修和冥想，然後進化到等級 700 或以上。在這個等級，通常對世界的描述不再是一個自行存在的現實。既沒有個別存在的人，也沒有一個需要拯救的世界。所有一切都依照神的旨意在進化。世界臣服於神，而命運會自我實現，沒有必要干預。所有生命都是意識的進化及創造的開展。從等級 700 的人所散發出來的氣場，會自然形成一種吸引力及影響。人們喜歡靠近它，因為這個氣場會使他們感到平安。在這個能量場中，所謂的問題會自行解決，寧靜取代了恐懼和焦慮。凡是進入這個能量場的人，都會加速其靈性的提升與進展。能量場若是在等級 600 以上（含 600），尤其是 700，能夠轉化一個人的立場，進而消除想像中的衝突。

等到達 700 的意識等級時，通常會從塵世隱退，並有一種自發性教導的傾向。許多在這個等級的人會吸引靈修及求道者跟隨，建立自己的道場、瑜伽中心、修道院及靈修團體，根據不同的文化，而被稱之為大師、上師、聖賢或其他不同的靈修頭銜。

問：那麼，意識等級 800 呢？

答：這樣的人更鮮為人知。意識等級 700 的靈性導師，教導的對象主要是個人或群體，而等級 800 及 900 者不一樣，他們所關心的是全人類的救贖。在《心靈能量》一書中，只有極少數的資料被測

定為 800 或 900，但書中有幾個章節的測定值為 840 到 850。到
了等級 800 及 900 的高覺知者，他們關注的是全人類的覺醒和靈
性啟迪，也包括提升人類的意識等級。到達這個等級的人，有足
夠的能力可以理解及描述意識的本質，並以一種有助於人們理解
的方式去傳播訊息。

　　在意識等級 700，一個典型的描述是：「沒有一個有待拯救
的世界，這是一種幻覺。」對許多人來說，這是無法理解的，也
不是一個實用的訊息。然而，達到意識等級 800 的人，會開始關
注如何透過更有效的溝通來傳遞訊息及解說。意識等級 800 及
900 的人在日常言語中，所關注的是靈性實相、本體、了解及澄
清觀念。除非是作為必要的溝通方式，否則言語的形式和細節都
是無關緊要的。

問：意識地圖是不是很重要？

答：這些資料非常有用，相當有價值。每個意識等級不只代表著一個
　　級別的心靈力，也代表這個等級所具有的內涵。這項研究將訊息
　　放在新的脈絡下，創建了一份有效的地圖，使人們能夠有意義地
　　接近與理解，特別是關於靈性方面的訊息。

　　　了解這點會有幫助：真理其實是一個理解和理解能力的連續
　　體。社會及哲學中的許多困惑，都是因為不了解界定背景對於這
　　些意識等級的重要性。每個意識等級都有一種不同的現實背景，
　　比如在某個意識等級中，值得人們為之犧牲生命的事，在另一個

意識等級中卻被視為荒謬或無稽之談。這些不同的意識等級定義了不同的立場，例如在某個意識等級中，對與錯是人們的主要考量，也是戰爭與毀滅的依據；但是從另一個意識等級來看，所有這類的討論都被認為是武斷的、天真的，是文化制約或道德主義煽動的一部分。顯然，「對」與「錯」的立場，就是數百年來發生種族滅絕及大屠殺的關鍵原因。

問：幾個世紀以來的屠殺所為何來？

答：我們可以測定人類歷史中任何面向的意識等級，看出導致衝突、失敗或成功的真正原因是什麼。所有的社會問題都源自於無知，未預見的後果往往比預期的改善更糟糕。一個社會如果沒有意識到毒品問題的根源在哪裡，就無法解決毒品的問題。科學在解決制式問題上有更多的成功經驗，但是在解決社會問題上則阻礙重重。若要解決社會問題，需要對意識的本質有更進一步的了解。

　　群眾很容易被宗教或政治口號所操縱。大規模濫殺無辜的現象為何會一再地遭到漠視，就是因為它被視為革命成功的「必要之舉」。

問：那麼，解決社會問題的答案是什麼？

答：除了提高覺知以外，確實沒有其他解決之道。有些問題無法在它所在的意識等級獲得解決，唯有提升到下一個等級才行。然而，解決之道也有它自身的限制及有待解決的問題。我們生活在一個

極端的社會，就像鐘擺一樣從一個極端擺盪到另一個極端，因為它陷入了「非此即彼」的二元性中。而當意識日漸成熟，人類會更偏向中庸的做法，但同時也允許光譜兩端的行為。

　　想要控制他人行為的欲望是人類的弱點，可能會付出相當高的代價。人們相信強制及懲罰方式有用，這是一種自以為是的態度，完全沒有邏輯和彈性。

問：所以，我們應該對社會的未來感到悲觀嗎？

答：不是這樣的。雖然過去幾個世紀，人類的意識等級只有 190（負面狀態），但在一九八〇年代末，這個數值突然跨越了 200 的真理界線，來到了目前的 207，進入了「正直」的等級。

問：我們實際上能做些什麼來幫助這個世界呢？

答：把你這一世的生命當成禮物，在任何時候、任何地方及任何情況下，對任何人和你自己都要仁慈、體貼、寬容及富有同情心，以此提升全人類的意識。這是每個人都能夠給予這個世界的禮物。

問：靈性探索的核心本質是什麼？

答：意識會自行進化，只要獲得關鍵的訊息，就能啟動意圖，促進一個人的靈感、謙遜及臣服的態度，並讓這些傾向越來越有效可行。一旦這些傾向成為主導力量後，就會培養出奉獻精神及堅持不懈的毅力。除了意識的這些層面，專家的指導及「意識地圖」

都對提升意識有大幫助，後者提供的指引及實用方法可以用來了解導師及教導的真理等級。

在過去，靈修上的努力其實相當不可靠，求道者容易陷入誤導性的錯誤之中，無法意識到實際發生了什麼及為什麼。有時候，高階的真理中會夾雜者嚴重的靈性錯誤，讓原本可以帶來靈性成長的教導，反而變成了靈性災難。這些錯誤通常超過了求道者可以經歷的現實背景之外，因此無法偵測到。

透過大眾媒體的廣為宣傳，很多人受到了欺騙，數百數千萬的金錢流入了虛有其表的靈性領袖、上師及公開傳教的人物手中，而他們實際上只是能言善道而已。如果關掉電視聲音，單純地觀察就能看出真相。所幸，克里希那在《薄伽梵歌》中說道：「即使一名虔誠的信徒受到誤導而走上歧途，如果他的心對我是虔敬的，我會像幫自己一樣地幫他。」

靈性一旦被利用，對那些遭到誤導的信徒或追隨者來說，影響是非常巨大的，這種幻滅感比受到欺騙或錢財損失更嚴重。有些傷害會使信徒心灰意冷、失去信心，並一路走向嚴重的憂鬱及崩潰，而有些人則變得過度戒慎小心。靈修謬誤及幻滅可能會造成永久性的傷害，因此在當代的教導中，才會經常看到「信者自慎」的警語。

相較於精神上所受到的傷害，錢財損失就顯得微不足道了。上師往往備受尊崇、奉若神明，而那些偽上師所利用的正是求道者這種赤誠的崇拜。那些冒牌上師具有魅力、能言善道，更擅長

交易，這是求道者最意想不到且不會去檢視的部分。靈修上的謬妄往往被掩飾及合理化，以至於幾乎無法察覺，甚至連教授錯誤教義的導師可能都不知情。

　　一個人若能虛懷若谷，放下在靈修選擇上的自大心態，事前便比較能以真實且不帶成見的方式來檢驗這些選擇。為錯誤付出代價的同時，還要考量時間的損失。不少人為了錯誤的靈修及教導花上數年或甚至一輩子的時間，數世紀以來，有成千上萬的人終其一生所追求的教義、文獻、聖書、經典，以及據稱來自神的神聖作品，卻在單一的真理測試下，被檢驗出嚴重的錯誤。現在，只要將這個測試應用在某些據說是神聖古老的傳統經典上，就能看出這些內容不僅不是真理，還明顯是負面的、具破壞性的。然而，在這項檢驗工具被發現之前，這些潛在的錯誤都無法被察覺，因為它被欲望、愛、文化傳統、家庭、國家等因素所層層遮掩。正是這種錯置的忠誠及盲目的信仰，錯誤才會流傳了好幾個世紀，即便它們是人類歷史黑暗時期的始作俑者之一。

問：靈性「知曉」是如何產生的？

答：靈性和心智接受新訊息的路徑截然不同。小我／心智的風格是好奇且具侵略性，想要獲取及掌控訊息，並將訊息分類、鑑定、評估、整理、歸檔、分級、評判，然後憑感覺或抽象意義來加以渲染，試圖將其同化；而所有的新資料也會根據潛在的用處和價值來評估。心智對「獲取」有一種永無止境的飢渴與貪婪，人會強

迫心智集中心神去學習、記憶、累積及掌握大量訊息，並盡可能地做到詳細，包括複雜的統計分析及電腦操作。所有這些無窮無盡的細節若能用圖形來描述，並加上吸引人的包裝，就會被視為再好不過。

只要加以檢視便能看出，上述所有表現都令人印象深刻，當人們觀察到所有複雜的、多方面的處理過程都發生在幾分之一秒時，更是感到驚訝。不只能夠當下立即處理，心智還能同步參考過去每個類似的瞬間，並透過時間記憶檔案來進行對比。換句話說，人可以在心裡面將眼前這匹斑馬，拿來與見聞中的其他每一匹斑馬比較，包括曾經讀過的、聽過的、談過的、在電視上看過的，以及嘲笑過的每一匹斑馬，還能對照進化論的保護色理論等等。心智會傾向自動完成這些複雜的、多因素的操作，這是它的天性使然。

透過選擇，一個人可以選擇可用的選項，按重點進行探索。雖然心智潛在的功能繁多，但它們並非是無限的。總之，心智將真理或開悟視為某種有待取得或實現的新事物，頂多就是一個需要靠努力走到的終點。所有這類努力都是以這樣的假設為前提：心智的功能是一種學習模式，它的運作過程就是用過去的經驗來處理二元領域中的這個新主題，並認為用相同的方式來處理真理或開悟也一樣可行。也就是說，心智認為把用於處理二元問題的更先進方法，直接用來探索非二元領域也是可行的。但情況並非如此，事實上還正好相反。一直以來被視為可靠的、行之有效的

進步方法，如今反成了探索真理的障礙。

　　普通心智的運作方式可以描述為不斷努力去「獲得」，但靈性了悟卻是毫不費力的、被動的、自發性的，並且是接收而非獲取。以比喻來說就是：當聲音停止後，寂靜就會自行顯現。了悟或覺醒無法透過努力或爭取來獲得，一旦涉及到心智活動，就會產生控制的本能，但若想獲得啟示，便不能有絲毫的控制。控制是不存在的，因為無一物需要控制，也沒有任何手段可以用於控制。無形無相的東西是無法被操控的。

　　對於開悟覺知，最貼近的描述就是一種狀態、一種境界、一種領域或一種次元。它是自行揭示且遍及所有一切的，開悟覺知會遮蔽及取代心智活動，因為心智活動不但沒必要，還會成為一種干預和侵擾。啟示是微妙的、強大的、溫柔的、細緻的、包容的，會超越感官，因此所有對於「這個」或「那個」的感知都消失了。同樣明顯的一個真相是，啟示始終都在，只是沒有被經驗或觀察到。對於事物「如是」的洞察力，是出於自性本質中的全然「知曉」，因為自性就是萬有。身分賦予了知曉的絕對權力，無論是觀察者、被觀察的對象或觀察的過程，全都是同一個主體。

　　出於對啟示的敬畏，心智沉靜了下來，由於驚嘆而變得沉默無語。它的靜默猶如一種深刻的解脫與平安。曾經珍視的東西，如今被視為讓人分心的麻煩及干擾。人及他們的思想、言語就像連結著各種能量場的聲盒一樣，而嘴巴和心智就像鸚鵡學舌，只會機械式地模仿著某個意識等級的主流思維模式。當這種情況發

生時，個別心智會聲稱自己是這個想法的創作者，並在那個想法前面冠上「我的」，所以說話內容反映的是說話者的自我概念。事實上，有一個愛的能量場包圍著每個人，這個能量場不可見卻無所不包。高我或靈性就是住在這裡，透過高我或靈性，人們在不同程度的意識狀態下接觸到覺知，或不幸地被完全阻絕於覺知之外。如果有人非常不認同自性，他可能會害怕或甚至抗拒愛，因為在他看來，愛是外來的、有威脅性的，需要被驅離的。對這樣的人來說，所有愛的提示或是關於神的一切，都必須從公眾覺知或知曉中刪除。這就是極權主義或軍事獨裁會成功的內在原因，在他們的觀念中，只有對獨裁者的「愛」才是被允許的。在我們的社會中，仍然有一些當權者將所有關於神的說法都視為「政治不正確」。

　　真正的靈修，不需要也不期望有實際的犧牲。犧牲在一般術語中意味著損失，甚至是令人痛苦的「失去」。實際上，真正的犧牲意味著為了更大的利益，而選擇放棄較小的利益，因此犧牲是自我獎賞而非自我耗盡。若是痛苦的、不情願的「放棄」，那不是真正的犧牲，而是企圖獲得宗教上的好處。在神那裡，既沒有買也沒有賣，更沒有取得、犧牲、收穫或損失這種事。

　　在神的國度中，沒有需要用宣傳或遊行來宣告的權利。這個世界的是非對錯、政治權力都是小我的發明，好用來在人生這盤棋中當討價還價的籌碼，為的都是取得優勢及利益。但在非二元實相中，既沒有特權，也沒有得失，更沒有等級之分。每個靈魂

就像海上的軟木塞一樣，在自己所在的意識海中上升或下降，這是出自自己的選擇，而不是任何外在力量的強迫或支持所致。茫茫人海中，有人會被光明所吸引，而有人一心尋求黑暗，這一切都出自神所賦予的自由與平等而自然發生的。

在一個完全整合為一體的宇宙中，無論是在哪個意識等級，都不可能有意料之外的突發事件。真正的偶發事件，只可能在宇宙之外發生，但只需要簡單的觀察就知道，這是不可能的。事實上，混沌只是一種認知上的概念，是不可能的事。總體來說，神的天心是終極的吸引子模式，主宰著一切萬有，甚至深入到最細微的部分。

問：佛陀說無知是世上唯一的罪，耶穌基督也說要寬恕無知的人（因為他們不知道自己在做什麼），所以小我唯一的問題是否就是無知？

答：在這些引言的語境中，無知似乎意味著缺乏靈性進化或覺知。人們缺乏洞察力，無法看到自己的選擇會帶來怎樣的後果，也看不清善惡與正負的區別。普通人的意識無法辨別真偽，這就是夏娃的問題。

問：可否談談你對小我核心的了解？

答：驕傲是無知的基礎，也是小我最主要的特徵，並以虛妄的想法、心態、觀念與意見等形式表現出來。驕傲的解藥是真正的謙遜，它能解除認知的掌控。換言之，我們不是假設自己已經知道，而

是請求真理被揭示出來，因為心智根本沒有能力真正知道任何事！它只能假裝自己「知道」。受到本身結構的限制，心智無法理解非二元性的事物；也就是說，心智因為形式被排除在實相之外。進入實相的領域，就像穿過一張細密的網子，只有清水能夠流過，所有的魚兒、蟲子、殘渣等都被留在外面。只有無內容的純粹意識才能穿過認知的屏障，成為流過細密網子的淨水。

有句話說：「沒有『人』能夠被啟蒙」，意思是指個人特質因為無法通過網子而被過濾掉（除去個人特質的這個意識狀態，其測定值為 600）。純粹的意識就是覺知，所以只有它能夠通過網子，真正懂得開悟的狀態或境界究竟是什麼樣子。

若用比喻來說就是，宇宙能夠了解某個特定的人，但是這個特定的人無法了解宇宙。實相是無限的，但思想是有限的。因此，小我／心智／自我能夠得知神，卻因為有限及狹隘的結構而無法了解神，甚至不了解自身那個無限及無形的本質。然而，有限源自於無限，除了知覺，有限與無限從來都沒有實際分離過。事實上，尚未顯化的無限可能性，會在神的旨意下顯化為現實，這就是創造。

問：還是存在著一些對比性的用語和概念，比如有形與無形、顯化及未顯化、線性與非線性、二元性與非二元性。如何解決這些問題？

答：解決方法，就是了解思想的本質。認知本身是一種幻覺，就像用一面鏡子反照著另一面鏡子，而這面鏡子又反照著鏡子中的鏡

子，所以才有這些對比性的用語和概念。要了解，神既是內在本具的，也是超然的；既是有形的，也是無形的；既是二元性的，也是非二元性的；既是顯化的，也是未顯化的；既是線性的，也是非線性的。所有一切都是神。

問：佛陀與基督的教導有什麼本質上的區別？

答：佛陀教導「開悟之道」，而耶穌教導「救贖之道」。

第 18 章
關於真理與謬妄

問：靈修「謬妄」是如何產生的？

答：接下來要說的內容，可能聽起來很抽象。謬妄發生在意識之內，甚至在「人」涉入之前就已發生。意識可以把自己當成單一個體或整體來體驗，然而它的覺知會被信念誤導，相信它只能以單一個體的形式存在，否則就會變成虛無、不存在。這個謬妄就在於，相信有與真理對立的東西。這聽起來可能不好理解，除非我們回到一個根本性的理解：只有真理、萬有、神及存在才是真正的可能性。不存在、虛無、空無及虛假在實相中都是不可能的，它們只是作為概念存在於心智中。

如果意識相信這些謬妄有可能發生，那麼對不存在或虛無的恐懼便會生起。這裡的錯誤，在於將萬有與虛無混為一談。這個錯誤並不抽象，反而普遍存在於人類的思想中，也是人們害怕死亡的立論點。同樣的觀念也出現在我們的言語中，並以「真與假」、「對與錯」的用語來表達。在肌肉測試中，我們就看到了這種現象，當手臂肌力轉強時，我們口頭上的回應是「正面的」、「是的」或「真的」。

我們對肌力轉弱的反應，說成「負面的」、「不是」或「錯

誤」。這完美地顯示出錯誤的本質。事實上，使肌力轉弱的回應並不是來自一個所謂「虛假」的現實，而是代表著「沒有回應」，真正指的是**真相沒有出現，而不是錯誤出現了**。

　　為了澄清這個觀念，我們可以說，只有「是」才是一種可能的回答。我們可以拿電線中的電力來比喻，電力不是存在，就是不存在，沒有其他可能。當電力存在時，我們說電「通」了；當電力不存在時，我們說它「關」了。這裡顯示的錯誤，讓我們看到了一個根本性的謬妄——**並不存在所謂的「關」這種東西！**

　　了解這一點至關重要，因為這是一切幻覺的根源。與神對立的東西並不存在。與「存在」相反的情況不可能是真實的，而唯有「真理」才有存在的能力。只有「萬有」這一個可能性。雖然這很難理解，但是它解決了所有的問題和謬妄。

　　一旦充分了解這個謬妄，便可明白信念為何可以創造經驗。在我們心智中信以為真的東西，會自然而然地認為它必定存在於外面，因為它是被投射出去的，而心智並不知道投射的機制如何運作。這種投射會自我強化，使想像成為謬妄的產物，同時也是謬妄的源頭。

　　我們用簡單的列舉來比較一下（見右頁表格）。

　　右欄的任何一種「真實」體驗，都是源自在實相中沒有獨立存在空間的信念系統，只能仰賴想像和信念。

　　所有這些想像都是虛幻的，是恐懼和扭曲的產物，同時也是心智的產物，只存在於心智中。

實相	不可能存在
生命	死亡
存在	不存在
萬有	空無
真實	謬誤
良善	邪惡
清白	罪
是	否

　　心智的內容包括形式，但奇怪的是，即便是空無（無形無相）也是一種想像。唯有當實相中所有真實的屬性都被否定時，人才會覺得自己體驗到空無。

　　空無的狀態完全是由信念在心智中創造出來的，因為心智相信空無真的有可能發生。在實相中，唯一實際會發生的可能性是如是、萬有及存在。顯而易見的，理論上與這些屬性相反的狀態，都會被視為非神、非萬有，甚至是根本不可能「存在」的東西。

　　這種看似在「存在的身體」與「不存在的幻相」之間的兩難選擇，被認為是一種可能性。在我三歲時，曾經明顯地有過這種體驗，突然間從無自覺跳到覺知，體驗到有一個作為身體的「我」坐在小小的推車裡。在那一刻出現之前，都處在無自覺狀態。隨著對「我存在」的認知，立即生起了對「我不存在」的恐懼，並開始浮現了這樣的想法：「我本來可能不存在。」那不是對死亡

的恐懼，而是害怕（想像中的）不存在及虛無確實可能發生。

　　這時，心智真的害怕這個可能性，因為它把自己看到的虛無視為一種現實。相對於存在，一個人對不存在的恐懼，是造成他真實感如此強烈的原因。這種恐懼並不是害怕沒有身體，而是害怕體驗不到一個「我」。

　　因此，存在感被體驗為「我」的感覺。當然，如果沒有「我」，這個事實就會不為人知，因為沒有一個「我」來知道它不存在！然而，三歲時的我還沒有這麼清楚的體悟。

　　存在的覺知出現之前，一個人實際上是處在無自覺的狀態。無自覺就是存在本身沒有意識到自己的存在。在日常生活中，我們稱這種狀態為「無意識」或「沉睡」。在沉睡中，我們仍然「存在」，只是不知道自己存在。然而，在無自覺的狀態下，一個人似乎不可能受苦。事實上，我們每晚都期待著這樣的經驗，如果沒有在夜晚完全地進入無自覺狀態，就會抱怨沒有睡好。

　　意識似乎也樂於接受某些片段處於無記憶的平和狀態。此時，痛苦也不會出現，直到一個人恢復對單一個體（我、身體）的認同才產生痛苦。所以說，一切痛苦的根源，就是相信自己是一個分離的單一個體。在萬物一體的狀態下，沒有痛苦是可能的。

　　所謂的輪迴就是身為單一個體的那種「自我感」的重生，這種循環與肉身無關。在出體及瀕死經驗中，只有「我」的感覺會持續存在，根本不需要肉身。生命的感覺、活著的感覺，以及存在的覺知，都是發生在意識之內的現象。在冥想狀態中，明顯也

有同樣的情形：對身體的覺知消失了，人消融於意識中，感覺不到地點、時間、空間及維度，甚至也感覺不到過了多長的時間。

因此，開悟成了一種明顯的狀態，是一種對覺知的主觀認識。這種覺知沒有限制性的身分認同。純粹的主體性是自我實現的、圓滿及完整的，完全等同於對整體存在的知曉，超越了時間與空間。這種狀態是無染、永恆、獨立、無所不在、全知、全能、全然滿足且沒有任何對立面的。它全然地完成了所有的可能性，並將一切潛在的可能性發揮到淋漓盡致。

自性就是覺知，也是覺知的源頭、覺知的圓滿、覺知的完整、覺知的實現，以及覺知的本質。自性是實相中的實相，是唯一及全部的身分。它是意識本身的終極「自我」，是未顯化的顯現。唯有如此，所有無法描述的才能被描述。阿們。

問：此生真的可能開悟嗎？

答：如果能接觸到關鍵訊息，並嚴格遵守某些指導原則，就有可能做到。這些章節的目的，就是提供必要的訊息，除此之外，還要把這個目標當成優先選項，不能把時間浪費在研究其他分散注意力的靈界事物上。比起過去，如今接受指導的靈修學生，幸運地有了決定性及關鍵性的優勢。

就像在航海儀器尚未完善時，一代又一代的航海家及探險家在壯志未酬前就失去了性命。同樣的，從古至今，因為缺乏必要的關鍵訊息，已有非常多追求靈性成長的人迷失了方向。

從研究中可以了解到，人類的意識等級許多世紀以來一直都停留在 190，且過去千年來，人類的意識一直都低於正直的意識等級。直到最近才跨越了臨界線 200，來到了目前的 207，這暗示著人類的未來將進入一個全新的紀元。

傳統上，有兩種截然不同的靈修路徑——漸修及頓悟。漸修就是傳統宗教所遵循的道路，需要藉助於靈修大師、偉大的導師或神的化身來作為指引明燈和拯救者。頓悟則是透過嚴格堅守靈性覺知及意識的具體內容，以便超越人格而不是完善人格（或小我）。但在實踐過程中，偶爾也會出現意外情況，比如漸修者的覺知突然躍升達到開悟，或者修頓悟法門（比如禪宗）的人可能會因為人格的逐漸完善而達到開悟。

問：在亞洲和印度，開悟長久以來一直是人們追求的崇高目標，而在西方世界，聖人則是有名垂青史的地位。這兩種境界有什麼關聯？不同之處在哪裡？

答：比起西方文化，亞洲文化有更悠久的歷史。在這些古老的文化中，靈性了悟備受重視，而且也有不少人取得了高度真實性的靈性知識，從《吠陀經》與《薄伽梵歌》等經典就可證明，也可看出對靈性真理的探索已有久遠的歷史傳統。在東方文化中，對於「人本具神性」的覺察，可以從至今仍存在的習俗獲得證實，例如人們打招呼時，會雙手合十並互相鞠躬。

在那些文化中，靈性傳統及教導代代傳承，並經過一代又一

代的上師重新確認、肯定，一再重申人類靈性潛能的終極實現就是開悟。此外，他們的文化也接受這個觀點：神性是所有生命的起源。

在這些古老文化中，有靈修傾向的人可以遵循一種傳統角色與特定的生活方式。他們的努力被認為是在實現及振興這樣一個真理——自性是神聖的源頭，其純然及無限的表現形式是所有造化的總合。因此，虔誠靈修者的目標與社會所暗示的目標並不衝突，這些開悟明師也印證了東方文化的根源。因此，社會傾向於支持那些達到高階靈性覺知的人，並賦予他們一種特權，可以免除跟物質世界的生存及世俗成功相關的一般義務。那些被稱為聖者的人受到普遍的尊敬，在社會中擔負著一種特殊的教化職務：靈性導師。

當佛陀在大約西元前五百年現世時，受到一種崇尚開悟的文化所支持，所以他並沒有與當時存在的文化發生衝突。雖然在當時，他可能被視為一位新起的偉大導師，但事實上，他所傳授的教導、智慧與真理，早就已經存在於世，也普遍被人接受了。

相反的，西方世界在意識進步這一方面，要遠遠落後東方世界。當時的文化不信真理，信奉的是自然神靈、魔法及對自然界的崇拜。希臘、羅馬、日耳曼及希伯來的傳統包括了眾神廟，而這些神靈被賦予了人類的特徵，所以到後來，祂們實際上有著與人類相同的感覺，只不過範圍更廣而已。在原始的神話版本中，神總是「遠在天邊」，但擬人化的神被視為會介入人類事務並採

取直接的行動，而結果可能更好，也可能更糟。

　　在有歷史記載以前，是否存在著更偉大的智慧？這類資料，可能在亞歷山大圖書館發生大火時就付之一炬了，因為館中收藏了所有古代世界被記錄下來的智慧。在世界各地的原住民文化中，通靈一向是盛行的活動，但是沒有開悟的傳統。然而，卻有一個共同的真理存在著，那就是無所不在、偉大的神聖靈體，人們稱之為神。因此，不管是美洲的原住民文化、史前蘇美文化或希伯來文化都是一神論，正如美索不達米亞文化所信奉的神「阿胡拉‧馬茲達」（Ahura Mazda），就是瑣羅亞斯德教唯一真正的造物主。

　　在遠東地區以外，早已根深柢固存在於文化中的，就是耶穌基督，他的降臨早有預言。但不同於佛陀與克里希那的是，基督的教導與當時盛行的文化相衝突，接著與宗教組織的衝突更導致了他英年早逝。

　　雖然耶穌的教導沒有在他出生地的文化中廣被接受，但是透過門徒及希臘人的傳布，很快就散播到希臘－羅馬世界，隨後又傳遍了整個歐洲文化。在最初的四百年中，耶穌教導的純正度相對地保持在不被汙染的狀態，隨後就逐漸地失真，尤其是在尼西亞會議（Nicene Council）之後。

　　與此同時，阿拉伯世界則成了伊斯蘭教的版圖，隨後就引發了伊斯蘭教與基督教的權力鬥爭，對整個社會造成了重大的政治影響。從此，宗教組織的焦點，轉向了兩種文化之間的競爭。至

於個人的宗教目標，主要聚焦在避免罪惡、為罪懺悔，以及死後升天的可能性。這與佛教分支「淨土宗」的觀念一致，他們也採取這種比較謙遜的目標，說的是死後升天的可能性，而不是這一世要開悟。對於伊斯蘭教、基督教及佛教淨土宗來說，聖徒品位是人格淨化的結果。這種觀點符合以下的認知：開悟是一種更進階的意識狀態，只有高等級的靈性才能做到，比如在天堂的那些存有。這形成了一種共識，認為世俗生活及其固有的負面性，無法讓人僅用一世的時間來達到開悟。

此一考量也在《薄伽梵歌》中表達出來，克里希那說：「開悟是罕見的，因為在數千人中，只有少數人會選擇這個目標；即使是選擇此目標的人中，也鮮少有人做到。」因此在東方的宗教中，據說一個人需要經歷數世輪迴才能開悟。普通求道者能夠成就的，就是累積善業，這些善業會在他們最後一世時達到成熟，那就是開悟發生的時點，就此結束輪迴。

在所有宗教中，能夠在這一生取得大進展的靈修者往往被視為聖徒。在基督教中，某些具有高階意識的人被稱為神祕主義者。然而，神祕主義者往往會受到教會質疑，並可能被當權派視為異端。這種觀點至今仍然盛行，甚至某些基本教義派的基督教分支還認為，佛陀（舉例來說）是「被惡魔附身」（所有惡魔的意識等級都是在 200 以下；但佛陀或像是克里希那、基督及瑣羅亞斯德等聖者，都位於人類可能到達的最高意識等級 1000）。

問：**這些看似不同的靈修目標，差別在哪裡？**

答：對追求開悟的人來說，知道這個區別是非常基本且關鍵的。宗教
　　主要是針對二元性的領域，開悟則是著眼於非二元性本質。這條
　　通往開悟的嚴格道路表明，由於二元性是一種幻覺，試圖要去完
　　善它是沒有意義的。因此，人要超越小我並看出它虛妄的本質。
　　「好品格」是值得讚賞的，但是它本身不會帶來開悟的結果。開
　　悟的唯一可能，是建立在對意識本質的更深入了解。

問：**聖徒與聖賢之間有明顯的區別嗎？**

答：是的，可能如此。追求靈性淨化及完美的法門，其結果會導向一
　　種看起來更加「聖潔」的人格。相較之下，開悟的聖賢對肉身和
　　人格都不感興趣，因此在普通人看來可能更顯得不修邊幅或甚至
　　率性、粗魯。

　　　　例如，意識等級超過 700 的尼薩迦達塔・馬哈拉吉（Nisar-
　　gadatta Maharaj）不斷抽著印度香菸，興奮時會拍打桌子，表現
　　出他跟一般人一樣的個性。禪宗大師也可以是魯莽及活潑的，但
　　他們的愛都一樣，只是表現方式不同而已。

問：**如此說來，完善身體與人格是在浪費時間嗎？**

答：這是轉移注意力，也擺錯了重點。身體是大自然的產物，它的作
　　用其實並不重要。心智與人格則是社會環境、家庭影響及文化灌
　　輸的產物，一個文雅、有文化的人，是令人愉快且有價值的社會

資產，但那不是自性。當一個人接近開悟時就能清楚看出自我並非自性，雖然自我包含在自性當中。

問：是否有某個靈修法門比其他法門更好呢？

答：旅遊有兩種方式，一種是直接到達目的地，另一種是邊走邊玩，一路悠閒地玩到目的地，參訪沿途的農村及所有旅遊景點。大部分的求道者都是選悠閒的那種方式，即使他們不了解緣由，但對許多人來說，這無疑是最好的方法。他們多走的路既不是錯誤，也不是浪費時間，而是最適合他們的道路。

在實相中，時間只是幻覺和表象。一個人一旦選擇了靈修目標，就沒有什麼「時間」是真正浪費的。事實上，開悟不論是需要一千世或一世都沒有差別，因為最後的結果都是一樣的。

問：你的意思是，走傳統宗教那條路是漫長的，而從理解意識下手是更快速的捷徑？

答：這同樣是一個關於選擇、實踐及啟示的問題。

第 **19** 章
評論及範例

問：想要在這一世開悟的最基本領悟是什麼？

答：了解意識的本質能讓開悟成為可能。本質上，這會使人明白二元性與非二元性的區別，以及如何超越二元性的範疇。

問：實務上，如何才能達到？

答：二元性是認知的產物，而認知本身就是受限的。智能與認知即便完善到天才水準，仍舊是一種限制，意識等級頂多在 400 之內。意識等級 499 是科學天才，而靈性天才的意識等級要達到 600，而且還可以往上提升到意識等級 1000。

問：怎樣才能解除認知限制？

答：了解認知的本質。認知是一種表象，是心智活動的造作。它在處理觀念、概念及物質所構成的世界時是有用的，不過一旦目標是靈性進化時，它就無用武之地了。

問：如何克服認知？

答：不是克服，而是超越，方法是了解認知的結構與功能。首先，要

了解到認知與形式有關。二元性是可以量化的，下面的幾個例子可以說明其作用。

例一：想像有一面純白色的牆壁（如果你喜歡的話，也可以是純黑色的牆壁）。現在，看著牆上一個想像的小圓點，也就是把這個小圓點當成焦點。顯然的，這個點可以在牆上的任一個位置，因為它是你自由選擇出來的。最後選定的位置可以用蠟筆或粉筆做上記號。在一般的想法中（這個想法當然是二元性的），這個點會被稱之為「存在」，事實上，更精確的說法是它就在「那裡」。

只要略微思索就能看出，實際上並沒有所謂的「點」出現在任何地方，更不用說有一個在「那裡」的點，這樣的想法只存在於心智中。除了想像的畫面，根本沒有任何點出現在任何地方。因此，這個點不是一個自行存在的現實，它的定義完全取決於人類的心智，並因此說它是存在的。如果將注意力從建立這樣一個點移開，這個點會立刻消失。這是可能的，因為它從來就不是一個真正存在的現實。

顯然的，言語就是用來表達心智活動的，從而導致心智與外在現實的混淆。

例二：一個「點」是注意力選擇性聚焦的結果。要達到聚焦的效果，需要一個連帶產生的作用：忽略焦點之外的其他一切。為了「看到」這個點，意味著你的覺知要抹除所有「非那個點」的部分（牆壁的其餘部分）。

例三：想像牆上出現了第**二**個點——二號點。了解這兩個點都是真實存在於想像中，並只存在於觀察者的心智中。現在，想像在這兩個點之間畫一條直線，這就是兩點之間的「距離」。現在我們可以看出，既然這兩個點完全是想像出來的，只存在於心智中，那麼兩點之間的距離同樣也是虛構的，也只存在於心智中。

例四：現在，接著想像第**三**個點，就位於牆壁的前方，距離牆面有一點距離。如果我們在想像中把這三個點連接起來，就會創造出一個「平面」。就跟這三個點一樣，這個平面也只存在想像中，並不在「那裡」。還要注意的是，點與點之間的線段不具有「方向」。

例五：如果在想像的三角形基礎上再加上第四個點，現在就有了一個想像的「三維」，點與點之間的區間構成了「空間」。當我們這樣做時，也了解到這一切只存在於自己的想像中。

例六：到現在為止，我們了解到想像中的點產生了後續的位置、方向、平面、空間及維度，這些都不是真實的。我們可以預期心智接下來的描述將會是：從一個點到另一個點的持續時間或所花費的「時間」。你可以看出，行經想像的三個點所形成的想像距離，所花的時間也必定只存在於心智的想像中。

例七：仰望夜空會看到無數的光點，我們可以任意選擇並連結任何數量的光點，想像其圖形來創造出我們自己的星座。就像拿著蠟筆的孩子一樣，我們可以創造出貓、狗、老鼠或任何形狀的星座。然而，如果我們登上太空船飛到一個星座上，就會發現

獵戶座及其他所有星座並不存在。

從上述的例子可以了解，心智如何將實際上的「一」看成「多」。要超越心智，就需要看出多和一是相同的。如果沒有心智這種對比性的二元用語習性，那麼「多」或「一」就不會被說成是存在的。相反的，我們只可能領悟到一個真理──「一切如是」（All Is）。

在「一切如是」這個句子中，不可能有主詞和受詞。實相既非一也非多，它超越了描述、維度、時間、地點、開始或結束。要描述實相，連「現在」二字都帶點微妙的謬誤，因為這暗示著「非現在」是有可能的。在實相中，「非」是不可能存在的；實相是所有存在事物的總和，因此是「是」。所有的錯誤來自於「非」或「不是」，因此不具真實性，也不需要解釋或答覆。在真正的「如是」中，不可能出現錯誤。

問：那麼，認知的價值是什麼？

答： 認知處理的是形式層次，對物質性的肉體生命是有價值的；而靈性覺知則是超越了形式層次。一旦意識等級達到 500，形式會變得越來越沒有用處，甚至是一種障礙。愛、慈悲、喜悅及美等靈性特質，早已超越了由形式所構成的認知世界。這些特質無法測量或量化，甚至無法被貼切地描述，因為它們是主觀的體驗實相，超越了言語；也是主觀的知曉狀態，超越了認知。

正確來說，愛其實在意識等級 200 時就已顯露，並且逐步增

強，直到等級 500 時，它成了主導的能量場。隨著意識等級的提升，形式會逐漸被超越。

在意識地圖中，意識等級 500 是愛的主場，但直到意識等級 540，才會成為無條件的愛。這意味著，從等級 500 到 540 之間仍存在著某些形式，因此在這之間的愛是有條件的。只有當愛變得沒有選擇性，愛才會盛開綻放。此時的特徵是仁愛，而且是無條件的，因為它成為了一個人的狀態。這種意識上的飛躍是透過「放下對立的極性」來達到的，而對立是心智固有的錯誤。在此之後，就不再有「好樹」或「壞樹」了 *。相反的，所有的樹都被視為完美及美麗的，如其本然。任一生物都是完美的雕塑作品，都在表達其本質。

問：我們是如何看待這個世界的？

答：認知的局限性將世界上的事件歸結為一種無形的神奇力量，並把它稱之為「因果關係」。它將必要條件與起因混為一談，也將時間順序與因果關係混為一談。

在實相中，「事件」並沒有真正「發生」。那些都是獨斷的抽象概念，是選擇性及連續聚焦的結果。在實相中，沒有「事件」正在發生，所以不需要解釋。在實相中，創造是持續的，讓未顯化成為顯化。然而，每一個觀察都是以時間、地點的心智化

---

* 譯註：典故出自《馬太福音》第 7 章第 18 節：「好樹不能結壞果子；壞樹不能結好果子。」

來表達的，因此表面上看起來似乎有先後的順序。但這些都只是心智活動。

在之前的例子中，我們了解可觀察之物是如何產生的，它是由意識創造出來的。如果沒有從建築師的心智中先誕生出一座教堂，世界上便不會有教堂的建築物，植物也不是被種子「創造」出來的。它們只是在有利的條件下，透過本質來體現潛能，顯化為有形有相的存在。

世界上沒有一物可以「導致」另一物發生或出現。一切都交織在一個全像式的舞蹈中，其中每一個元素都會影響其他的每個元素，但並不是其他元素的起因。「起因」是認識論的發明，只是一種心智活動。心智活動的造作創造出虛假的難題，而這個難題又需要因果關係的虛假理由來「解釋」。事實上，造化的絕對性及圓滿性，不可能留下絲毫空缺給任何解釋性的思想形式（比如起因）來填補。整體性是完整的、圓滿的，不需要任何起因。起因是外力，而造化是心靈力。

問：那麼，為何業力會被認為是命運的「因」呢？

答：在宇宙中，每一物的自我定位都取決於自身本質的顯現。就像軟木塞會浮在水中，是因為它本具的浮力。我們可以用心靈力的等級來描述「意識宇宙」。在這個意識海中，每個實體都會在今生或來生上升到屬於自己的心靈力等級。靈魂的上升或下降，是取決於它的本性，而不是因為某種外力所致。

　　神是心靈力而不是外力，祂不會在任何地方強迫任何人或任何事。一個熱氣球在天空中是升起或下降，是由風、天氣、溫度和濕度等因素來決定的，以及操作者是否選擇添加熱空氣。放下對小我的執著，就像是卸下沙袋（能使熱氣球升空）一樣讓人變得自在輕鬆。

　　基於因果關係的信念，讓我們相信「因」是一種實質性的現實，會帶來極大的限制及有害的後果。這種觀點將所有生命獨斷地劃分為加害者與受害者，也讓七八％世界人口的意識等級低於正直（200）的臨界線。相信「因果」的人會發展出義務與責任的觀念。有些似是而非的「因」被製造出來，用來解釋或開脫任何人類事件及行為。

　　在當前的社會中，法庭及律師已經將這種觀念濫用到荒謬的地步。即使已經寫上「請勿碰觸」的紅色警語，一旦有人因此受傷，只要有錢有勢加上人類的創造力，就能毫無意外地掰出一套受害者的說法：標示字體不夠大、用看不懂的外文寫的、晚上沒有照明顯示，或是其他各種理由。

　　「因」只是一種想像的心智活動，隨時都可以為了個人方便而被創造出來。當這個觀念被用到極致時，加害者與受害者的觀念就會融合在一起。罪犯搖身一變成了受害者，而警察則成了加害者。透過深入分析，我們可以看出誰是受害者、誰是加害者，但這其實還是一種獨斷的選擇或立場。受害者透過捕食者／獵物的反應來誘使加害者採取行動；警察或獄警因為受害者的極端行

為而被迫使用武力或極端手段來回應，使得加害者及受害者的角色變得模糊不清，形成了認知上的混淆。

問：為何行為會有後果？

答：行為與後果彼此連動，但不是因果關係。條件會影響事件發生，但不會「導致」事情發生。所有潛在的可能性都受到本質的限制，比如一隻蜜蜂不可能變成一朵花。毛毛蟲不是「產生」蝴蝶的因，而是變成蝴蝶的一個先決條件。

問：這個觀念要如何應用在靈修生活上？

答：在人類的本質中，包括開悟的潛能。當一個人準備好時，就意味著他已從較低的意識等級開始進化，因此靈性啟發現在成了點燃靈性探索的火花。

問：所以，認知只是感官的表象嗎？

答：理解正確。即便創造本身也只是一種表象。不管是「創造」或「毀滅」，都只是一種觀點的描述。物質只是被轉變成另一種形式，如果這種形式合我們的意，便稱之為「創造」，如果不合我們的意，就稱之為「毀滅」。對木匠來說，將樹變成木材是「創造性」作為，但對環保主義者來說，這是一種「破壞性」作為。經典上的「濕婆之舞」[*]，就是表象的轉變，從創造變成毀滅。在實相中，創造及毀滅這兩種情況都沒有發生。同理，一頓火雞大

餐是好是壞、是創造或毀滅，則要看你是火雞還是用餐者而定。

問：對於經濟壓力等現實問題上，情境重建有什麼幫助？

答：會感覺到有經濟壓力，是因為生活節奏過快，因而產生了一種錢
　　不夠用的假象。答案不在於財務，而在於耐心。究竟是牧場上的
　　羊太多了，還是牧草不夠？對渴望的東西缺乏耐心，會導致進展
　　太快而感到焦躁不安。因此，要學會區分渴望與需求，學會重視
　　信用勝過現金。財富不論多或少都可能在一夜之間化為烏有，但
　　信用是一輩子的事。靠信用維生的代價是利息，而靠現金維生的
　　代價是本金。現金只是方便，信用才是保障。

問：那所謂的「問題」呢？

答：片面及受限的立場創造出所謂「問題」的錯覺。在實相中，只有
　　我們想要或不想要，不可能有「問題」這種東西。你會痛苦，是
　　因為抗拒。這一點同樣適用於身體的疼痛。比如說，把注意力放
　　在疼痛部位，持續一段時間不要抗拒，疼痛會真的緩解。疼痛與
　　受苦截然不同，但心智認為兩者密不可分，事實上並非如此。人
　　確實可以經歷疼痛卻不會因它而受苦，你會受苦是因為抗拒疼
　　痛。如果一個人願意臣服於疼痛、接納它，完全不再抗拒，持續

＊　譯註：濕婆之舞中包含了宇宙的創造、持續及衰敗三種力量，而其本質是一種毀滅力量，用以破
　　除無明、幻相及執迷。

一段時間後，疼痛或甚至經常性的疼痛將會停止。

　　透過這個技巧，我可以在不使用麻醉的情況下經歷兩次不同的重大手術。此外，這樣做也會加快康復速度。比如說，腳踝嚴重扭傷，在幾分鐘之內就能夠恢復行走，其緩解效果與麻醉劑非常相似。疼痛可能還持續著，只是你對它已經沒有感覺了。

問：那憤怒呢？

答：隨著靈性進化，憤怒次數會開始減少，而且生氣時也會越來越感到不適。最常見的情況是急躁、沒耐心。不過，只要了解到自己並不是真的生氣，而是著急，就可以解決問題；理解本身就能減輕罪疚感。憤怒是出自於一種立場，採取不同的觀點就能化解。

　　意識到你憤怒的真正原因是什麼，會非常有幫助。比如說，我們之所以生氣不是因為某個人就像我們所認為的那樣自私或吝嗇，而是因為他們不體貼、不慷慨或不友愛。當我們以這種方式來重建情境時，就會看出自己是有局限的，而不是表現差勁或犯錯。在進化的過程中，每個人都只能發展到某個特定的點，因此比起錯誤，更容易看出並接受自己的局限。

　　另一個引起憤怒的普遍原因是欲望，或是得不到自己想要的東西或結果。這是一種從嬰兒期延續到成人的憤怒，也就是所謂的以自我為中心，或是小我的自戀本質，一般通稱為「自私」。小我將想要與需求混為一談，而且缺乏耐心。它會不斷地索取，不斷地想要滿足需求。在這一點上，若能放下貪欲、想要及對神

的渴望，便能帶來巨大且快速的靈性成長。

小我的臣服會觸發快速的靈性成長。小我關注的是生存，欲望和需求對它來說不可或缺，這是源自它對求生存的信念。小我視自己為獨立的個體，認為自己必須仰賴外在的供應來源，因此需要去「取得」或「保有」。這些要取得的東西，可能是能量、名聲、財產、地位、安全、保護、形象、金錢、收益、優勢或權力。小我的主要觀點是匱乏，而匱乏會帶來恐懼、需求、貪婪，或甚至是想要殺人的暴怒及脅迫。恐懼是小我的動力。

從意識與開悟的觀點來看，恐懼不會停止支配我們，除非我們將存在的渴望交託給神。在隨之而來的靜默中，會生起一種深刻的了悟：一個人的存在始終是由於擁有自性，自性會從宇宙中吸引生存所需要的任何東西。因此，業力的目的就是確保能憑藉著自性的力量來提供所有的生存需求，例如肉身、呼吸、力氣、飢餓、好奇心及智能等。

小我被認定是思想與行動背後的那個執行者，它的存在被視為生存的必要條件。這是因為小我的主要特性就是認知，所以會受限於一般所認為的因果關係模式。在這個有限的二元性模式中，「我」或小我視自己為「因」，而行動及事件為「果」。然而，在實相中，行動和生存都是自主且自行發生的。它們被來自於自性的生命能量所活化，而宇宙則提供了存在的形式。例如，在臨床的麻醉狀態下，雖然想像中的身分源頭消失了，但生命仍在繼續。也可以留意一下，所有的恐懼都是害怕喪失身分，也就

是對生存的渴望。

由於一般人認為自我及生命存在的源頭是形式（包括思想、感覺、身體），因此消除恐懼的方法，就是願意將自己存在的所有表現形式交託給神。在這種全然的臣服中，會覺知到自性是無形無相的。同時也會明白，不是形式本身，而是**形式之內的無形無相，才是生命的源頭及體驗者**。如此就能明顯看出，一般人所普遍認為的死亡根本不可能發生。

不存在與神對立的東西，也無一物可以替代神。在身體之內說著「我是」的是靈，而身體連它自己的存在都不知道。

問：可以讓靈修單純化嗎？

答：每個靈性觀念都涵蓋著所有的靈性真理，因此只要完全理解**一個觀念**，就能理解所有的觀念，從而了悟真實。成功的祕訣，就是選擇一個觀念或一種靈修工具，一心一意地奉行不輟，直到抵達終點。比如說，將寬恕或仁慈發揮到極致，或是選擇「十二步驟」計畫的第三步，然後將它應用到每一個念頭、感覺、行動或行為中，無一例外。只需要一把解剖刀就可以分解整個人體，同理，只需要一把靈性解剖刀，就能夠擺脫小我。

一開始，可能會因為抗拒而需要花點心力，但是當意願逐漸臣服而變得更完美時，工具便會自行運作。此時，不再有一個「我」在做這件事。一個人最終會了解到，指引這個靈修工具的不是個人自我，而是另有其他東西。真理不是「找到」的，所以

「尋求」是徒勞的。神性會毫不費力地自行揭示。

　　在這個過程中，會經歷一種死而復生的痛苦，然後是深刻的敬畏，因為一切造化的真相都揭示了自己是永恆的自性，超越所有時間、世界及宇宙，擁有絕對的完美及美麗。由此明白，所有的形式都只是一種認知，並非獨立的存在。一切都是一，沒有「這裡」或「那裡」，沒有主體或客體，也沒有「我」或「你」。心智永遠地靜止了下來。沒有個別的自我。「一切如是」是基於萬有自身的本質，在絕對完美中自行閃耀著光芒。不存在因果關係，一切早就如此。身體就是一個「它」，一個上了業力發條的玩具，自行完成天命，根本不需要一個「我」來管理。怎麼會有它需要管理的這種念頭出現並主導呢？事實上，再也沒有什麼比回到自己的源頭更美妙的事了。

問：如何解除對身體與心智的認同？

答：小我認為自己是執行者與體驗者，所以擔當著身體與心智的核心。這個想法在思考及言語中不斷被強化，所有的行為都會以「我」為開頭。然而，透過練習，一個人可以根據事實重新鍛鍊心智使用另一種言語思考，也就是用「那個」（the）來取代「我」（I）。實際的表達就是，「那個」身體或「那個」心智，而不是「我的」身體或「我的」心智。「那個」心智有感覺和想法，「那個」身體在行動。財產也可以用「那個」來指稱，比如「那輛」車子，而不是「我的」車子、我的地毯、我的房子等

等。雖然身體／心智／小我的形式實際上包含在自性之內，但小我是以虛妄的意義來使用「我」這個詞，認為身體與心智實際上都是「它的」。

問：要如何放下對所有物的執著？

答：「所有物」一詞本身就是一種幻覺。在這個形式世界裡，關係是透過語言和概念來表達的，而其存在單純是為了操作及語言上的方便。由於小我的具體化傾向，因此它進一步地相信，所有物一詞必定有著某種獨立而客觀的存在事實。

　　實際上，所有的關係都只是傳統社會的理解方式與約定，但這些關係並沒有獨立的真實性，所以它們也可以因為約定的改變而消失或被取消。例如，要「擁有」任何東西其實是不可能的。意思就是，雖然你有使用或擁有某個東西的合法權利，但這種權利並不是一件物品與其擁有者之間的實際關係。擁有的「權利」僅僅是一種社會契約。一個人可以拿著一樣東西，使用它，且將它放在某個地方保管，但是「擁有」只是一個抽象的概念。在根本實相中，擁有意味著一個人必須成為擁有物本身。

　　在原住民文化中，土地是屬於每一個人的，沒有人可以聲稱自己擁有任何部分的土地。部落的土地是由部落全體所共有，且特定地區的使用必須經過彼此同意。為了能夠真正擁有，一個人必須要有絕對的、無條件的控制能力，但事實上，我們的擁有者身分只是暫時性的。

　　同樣的情況也適用於所謂的「權利」。權利只是政治上的、契約上的或法律上的安排，建立在民眾意見及法庭裁決的流沙之上。許多所謂的權利只不過是獨斷的約定，只是一時的流行而已。社會充其量只能授予個人暫時的管理職責。

問：你所謂的「根本當下」是什麼意思？

答：人生的經驗是稍縱即逝的，就像音符一樣，聲音一響起就消失了。每一刻在它開始的那一瞬間，就已經在終止的過程中了。覺知的焦點就像在夜間移動的手電筒，短暫地照亮每個物體，然後又迅速移動。那些物品出現又消失。對觀察者來說，生命只是一連串出現及消失的過程，所以沒有一件事情可以因為這種連續性的關注而被稱之為發生。由此可以明白，焦點是一種獨斷的立場，它也說明了所謂的「濕婆之舞」。

　　正如所有的時間一樣，即使是「現在」也是一種轉瞬即逝的幻相。光是注意到某個事物，並不能創造出某種自我存在的、被稱為「現在」的客觀現實。既沒有「此時」或「彼時」，也沒有「過去」或「未來」。比如說，一條道路從頭到尾都走過了，但旅行者並沒有在空間中創造出一個稱為「這裡」的特殊地方。

問：如果「現在」消失了，無限的永恆就會取而代之。如果「現在」是幻覺，那麼一個人什麼時候才算存在呢？

答：即使心心念念著「存在」，也只是在意識中抓住轉瞬即逝的一瞬

間。絕對的實相甚至超越了存在。「存在」是一個轉瞬即逝的概念。有一個假設是，「存在」是用來描述某些獨立的、客觀的現實，但是所有這類描述都只是意識的產物。實相甚至超越了存在本身。存在只可能是意識中一種轉瞬即逝的體驗，不具有獨立的存在狀態或現實。

問：如果實際上沒有「現在」、「過去」或「未來」，而實相又是完全在時間之外，那麼「我」何時存在？

答：答案顯而易見，這種情形並不存在。絕對的實相永恆如是，請注意，現在、曾經、「存在」及「存在狀態」等用語都代表時間。所有這類陳述都只是思想的心理範疇。

問：能否多解釋一下身分認同？

答：小我害怕自己會消融，因此拒絕放棄一種獨立存在的幻相——存在於想像中的「此地」及「此刻」。它害怕自己將會化為虛無，也害怕有意識的覺知也會隨之停止。然而，仔細檢視後我們可以清楚地看出，一個人的實相根本不是「誰」，而是無限慈愛的萬有，而且我們還會發現，這種萬有比先前的「我」更親近、更安適，也更令人滿足。

在意識的進化過程中，小「我」的感覺會被一種更深刻、更堅不可摧且非短暫性的萬有臨在感所取代。此時「我」的感覺，比起之前那個渺小的「我」更加無限、更加偉大、更加溫柔、更

有覺知，也更令人滿足。比起自性的交響樂團，渺小的「我」就好比一只小哨子。

問：自性感覺起來像什麼？

答：感覺就像是最終回到了家那樣圓滿，這是一種完結、完成、充實、滿足、完美及美麗的知曉。愛的本質消除了一切痛苦或需求的可能性。沒有正在發生的心智活動，也不需要心智活動。內心洋溢著一種深刻的篤定感，此時神性顯而易見。

　　在一般人的經驗中，絕對沒有任何東西可以比得上與神的愛同在的喜樂。為了體悟這樣的喜悅，所做的任何犧牲或付出都算不了什麼。

問：個人實相的終極真理是什麼？

答：一個人的終極實相是超越意識本身的，它是意識的基底，超越了萬有或空無。它先於創造之前，且超越了顯化及未顯化。它先於存在、存在的狀態或如是。它超越了身分，但從它身上生出了自性。它既不是超然的，也不是內在的 *，但又兩者皆是。它是無限的可能性，由此產生萬有及太一。自性是神聖示現，以存在的方式展現於世，並從這個意識產生了「存在」的感覺。

---

* 編按：超然性與內在性這兩個相互矛盾的特質是神學的基本假設，前者是指神不屬於這個二元性的時空，後者則指道成肉身，神在我們之間。

問：開悟會在何時何地發生？如果不存在時間、這裡或現在這類實相，
　　也沒有一個真正的「我」達到開悟境界，開悟怎麼可能發生呢？

答：如果開悟是一種必須在特定時間或地點發生的現象，那麼它確實
　　不可能發生。唯一的解釋是，所謂的開悟狀態早已是一個現實，
　　因此只需要被允許去實現它，開悟就會自行出現。早已「如是」
　　的事，不需要未來，而接納則是一個始終都在的選項。只要全然
　　臣服於神，便能掀開真理的面紗。無一物被隱藏，只有小我是盲
　　目的。實相是超越心智的。出於對化為虛無的恐懼，意識會否認
　　它唯一的實相，也就是否認它就是一切 —— 無限的、永恆的萬
　　有，並由此產生了存在本身。

　　　　當虛假被斷捨後，真理就會遍行。若要達到這個目標，需要
　　有相當程度的奉獻、勇氣和信心。這些面向會受到神的啟發所支
　　持，這是神對臣服之人的回應。而觸發這一切的力量，就是一個
　　人那種義無反顧的意願。

問：你能說說神聖示現會在何時何地出現嗎？

答：通往神性的入口就在「當下」那個瞬間的直接體驗，這種體驗可
　　以在兩個念頭之間辨識出來。對心智來說，這一瞬間升起又消
　　逝，而在升起及消逝之間有一個縫隙，能讓意識覺知到永恆存
　　在、無限及無時間性的實相。在這一刻，神聖以創造之姿現身。
　　整個宇宙都是神創造的歷史紀錄，同時也要記住，「現在」這一
　　刻瞬間就會成為過去。

　　造物者與受造物之間並未分離，也沒有主體或客體之分，兩者是一樣的。就像「此時」或「彼時」一樣，新與舊這一類的用語其實是不存在的觀點。從創世的那一刻起，我們就是持續的見證者，我們所見證的是上帝之手的傑作，它們以經驗呈現。覺知是「真我之眼」或見證者，而創造則是無限自性的傑作。

　　創造持續不斷地開展，這個真相被隱藏在信念、認知及因果關係的幻覺之下。事實上，奇蹟的創造是綿延不絕的，它的出現就是現象閃耀的火花。

問：小我與靈性的二元性是怎麼回事？

答：這是一個必須超越的主要對立概念之一。從操作面來看這兩種概念，會有幫助。在與靈性合一的存在狀態下，自性憑藉著其本具的特質，任何時候都有知曉的能力。在這個形式構成的世界中，小我很難複製自性這種毫不費力、瞬間執行的能力，所以一段時間之後，它會發展出一套極其複雜的運作方式。小我可以被稱為中央處理與計畫中心，集整合、執行、分類、協調、儲存及檢索等多種綜合能力於一身。除此之外，小我還會針對各種選項評估、衡量、比較及分類，然後做出選擇。要做到這一點，小我還需要具有抽象化、符號化、意義與價值分級、列定優先順序及揀選等能力。

　　更如虎添翼的是，小我會不斷地獲取及調整事實，修改意義與重要性，注重無窮無盡的細節。在扭曲事實的同時，小我還會

尋求快樂及生存機會，並避開那些缺乏樂趣或是令人痛苦的事情。這種複雜的表現需要極高程度的教育、訓練、認知工具和心智活動，即所謂的智能與邏輯。除此之外，小我的另一項非常重要的功能，就是分析、串聯、整合、合成、記憶、分級、安排，以及發展出能力、技能與行為模式等複雜程式。

在這令人眼花撩亂的表演背後就是「奧茲大王」[*]，也就是「我」。這個「我」的存在是被擔保的，與小我的執行能力和形式有關。小我將所有經驗整合到一個稱為「因果關係」的信念系統下，因此這個奧茲大王（我）是因果關係的核心焦點。就像句子結構一樣，「我」（I）成了被推定的主詞，而「我」（me）則是行為與經驗的受詞。

問：隨著意識進階之後，一個問題出現了：奧茲大王「我」究竟是誰，或究竟是何物？

答：小我只能處理形式和定義，因此無法理解自性。自性超越了所有的形式，但是如果沒有自性，形式就不會存在。在實相中，既沒有主體也沒有客體，所以沒有什麼關係需要解釋。因果關係並不是必要的，這個事實排除了時間和空間，也排除了執行者相對於體驗者的二元性。

小我以一種奇特的方式，捲入了加害者與受害者的二元對立

---

[*]　編按：奧茲大帝是《綠野仙蹤》中的角色，為翡翠城奧茲國的魔法師。

關係中。作為主體，小我認為自己就是「因」，因此是加害者。如果它否認自己是主體，它就成了客體，於是就變成了犧牲者或受害者。小我認為：「事情如果不是我引起的，那麼一定是有什麼東西對我造成影響。」這正是今日構建社會互動模式的主要概念，在這個概念中，社會被視為受害者與加害者之間的轉換。

問：要如何走出這個陷阱？

答：雖然之前已經提過各種方法，但在這裡還可以提供一個有效的辦法，那就是不再對任何事情抱持觀點。因為所有觀點都是虛妄的，都是建立在二元性之上，而且有強化二元性的傾向。我們也可以觀察到，意識等級很高的靈修組織「從來不妄論外界事物」。

問：開悟之後，以前的個人自我還剩下什麼？

答：內在狀態會像是睡著一樣，充滿了靜默、平安及寧靜。沒有意志、動向或形式，也沒有想法或心智活動。

　　要將焦點從無形無相的自性轉移到訊息的處理，需要靠意志與能量來集中注意力。在意識較高的狀態中，只會關注這個世界普遍持有的本質、臨在及意義之間的互動。若要注意細節及形式，就需要更多的能量，並且只能透過有意志力的行動才能達成，作為對生命價值的回應。世界所認為的個人自我，只會剩下之前角色的影子，但已沒了欲望、願望或需求，也不再有掌控事件、環境或人們的心思。因為一無所缺，所有事物在任何時刻都

是完美的，所以不需要去追求或獲取。甚至也沒有持續下去的欲
望。沒有什麼事情是現在的他需要或想要體驗的。

　　神聖示現是一種全然令人滿足的狀態。由於人已臻圓滿，所
以不會渴望什麼，也因為沒有事物是分離的。沒有需要憧憬的未
來，也沒有興趣去獲得什麼，對物質也不再感興趣。飲食或是維
持肉身的存活，主要是因為對世間其他人的關心，他們的愛支持
著這個物質身體持續存在著。開悟之後，要在比較無形無相及更
有意義的層次上來處理言語、事件或形式細節時，會出現反應滯
後的現象。這種轉換是由自性的其中一面（稱作聖靈）來執行，
它取代了之前的意志、選擇及心智活動。聖靈之所以被活化，似
乎是意志與意願雙重作用的結果，與一個人的選擇有關。

　　當小我的核心焦點被斷捨後，便會由更有影響力也更強大的
聖靈臨在所取代。祂毫不費力地同時及同步運作，自動除去不相
干的部分，因為祂只與實相互動。因此，那些所謂的奇蹟全都是
聖靈的行動，祂將真與假分開，把看似不完美的東西揭露出它們
真正完美的本質。對陷在因果關係裡的小我來說，這種情況是不
合理也不可能的，但對聖靈來說，這是實相自然而然的本有特質。

問：我們經常聽到一個看似合理的說法：一個人需要某種形式的小我才
　　能生存下去。不知真相為何？

答：可以理解這樣的問題，它源自於因果關係的信念。如我們所知，
　　小我有許多複雜的操作，它想像在這些操作後面有一個「我」，

但事實上，這些操作都是自主性的，並不需要有一個「我」來指揮。當人們不再認同這些操作，不再假設它們背後有一個擁有意志的獨立實體時，真正的轉變就發生了。

如果一個人看看自己與身體的關係，會更容易理解這種情況。雖然人們經常將身體稱之為「我」，但不會指著自己的膝蓋說「這是我」，而是說「這是我的膝蓋」。膝蓋是一個不需要思考就能運作的身體部位。身體的運作非常複雜，類似於小我的運作，並且是自主發生的。當一個人不再把身體或心智當成自己時，這些功能還是會持續自主運作，差別只在沒有一個被認為是「我」的身分。創作者的身分感消失了。生存會自動持續，這種持續性是意識與聖靈結盟的一種表達。生存的主要狀態跟業力有關，並以非個人的客觀方式運作。業力是非個人狀態的一部分，會與呈現在外的表象相符。

打個比方，一個人不需要小我就能自在地享受美好的音樂，不需要小我在那裡聲稱自己是該音樂的創作者。享受音樂是自發性的。如果有人聲稱自己是該音樂的創作者，就會生出許多焦慮和感受，這跟對完美、認可、可取性及接納的信念系統有關。

第 20 章
二元性與非二元性

問：如何闡明科學與靈性的關係？

答：只需要知道，所有生命都可以從兩種不同的方式來看待或思考：一種是線性，另一種是非線性。

　　普通意識（線性）關注的是形式、邏輯順序及認知，它將事物區分、定義及歸類。因此，科學世界被局限在牛頓學說的理論、用語及表述中，以數學、科學和科技為代表。牛頓學說的解釋是建立在所謂「因果關係」假設的基礎上，處理的是力與測量，包括時間、期間、距離、速度、重量和維度。這種認知模式及語言表達允許人們做出相對準確的預測。然而，當事件超出了可預測及可理解的範圍時，或是無法用微積分或測量等方式來解釋時，那些數據會一如既往地被忽略，或是被視為干擾或混亂而遭到捨棄。牛頓學說的宇宙觀是可定義的、合乎邏輯的、可預測的，並且與語言學、傳統語義學及因果解釋相一致。

　　這也是小我的領域，在這裡，認知設定了「對立物」這個類別。這種模式的潛在弱點就是，它將「認知」的心理機制投射到一個假設且據稱是獨立存在的「客觀」宇宙，認為這個「客觀」的宇宙是獨立於觀察者之外的。這種模式未能辨識出「主觀性」

這一至關重要且始終存在的基礎，而主觀性是所有經驗和觀察或所謂科學描述的基礎。這個缺陷揭示了一個認識論的潛在瑕疵，即所有據稱的客觀性都需建立在主觀性之上，也就是說主觀是所有「客觀」的必要基礎。

光是聲明「客觀性的存在」，就已經是一種主觀的陳述了。事實上，所有的訊息、知識及經驗，都是主觀性的產物。對生命、覺知、存在及思想來說，主觀性是一個絕對必要的條件。

不可能有任何一個陳述不是以既有主觀為基礎。要知道，動物世界的感覺、人類的情緒及好惡的動機等，這些都建立在認知上。隨後，這些認知又被詳細闡述為心理機制、心態及個性。在由認知所構成的世界裡，差異性非常重要，在吸引及厭惡這兩種對立的組合中，差異可以定義並說明價值、是否值得嚮往以及快樂／不快樂。這導致了人不是追求就是逃避，並決定了價值及有利條件的認定，而這種認定就成了社會的主要動力。

除了有形的、可見的、線性及連續性的世界（即由認知中的因果和形式所構成的世界），還有一個無限的、無所不包的領域，稱之為「非線性」世界。直到近代，這個領域才被科學界以「混沌理論」及「非線性動力學」來加以探究。拜現今快速運算的電腦所賜，開啟了非線性動力學的研究。電腦可以偵測到極速瞬間所發生的事件，這些事件以前經常被忽視，被認為是隨機的（無意義的）、不可定義的，且超出這個可預測秩序的世界之外。

為了「客觀」，科學排除了智識之外人類經驗的幾個基本要

素。相反的，精神病學與精神分析學處理的是不可見的領域，包括感覺、選擇、意義、價值、重要性以及生命的本質。所有的生命，本質上都是非線性的、不可測量的，而且是不可定義的，可以說是完全主觀的。

人類生命中真正有意義的重要部分都是非線性的、不可見的，以及無法測量的，也就是靈性、生命、意識、覺知以及存在本身的領域。這是主觀及體驗能力的領域，若沒有這些，知識就一無價值了。這個深奧的基礎一直被科學所忽視，科學將它歸類為「不那麼重要」的部分，或認為只有在哲學、形上學及神祕學中才具有重要性。

對人類生活至關重要的經驗品質，比如愛、靈感、尊重、喜悅、幸福、平安、滿足、圓滿和成就感，都被科學貶低為「溫暖而舒適」的可疑現實。因此，一般認為這種主觀經驗是「不科學」的，從而被歸類在哲學和文學的範疇。連心理學也簡化為實驗數據，比如行為主義心理學家史金納（B. F. Skinner）與巴夫洛夫（Ivan Pavlov）的古典制約理論，在單純的學術實驗環境下透過小白鼠及操縱桿，記錄動物所受到的刺激及隨後產生的反應，從中找出具有合理統計意義、令人欣慰的數據。

非線性領域是不可見的、無形無相，而且超越時間、維度及測量，也包含特性、意義，以及源自內在本質的力量。力量與創造的源泉是在不可見的非線性領域，但透過意志的作用可以產生形相。因此，可以說有形的可見世界，是一個效應與力相互作用

的世界。行為是出自於靈感與意志，並在意願的認可下付諸行動，啟動了潛在的可能性或選項。

為了簡化，把線性與非線性的特點分別列在下表。然而，我們必須認識到，兩者不是分離的，而是相互交融的。線性包含在非線性之中，正如所有形相都包含在無形無相之中一樣。因此，它們並非兩種不同的領域，只是從兩個不同的角度來觀看而已。按照一般的說法，我們通常會區分數位與類比、左腦與右腦、整體與部分，或是有限與無限，這些都在暗示著用兩種不同的、對比鮮明的方式來看待現實。

線性（牛頓學說）	非線性	線性（牛頓學說）	非線性
二元性	非二元性	小我	靈性
形相	無形無相	物質	非物質
可見	不可見	可控的	可用的
外力	心靈力	會耗竭的	無窮無盡的
時間	無時間性	廢棄的	始終存在
局域性	非局域性	觀察	知曉
有限制的	無限制的	內容	脈絡
期間	永恆	物質	生命
認知	慧見	客體	主體
性質	本質	外在	內在

線性（牛頓學說）	非線性	線性（牛頓學說）	非線性
得知	成為	排除	包含
維度	不可測量的	形而下	形而上
有形的	無形的	事物	見證
欲望	啟發	被觀察者	觀察者
物質的	靈性的	非此即彼	兩者皆是
局部的	擴散的	這裡—那裡	無所不在
動作	固定不動	分割的	聯合的
移動	靜止	部分	整體
有聲的	寂靜的	強迫	促進
精確的	無可預測的	腎上腺素	腦內啡
旅行	定居	渴望	圓滿
事實	意義	壓力	放鬆
差異	相同	不完善	完善
分離	一體	凱撒	上帝
有區別的	普遍性的	成本	價值
開始—停止	持續的	它	我
有限	無限	依賴	獨立
延續時間	無時間性	幻相	實相
結構	性質	暫時性的	永恆的
效果	源頭	世俗的	靈性的

線性（牛頓學說）	非線性	線性（牛頓學說）	非線性
連續的	同時性	可描述的	不可言喻的
精準的	概括性的	消耗	維持
觀察到的	覺知	價錢	價值
欲望	動機	衝動	自發的
改變	不變	相對的	絕對的
脆弱的	不受侵害的	過去－未來	當下
思想	意識	受限的	超越的
需求	滿足	科學的	神祕的
衝突	和平	物體	場域
緊張	輕鬆	接受	給予
證明	不證自明	定義	意義

問：一個人要如何超越對立？

答：透過反思、通曉、祈禱、冥想或靈感而心領神會，意識便會自動超越。這個過程，也可以透過靈性導師的話語或高階的意識等級來帶動。在某個意識等級中不可能的事，在較高階的等級會變得簡單且明顯。人既是靈性與肉身的結合體，所以時時刻刻都存在於線性與非線性的兩個領域中。除非受到意識或主觀覺知的灌輸，否則身體不會覺知到自己的存在。它只在有動機及值得去做時，才會採取行動，比如對享受人生的渴望。

　　當人或動物變得「心灰意冷」時，就會趨向死亡。當生命力或靈體不再供給身體能量時，靈體就會離開而前往另一個次元。雖然是在不同的次元，但靈體的意識等級仍然可以用簡單的肌肉測試來測定。有些靈體離開肉身時帶著喜悅、狂喜或極樂，有些則是處於沮喪的低能量狀態，充滿了憤怒、愧疚或怨恨。這些狀態會明顯地影響靈體要前往的目的地。離開肉身的靈體，傳統上稱為靈魂或生命的非物質面。當靈體離開肉身時，它的目的地與它特定的意識等級有關，而這個等級是由它的振動頻率來決定的。透過測定，我們可以推斷靈體可能前往哪種層級的目的地，比如地獄、煉獄、靈薄獄（limbo）、天堂、天國，或內在層面的星界層，或是成為遊魂狀態。

　　就像水中的軟木塞或大氣中的氣球，每個靈體在意識場的無限領域中，會依照其浮力而上升到某個等級，完全與外在所謂的「審判」或神的強制性無關。每個存在都散發出它的本質，從而決定了自己的命運。因此，神的公正是完美的。透過選擇，每個靈體成為它所選擇的樣貌。在每個領域中，隨時都能選擇絕對的實相；實相始終都在，且這個絕對性的選擇能夠帶來解脫。

　　若用比喻來描述，我們可以說，靈魂無論是否與肉身連結，在某種程度上都像是電磁場中的一個微小粒子。粒子的相吸或相斥取決於它的大小、電荷、極性，以及它在一個更大場域中的位置。在這個場域中，也包括那些相吸或相斥的粒子，它們各自有不同的能量等級、心靈力及不同的性質。因此，所有的可能性及

最終結果都反映出個體在全體中的意識狀態或進化等級。這是無可避免的，因為個體是全體中不可或缺的「一部分」。我們可以說，每個意識等級在能量場中都代表著一個「吸引子」，就像在混沌理論中所見一樣。

這種設計在人類日常生活的互動中可以觀察到，包括自己的好惡、生活方式、職業選擇、社會行為、習慣、弱點、優勢，以及在群體認同中表現出來的相吸或相斥。

問：是否有簡單的工具或技巧可以促進這個過程？

答：把「此」與「彼」、「誰」與「什麼」、「有意識的」與「自發性的」、「觀察者」與「被觀察者」區分開來，只要能描繪出觀察者／見證／意識覺知，就能找到跨越對立的橋梁。這就像區分「聽與看的能力」及「被聽見與被看見的東西」這兩者的不同。

真我之眼就是自性（Self），它將自己的覺知能力分享給「自我」（self）。就像沒有光則無一物能被看見一樣，如果沒有自性之光，自我甚至連自己的存在都不知道；而缺乏覺知，肉身或小我也不會知道彼此的存在。聖潔反映出神性是所有一切的源頭，也包括自性。

無限的、無時間性的及非二元性的自性，在二元性的認知世界（即自我）中閃耀著光芒。自我的特徵之一，就是不知道自己真正的源頭。事實上，小我會做的事，就是駁斥它的源頭，並反過來聲稱自己是分離的、獨立自主的、自我啟發的。一旦小我開

始提高其理性及智能，總有一天會達到它的極限，並轉而開始在自身之外尋求答案。然而，在智能進化到某個中低層次時，卻可能出現驕傲自大的傾向，聲稱所有的能力或行為都是自己的功勞，自己就是創作者，並認為自己已經到達進化的顛峰。

在意識進化的過程中，到了某個時點，成熟的智能能夠分辨靈性訊息，然後開始探索及追尋。但同樣的，它也可能會受到驕傲自大和立場的蒙蔽。隨著進一步體驗及認真的靈修，謙遜的心態會減少「理性自我」的執著，讓一個人能更深刻地體驗到靈性覺知漸入佳境的狀態。這個門檻是伴隨著願心而來的禮物，它所帶來的靈感可以使人進入平安喜樂的境界。此時，慈悲心成為主導的力量，認知也會轉變為慧見。一旦完成此一過程，自我便會消融於自性中。這個階段的真理測定值為 600，代表著傳統上被稱為「開悟」的意識等級。到了這個階段，極樂體驗可能會使一個人無法繼續日常生活的運作。然而，如果將極樂本身交託給神，就會進入賢者狀態。當這個階段成熟後，一個人可能會或可能不會重回到世間，全憑神的旨意來決定。

問：自我感會消失嗎？畢竟小我害怕死亡。

答：當小我消融於自性中時，感覺就像經歷過一次大擴展，從原本受限的、短暫的、脆弱的狀態，一躍變成不朽的、無限的萬有，超越了世界和宇宙的所有一切。因此，自性並不受制於生死，因為它存在於時間之外。自性之所以朦朧不明，只是因為一個人誤以

為感知代表著一切實相。

問：那身體的死亡呢？

答：答案乍聽之下可能會令人驚訝，但沒有一個人真正經歷過自己的死亡。當然，瀕死前的體驗一定會有，但是當真正「死亡」的那一刻到來時，人會立刻毫不費力地離開身體，只是看著身體的死亡。一旦與身體分離，先前的體驗者或居住者就會意識到它自己是靈體。有時到了這個階段，也會出現否認自己死亡的情況出現。隨後，靈體會透過吸引力或排斥力而被引導到它的目的地，這是靈魂進化的自然結果。

　　同樣的，選擇的自由始終都存在。選擇獻身於真理或靈性導師，有助於救贖。上帝的仁慈是無限且無條件的，但只有靈魂本身才有能力決定自己的命運。每個靈魂都會精確地受到相對應的意識等級所吸引，全知的神不可能不公正或反覆無常，所以《聖經》才有「每根頭髮都被數過」一語，這是基於意識場無限的知曉。無一物能逃過覺察及後果。

問：科學將何去何從？

答：隨著最後一個難以捉摸的 τ 中微子（Tau neutrino）的發現，科學對物質世界基本結構的理解已經達到了一個重要的進展。因此，科學可能會把興趣轉移到認識論，再來的科學可能會是研究意識本身。若要進行這項研究，有必要非常清楚地知道一個人是

如何知曉的，以及一個人是如何知道自己已經知曉的。

　　事實上，人類概念的形成與加工處理也延伸到了對宇宙的推斷。最終，牛頓實相模型（意識等級 499）的限制將會被超越，從而開啟人類對自然及生命本身進展的研究，不再被邏輯、形式、認知及二元性所束縛。

　　靈性探索會成為正統的科學，且研究方向會往內而非往外。人們將會發現，對客觀現實的探索其實是純粹主觀的，而這個發現本身就是通往開悟的道路。人類會被提升到更高的境界，最終達到合而為一；意思就是，每一個生命都是為了全體而活。

　　直到近年，這方面的演變才真正有了實現的可能。人類的整體意識場正在提升，其中非常重要的一點是，人類的整體意識終於跨越了關鍵性等級，也就是代表正直（真理）的 200，並上升到目前的 207。每一個出自仁慈、體貼、寬恕或愛的行為都會影響每個人。即使是在物質世界中，還有更多的次元有待發現，例如物理學家王利軍二〇〇〇年七月在《自然》（*Nature*）期刊所發表的研究報告，指出光速可以被超越。宇宙正在以不斷增長的速度膨脹。認識意識的本質，能使人類的理解與發現能力不斷擴大。這趟旅程是從「知」走到「真知」，從認知走到全知。在真正的科學家眼中，每一物都同等重要。因此，今日真正的科學家會成為未來的神祕主義者，唯一的條件就是致力於探索真相。

　　遺傳學及仿生學的發展，讓倫理及意識變得越來越重要。我們確實需要知道，是什麼讓人之所以為人。

問：超越這些明顯的對立，是否跟開悟或自我實現有關？

答：簡單來說，覺醒或開悟就是自我意識從有限的線性物質層面，走
　　向非線性的、無限的及無形的狀態。「我」從可見到不可見，這
　　是一種覺知及身分認同的轉變，是從形式上所認知到的客觀與真
　　實，轉向對究竟實相全然主觀的領悟。

　　　　事實上，永恆的究竟實相既超越了客觀性和主觀性，也超越
　　了覺知。這就是古代文獻中所指的至高靈性。從這個至高無上的
　　源頭產生了所有顯化及未顯化的事物、所有的意識與覺知、所有
　　的存在、有形或無形的萬有、所有線性與非線性、所有受造物，
　　以及所有的可能性與現實。這個無上本體超越了存在或不存在，
　　超越了實有或如是，超越了諸神、天堂及靈體形式，超越了所有
　　的名相或定義，也超越了所有神性與靈性內涵。究竟而言，神性
　　源於神的本質，而神的本質又源於至高本體。

第 21 章
創造與進化

問：生命的起源是否如我們所知道的那樣？

答：顯然，生命起源於無限可能的未顯化本體，這個本體有足夠的力量去創造生命。有形有相的物質世界只是一個結果，本身並沒有力量，更別說有創造力了。力量來自於無形無相的至高實相，雖然沒有形相，但本身就具有力量。

當無限的靈性／光／上帝的光芒落在惰性物質時，該物質的內部會產生一種組織影響力、一種潛能，這是意識內「生命吸引子場」的作用。因此，生命是由神性之光產生的，這是所有存在的根本源頭。在生命的開展過程中，意識是原動力。

形相是世間萬物的表象，成為實體／物質「這個」或「那個」的區別特徵。然而，生命並非是二元的，而是三元的。因為在「這個」及「那個」之間，還需要一個中介才能成長及行動。於是第三個面向──意識的吸引子模式就出現了，並以基本的生命原生質顯現出來。

生命無法單憑物質而產生，還需要仰賴神性光輝。要讓生命持續下去，繁衍及食物是必要的。此外，創造的吸引子模式是三位一體的，因為只要條件有利，神聖示現就會啟動潛在的可能性

（這便是所謂的「上帝的氣息」）。

　　起初，神就是光，這光就是創造萬物及所有生命的能量。一開始，只有無限的能量及潛能，而這股能量隨後會顯化為物質與實體。物質的基本二元結構，要靠原動力來啟動，它使物質結構充滿了生命力，讓生命得以展開。

　　最初的生命形式非常基礎及簡單，首要任務就是生存及繁衍。意識的作用就像進化的活化劑，在它之內，吸引子場會在形式上建立模式，讓反饋及學習成為可能。進化發生在意識的吸引子場之中，具有基本的內在智能及資訊儲存能力，可以顯化為更複雜的生命形式。行動能力會伴隨著其他適應性的學習而出現。為了滿足儲存資訊及溝通的需求，於是創造了神經系統，最終創造了大腦。

　　創造包括智能美學和生命的出現，將美及優雅表現得淋漓盡致。進化是神的恩典，表現為持續不斷的創造，而創造則是由意識本身的智能所決定的。

　　生命是上帝之光的顯化，透過進化而表現為天地萬物。我們既是創造的產物，也是創造的見證，這是一個永恆的、持續不斷的過程。

　　科學處理的是形式的機制，但是生命只能從非線性的意識觀點才能被理解。這就是為什麼現代科學會把意識本身當成一個有趣的、合理的研究對象。意識科學被認為是研究人類進化最有效益的領域。

問：為何意識的進化如此重要？

答：對人類來說，覺知的擴展是至關重要的，否則人類會一直陷在困局之中。近一千年來，人類進化的主要領域是科技。雖然世界上大多數人口的生活品質獲得改善，但是人類最基本的幾個問題，例如貧窮、犯罪、成癮、情緒及精神失常、戰爭和衝突，幾千年來一直都未能解決。單單在我們這一世，就發生了兩次世界大戰、大蕭條、瘟疫、人口急劇增長，還有日益嚴重的犯罪、毒品及貧窮問題。至於醫學方面，在消除疾病及緩解心理疾病方面確實取得了真正的進展。

　　如前面提到的，人類的意識等級在一九八六年以前一直維持在具破壞性的負面等級（200 以下）。當意識等級停留在 190 時，人類陷落在痛苦的層次。幾次為了解決社會問題所提出的方案，比如法西斯主義、共產主義、獨裁政權及烏托邦體制，結果都比原先要解決的問題更糟糕。甚至連宗教都變成巨大的迫害者，還捲入及支持人口大屠殺等種種暴行。

　　權力的腐敗滲透進了人類生活的每個領域。人類社會確實有進步，但那要歸功於意識等級超過 200 的少數人，是他們的正面能量在努力維持。我們可以合理推測，醫學與科學（兩者的意識等級皆為 400）是這些正面效益的主要貢獻者，而工業（等級 300）也是促進社會進步的功臣之一。相形之下，即便是現在，世界上大多數人的意識仍在正直等級 200 以下。

　　這麼大規模的負面能量，目前還是持續靠少數高階意識等級

的人來抵銷，而他們的正面能量也足以抵銷全球廣大人口負能量的總和。否則，大量的負能量將會導致人類滅亡。

在人類總體意識等級為 190 的情況下，人類毀於核戰不只是可能，而且是極大的可能。核戰足以摧毀這個星球上所有人類的生命，而事實上，軍事主義國家也考慮並計畫過，把核武器當作萬一戰敗時的報復性武器。預言中的「末日」已快出現，此預言的關鍵在於，北方的大熊（即蘇聯）是繼續維持無神論，還是回歸上帝懷抱。原本如鐵板一塊的無神論共產主義相繼垮台，標示了人類意識等級的改變，由 190 提升到了 207，這個轉變排除了人類自我毀滅的可能性。

從歷史來看，人們傾向於將大災難歸咎於特定的領導人身上，但實際上，如果不是「上行下效」、不是得到民眾的支持，在上位者也不可能成功。意識等級低於 200 的民眾，抵擋不住扭曲的觀念、口號、宣傳、仇恨、報復、自大、憤怒與貪婪的思想灌輸。因此，對人類進化來說，人類整體意識等級維持在 200 以上是極其重要的。

遺憾的是，在美國最近一次的民意調查中，有七九％的受訪者贊成死刑，即使這公然違反了所有重要的靈性教導。此外，目前已公開發表的一些研究顯示，美國幾個仍然有死刑的州裡，反而謀殺犯罪率最高，而在廢除死刑的州裡，謀殺犯罪率最低。當今社會有越來越多的人意識到無辜者被誤判死刑的頻率竟然如此高，以至於讓不少州政府宣布暫停執行死刑。美國目前的意識等

級為 425。

　　支持死刑的意識等級在 200 以下，歷來與「脾臟」（怒氣）有很深的關係，被認為是怨恨、報復、殘忍及復仇的種子。有趣的是，它們跟謀殺本身是同一個意識等級。因此，我們可以明顯看出，無論被告有罪或無辜，只要出現謀殺的意圖，所導致的後果都是一樣的。

問：為什麼對「創造」的理解如此狹隘和混亂？

答：這僅僅是思考模式的問題。在牛頓學說的線性維度中，由於對因果關係的信念而帶著局限性，會在時間與空間中尋找宇宙的「起因」。當然，這是一個預設結論的問題，但其實這是一個無解的難題，因為它將導向一種無止境的回溯——第一起因是什麼？

　　對整體的理解，需要涵蓋線性與非線性兩個維度。創造是從非線性的無限創造之源中迸發出來的，是一個超越時間和空間的持續過程。在開展過程中，未顯化的「超然物外」變成了顯化的「一物之內」，而這個「一物之內」是推動進化的力量。內在的力量透過進化而轉化，並表現於外在的形式上，因此宇宙並沒有一個「起因」，倒是有一個源頭在未顯化之內。

　　只要稍微想一想就能明顯看出，創造不可能是一個在時間中停滯不動的「事件」，否則造物主也會受限於時間和空間。這樣的局限性，會使造物主受限而無法創造。無限的力量是超越形式的，只有無形無相才能創造出形相。

　　未受啟蒙的人類心智無法理解無限的心靈力（power）。雖然它很努力要了解，卻用錯了工具。答案無法在線性因果關係的模式中找到，這是一種屬於外力（force）的模式，是根據「因果關係」的概念來解釋。

問：在神創造論與進化論之間無休止的爭論中，雙方都是錯誤的嗎？

答： 這顯然就是衝突無法解決的原因。恪守《聖經》的神創造論者，犯了和科學家及懷疑論者一樣的錯誤，認為有一個像是「擲骰子」一樣的造物主，在時間與空間中創造出整個宇宙，然後又退回到「天堂」。進化論者也沒有抓到重點。事實上，創造是持續不斷、無所不在的。進化只是神的一種表現形式，也是創造的持續展現。很顯然的，無限的神既不會有「開始」，也不會有「停止」，祂超越所有次元，不受任何東西所限制。

　　根據現代科學研究，在一立方公分的真空中，所蘊藏的能量大於整個宇宙的質量。但科學尚未注意到的是，真空中每一立方公分的潛在能量，正以無限速率在不斷增加（未顯化者的力量會等於或大於已顯化者的力量）。

　　神的無限榮耀、偉大和力量受到嚴重低估了，而且不為人所理解。一旦小我被自性取代，全能之神的力量便會為人所知，這是基於一項事實：無限的本體才是一個人的本源及實相。神不受任何限制。

　　較接近實相的比喻就是：在永恆中，所有無限時間的長度加

起來不到一個瞬間。由此來看，一種模式顯然無法延伸去涵蓋另一個模式。

問：《創世紀》蘊含的真理是什麼？

答：有趣的是，《創世紀》是舊約中在肌肉測試時能讓肌力轉強的三部書之一（其他兩部是《詩篇》和《箴言》）。書中描述創造是從黑暗中升起，在無形的虛空中透過神性（即神的靈）顯化為光和形式。光創造了物質及形式，而後在逐步的形式發展中誕生生命，從植物、魚類、鳥類，再到其他動物。

　　創造力量的源頭被描述為「光」，並將每一種動物的出現描述為創造本質的一種表現形式，至於外觀則是「根據其種類而定」。最後，人被創造出來，擁有比其他生物更強大的力量，因此具有統治能力。接著，出現了命運的告誡，以避免人類陷入二元性及不真實的善與惡之中。善惡觀念與認知相互關聯，會使人生出不真實的信念。這個警告是必要的，因為人類是一種受限的生物（不像開悟的神靈），無法區分真相與謊言。

　　人類以有形的方式存在，並為地球上所有的動物命名，也有足夠的意識力量可以創造出信念。然而，在人類落入二元性的深淵後，把虛假當真，相信那些虛假之物是獨立存在的。人類創造了錯誤的偽現實信念後，便開始受制於羞恥、內疚、自大、自相殘殺、害怕懲罰及恐懼等痛苦。這種情況因神性化身及佛陀的出現而得到揭示，他們所帶來的訊息是：唯有超越二元性（在聖經

故事中指的是善與惡），才能找回對內在純潔本質的了悟。

　　人類意識被局限在一種容易受騙的層次，這在歷史上被歸因於人類有一種想要利用知識獲取權力的虛榮欲望，導致人在受造之後，很快就變得無知及容易被誤導。

　　意識等級低於 200 的行為，在歷史上被歸類為罪。所有偉大的靈性導師都告誡民眾要避免犯下這些罪行，因為其業力會帶來如地獄般的後果。然而，人類似乎無法在沒有幫助的情況下超越 200 的意識等級，所以需要借助於意識等級非常高的救主。僅僅是與他們站在一起，就能讓意識能量超越 200 這道關卡。

　　意識等級低於 200 的人缺乏心靈力，所以會以外力來代替。但是靈性要提升就非心靈力不可，它存在於不可見的靈性層面。救主以聖愛及真理的力量來拯救較低等級的意識，並透過能量場散發出來。經由禱告、奉獻或禮拜來表達宗教或靈修承諾，其價值在於虔誠能讓追隨者從神恩中受益，而這種恩典會透過神聖導師展現出來。

　　上述一切都可以透過肌肉測試來驗證。任何人只要想著或想像一個神聖的人物，就能夠使肌力轉強。因此，禱告及宗教或靈修的虔誠才會有如此快速且可驗證的正面效果。實際上，所有意識等級低於 600 的人都需要救主的協助，這意味著人類整體確實需要偉大靈性導師的貢獻。

　　根據上述說明，我們可以從幾個方面來觀察。多年來，數千名臨床醫師普遍觀察到的現象就是，某些刺激會使每個人在肌肉

測試時肌力轉弱。為了向廣大觀眾證明這項研究方法，通常是讓受測者看著日光燈，或手握殺蟲劑放在他們的太陽神經叢的位置。這種刺激確實會讓觀眾群中的每個人肌力轉弱。即使是看著演講廳前方一顆受到殺蟲劑汙染的蘋果，也會讓很多觀眾的肌力轉弱（相反的，只要想著一個神聖人物，就能使每個人的肌力轉強）。

曾有一次，一群人來到診所學習肌肉測試，令人驚訝的是，沒有任何一種負面刺激對他們產生影響，也就是說他們對外在的負面刺激有免疫力。詢問後，我們才發現這些人都是靈修者，而當時他們所修習的靈性指導課程叫《奇蹟課程》。這個發現非常重要，並啟動了更進一步的研究。研究中，讓打算學習一年《奇蹟課程》的學員，在正式學習前先接受一次測試，然後在學習過程中再陸續接受測試。當學員們練習到大約第七十五課〈學員練習手冊〉時，已經強大到不會受到負面刺激的影響。《奇蹟課程》是以寬恕的力量為基礎，用真理來取代小我的認知及其二元性的立場（簡而言之，就是以真理取代謬妄）。在《奇蹟課程》中，使學員產生這種轉變的關鍵一課是第三百三十八課──「只有我自己的念頭才影響得了我」。然而，若要完全吸收這一課的內容，前面所有課程都必須每天依照規定持續練習（《奇蹟課程》的真理等級是 600）。

另一個關於靈性力量的有趣觀察，是來自對戒酒無名會（Alcoholics Anonymous，簡稱 AA）的一項研究，這個靈性組織的整體能量場等級為 540（無條件的愛）。一般觀察到的現象

是，只要那些正在康復的人持續受到組織強大能量場的影響，就會保持清醒，但是當他們決定要「靠自己的力量」而離開 AA 時，很快就會故態復萌。因此，除非參與者的個人意識等級提升到 540 或以上，否則他們要完全康復就必須仰賴於群體的心靈力量。這個道理，就像是把鐵屑置於一個強大的磁力場一樣。

問：要如何解釋奇蹟？

答：「奇蹟」（miraculous）一詞源自牛頓學說模式，但牛頓學說卻受限於物質形式及因果假設的邏輯框架中。事實上，奇蹟只有從非線性領域才能理解。當靈性力量集中在錯誤的認知上時，錯誤的認知就會被不屬於邏輯範疇的實相觀點所取代。

　　在人類的經驗中，寬恕可能是最常觸發這種現象的力量，因為它能帶來療癒，並讓人重拾正面的靈性特質，比如愛。我們可以從參加二次大戰及後續戰爭的老兵身上，普遍看到這一點。先前彼此凶殘對陣的敵人早已寬恕了彼此，他們的仇恨被尊重及兄弟情誼所取代。

問：榮格引入了共時性的觀念，現在這個觀念是否更容易理解了？

答：佛洛伊德這個天才的意識等級是 499，而榮格是 540，由此可以看出榮格更能超越傳統邏輯的限制，看到及理解事物的真相。意識的躍升使得榮格能夠直覺地知曉「無形統御有形」，無形才是真正的心靈力所在。

意識的吸引子場能夠同時影響多個相距遙遠的事件，而且沒有明顯的原理或可能的原因可用來解釋這種現象。這種共時性無法在線性的次元中解釋。對於那些意識等級已經進化到超過 600 的人來說，奇蹟與共時性是生命的普遍模式。他們也證實了人們通常談到的意識特質：「能量隨著念頭變化」或「心想事成」。

有了這樣的理解基礎後，就不難理解觀想的有效性為何會變得眾所周知了。共時性意味著一種「量子」的相關性，而不是因果關係。這種相關性是一種無形領域的運作模式，能夠在明顯不同的時間和地點同時發生。也正是如此，成千上萬片鐵屑才能夠被單一電磁場所影響。在這個電磁場中，一點微小的變化就會導致可觀測事件的同步改變。

靈性力量能夠透過意識來影響眾多的個人心智，從而影響到事件是否發生。在日常生活中，雖然順序被歸類為邏輯和意圖的範疇，但事實上，每個人都了解到，順序的出現還包括很多無形的因素，例如心態、觀點、情感、吸引力及靈感。

人生正如我們所觀察及體驗的那樣，是無形領域中不可見之物為了促進意圖以及產生吸引或排斥反應，所做的安排及表現形式的結果。事實上，決定生活品質的並不是有形之物，而是它們對我們的意義。

令人高興的是，愛的念頭比起負面念頭，力量要強大許多。若非如此，這個星球早就沒有人會來講這些事了。

【附錄一】

各章真理等級

Part Four ／問與答

【附錄二】

意識地圖

神性觀點	生命觀點	等級	對數	情緒	過程
自性（大我）	如是	開悟⇧	700-1000	妙不可言	純粹意識
一切存在	完美	平和⇧	600	極樂	覺照光明
一體	完整	喜悅⇧	540	寧靜	易容顯光
愛	良善的	愛⇧	500	崇敬	天啟
有智慧的	有意義的	理性⇧	400	理解	抽象
仁慈的	和諧的	接納⇧	350	寬恕	超越
啟發性的	有希望的	意願⇧	310	樂觀	意圖
授與權力的	滿足的	中立⇧	250	信任	釋放
允許的	可行的	勇氣⇧	200	肯定	賦能
真理等級 ▲					
謬誤等級 ▼					
冷漠的	苛求的	驕傲⇧	175	輕蔑	自誇
想報復的	對立的	憤怒⇧	150	仇恨	侵略
拒絕的	失望的	欲望⇧	125	渴求	奴役
懲罰的	驚駭的	恐懼⇧	100	焦慮	退縮
輕蔑的	悲劇的	悲傷⇧	75	懊悔	消沉
譴責的	無望的	冷漠⇧	50	絕望	上癮
懷恨的	邪惡的	愧疚⇧	30	指責	破壞
鄙視的	悲慘的	羞恥⇧	20	恥辱	消滅

【附錄三】
如何測定意識等級

基本資訊

　　意識的能量場是無限的，現在將與人類意識對應的等級區分為 1 至 1000 的測定值（見附錄二的意識地圖）。這些不同的能量場反映並支配人類的意識。

　　宇宙萬物都有各自的振動頻率，或者說是永久停留在意識場中的微小能量場。因此，凡是曾經來過這個世界的人或生命，以及與之相關的點點滴滴，包括事物、想法、行為、感覺或態度，都會被永久記錄下來，並可在當下或未來的任何時候檢索。

肌肉測試的技巧

　　對某種具體刺激，肌肉測試的反應是簡單的「是」或「不是」（否）。一般是請受測者將一條手臂平舉，由施測者用兩根手指輕輕地在手腕處施壓。測試時，通常是讓受測者用另一隻手將待測物拿到太陽神經叢前面，而施測者要對受測者說「抵抗」，如果檢測物對受測者有益，手臂肌肉會變強。相反的，如果無益或是會有不良影響，

手臂肌肉會變弱。這種反應短而快速。

提醒：除了留意動機與意圖之外，施測者與受測者雙方的能量等級
　　　都要超過200，才能得到精準的測試結果。

　　測試小組的意識等級越高，測試結果就越準確。最好抱持客觀而超然的態度，在提出陳述句之前加上這段話：「以至善之名，○○○（待測物的名稱或題目）的測試為真，其測定值大於100、大於200……」將數值持續往上提高，直到獲得負面反應為止。「以至善之名」的前綴詞可以重建測試情境，有助於提高準確度，因為至善超越了自私的個人利益與動機。

　　多年來，這項測試都被認為是人體經絡系統或免疫系統的局部反應。但是，後來的研究發現，這根本不是身體的局部反應，而是意識本身對某個物質或某句話的回應。凡是真實的、有益的、能滋養生命的，客觀的意識場都會給予正向回應，這個意識場就存在於每一個活著的人身上。正向回應，是指身體的肌肉組織力量變強，還有一個相關的瞳孔反應（遇到虛假事物時，瞳孔會擴張，而真實事物則會讓瞳孔收縮），從磁振造影也可以看出大腦功能的變化。通常三角肌是肌肉測試的最佳指標肌，但其實，身體任何部位的肌肉都可以，比如腓腸肌就是開業醫師（如脊骨神經醫師）最常運用的部位。

　　在提出問題（以陳述句的形式）之前，務必要取得許可；也就是說，要先聲明：「我獲准可以詢問心裡的問題。」（是／否）；或是

「這項測試是為至善而服務的。」（是／否）

　　如果陳述句是假的或某個物質是有害的，肌肉對「抵抗」指令的反應會立刻變弱。這表示該刺激是負面的、不真實的、不利於生命的，或者答案為「否」。反應會來得快而短暫，接著身體會迅速回復到正常的肌力。

　　進行肌肉測試的方法有三種。本研究使用的是最普及的一種，需要人數為兩個人：施測者與受測者。場地以安靜為宜，沒有背景音樂。受測者閉上眼睛，**施測者必須將要問的問題調整為陳述句（而非疑問句）**。接著，以肌肉反應來代表「是」或「否」，作為陳述句的答覆。例如，詢問「這匹馬健康嗎？」是不正確的措辭，要改為正確的陳述句問法：「這匹馬很健康。」或反過來：「這匹馬生病了。」

　　說出陳述句之後，施測者要伸出兩根手指，以溫和的力道按壓受測者平舉的手腕（手臂要平舉與地面平行），同時告訴受測者：「抵抗。」受測者的手臂可能仍維持有力，代表答案為「是」，或是變得軟弱無力，代表答案為「否」。所有問題的回應都是短而快速的。

　　第二種測試方法是 O 環測試，可以單人進行。同一隻手的拇指與中指相抵，形成牢固的 O 形環，然後用另一隻手的食指勾住 O 形環以拉開此環。結果為「是」時，O 形環很難拉開；結果為「否」時，O 形環相對變弱，兩者會有明顯的差別。

　　第三種方法最簡單，但跟其他兩種方法一樣，也需要一些練習。從及腰高的桌子上拿起一個重物，例如大部頭的辭典或兩塊磚頭。首先，心裡要想著待檢測物或是一句真實的陳述，然後再拿起重物。接

著，心裡想著已知不實的事物或陳述句，作為對照。當你心裡想的東西是真的時，能夠輕鬆地拿起重物，而如果受測物是錯誤的（虛假不實的），拿起重物會較吃力。這個測試結果，可以用另外兩種方法來驗證。

特定等級的測定

測定值 200 的等級是正與負、真與偽、建設性與破壞性之間的分界點（見附錄二的意識地圖）。測定值高於 200 的任何事物或陳述句為真時，受測者的肌肉測試為強，而低於 200 的事物或陳述句的答案為否時，受測者的手臂肌肉會轉弱。

過去或現在的任何事物都可以測試，包括圖像、陳述、歷史事件或人物，可以不用說出口。

數值測定

問題舉例：「拉瑪那・馬哈希的教誨測定值高於 700」（是／否）；「希特勒的測定值高於 200」（是／否）；「在他二十歲時」（是／否）；「在他三十歲時」（是／否）；「在他四十多歲時」（是／否）；「在他死後」（是／否）。

適用範圍

　　肌肉測試不能用在預測未來；除此之外，沒有其他的提問限制。意識沒有時間及空間的限制；但請求詢問許可時，有可能會被拒絕。所有當前發生的事與歷史事件都可以問，所得出答案是非個人性的、客觀的，不會受到施測者或受測者的信念所影響。比如說，原生質會因為有害的刺激和肉體流血而退縮，這些都是受測物質的特性，是客觀的。意識其實只知道真相，因為只有真相是實際存在的。意識不會回應虛假不實的東西，因為虛假之物不存在於實相中；意識也不會回應不正直或自私自利的問題，例如我是否應該買某一張股票。

　　精確來說，肌肉測試的結果就像電源開關，不是「開」就是「沒開」——也就是電力是否接通。這樣的類比相當微妙，但對於了解意識的本質卻是不可或缺的認知。意識只能辨識出真相，不會對虛假之物產生任何回應。正如只有鏡子前面有東西時，鏡子中才會出現影像；假如鏡子前面空無一物，就不可能有鏡像。

能量等級的測定

　　要測定能量等級，先要有明確的參照量表。要檢測出與附錄二相同的數值，便必須把該表格設為參照量表，或是做出類似的陳述：「將人類意識設定為 1 至 1000 的幾個等級，600 代表開悟，這個○○○（待測物）測定值超過○○○（某個數值）。」或是：「在意

識量表上，200 代表真實的等級，而 500 是愛的等級，那麼這句話的測定值超過了○○○（某個具體數值）。」

陳述的資訊要明確

辨別真偽通常是大家最感興趣的，因此陳述句必須說得非常具體明確。措辭不要模棱兩可，例如：「這是不是值得應徵的好工作？」好的標準是什麼？是薪水，還是工作環境？是升遷的機會，還是老闆公私分明？

肌肉測試的精準度

熟悉肌肉測試以後，測試會越來越直指核心。正確問題會開始湧現出來，而且答案會出奇地精準。同一組施測者與受測者在合作一段時間後，其中一人或雙方會發展驚人的準確度，有能力提出正中紅心的問題，即便兩人中有一方完全不知道自己要測試的主題是什麼。比方說，施測者遺失了一件物品，第一問是：「我把東西忘在辦公室了。」（回答：否）。「掉在車上。」（回答：否）。忽然間，受測者就像親眼看見那樣東西一樣，說道：「掛在洗手間的門後面。」（回答：是）在這個實際發生的例子中，受測者完全不知道施測者曾經把車子停在加油站加油，並把外套忘在加油站的洗手間裡。

只要是獲准詢問的事，不論這件事發生在當下或過去的時空，不

論地點在哪裡，都能夠透過測試來取得想要的資訊（有時，一個人在請求測試許可時會遭到拒絕，即得到「否」的答案，這可能是業力或有其他不明原因）。藉由交叉測試，可以輕易確認準確度。只要學會肌肉測試，可以立即取得的資訊會比全世界的電腦與圖書館中的資料更豐富。因此，肌肉測試顯然具有無限的潛力，且有驚人的前景。

肌肉測試的限制

大約有一〇％的人口，由於未知的因素無法使用肌肉測試的技巧。此外，唯有受測者本身的測定值在 200 以上、進行測試的意圖是正直的，而且測定值超過 200，測試結果才會準確。對受測者的要求，是具備超然的客觀性，追求的是真相，而不是主觀意見。因此，企圖證明某個觀點，本身的動機就不符合要求。有時候，夫妻會因為尚未發現的原因，無法擔任彼此的受測者，可能必須找第三者來當測試夥伴。

適合擔任受測者的人，在心裡想著喜愛的事物或某人時，手臂的肌肉是強大有力的；反之，想著負面事物時（恐懼、怨恨或愧疚等等），手臂肌肉會變弱。例如，想著邱吉爾會使肌肉力量變強，而想著賓拉登會使肌肉力量變弱。

偶爾，合適的受測者會給出自相矛盾的回答。這時候，通常敲一敲胸腺便可解決（握拳，面帶微笑地在胸骨上方敲三下，每次敲打時都要說「哈－哈－哈」，同時在心裡想著所愛的人或事物）。敲打胸

腺可以排除暫時的失衡現象，這是約翰‧戴蒙（John Diamond）博士所發現的方法。

失衡可能是因為最近和消極、負面的人待在一起，或是聽重金屬搖滾樂、看暴力的電視節目、玩暴力的電動遊戲等等。負面音樂的能量會為人體的能量系統帶來不良影響，這種影響會持續到音樂關掉半小時後才終止。此外，電視廣告或背景音樂也是負能量的常見來源。

如前所述，這種辨別真偽的方法與能量等級測定都有嚴格的條件要求。由於這些限制，在《真與偽》（*Truth vs. Falsehood*）一書中提供了各個領域、多達七千項的測試項目，可以供讀者參考。

補充說明

肌肉測試與個人意見或信念無關，這是意識場的統一回應，而不是針對個人的回應。測試時，不論是說出陳述句或默念，都會觀察到同樣的測試回應，可見測試結果是客觀的。所以說，受測者不會受到問題影響，有時他們連問題是什麼都不知道。要證明這一點，請做以下練習：

施測者在心裡觀想一個受測者不知道的畫面，並且說：「我心裡觀想的畫面是正面的。」（或「是真實的」，或「測定值在 200 以上」）受測者聽到指令後，抵抗住被往下壓的手腕。如果施測者心裡想的是正面的畫面（例如林肯、耶穌、德蕾莎修女），受測者的手臂肌肉會變強。如果施測者想的是虛假不實的陳述或負面的影像（例如

賓拉登、希特勒），手臂肌肉會變弱。由於受測者不知道施測者心裡想的是什麼，因此測試結果不受個人信念的影響。

正確的肌肉測試技巧

正如伽利略的興趣是天文學而不是製造望遠鏡，高階意識研究所致力的是意識的研究，而不是專門用於肌肉測試。在《心靈能量》的光碟中，我們演示了肌肉測試的基本技巧。若要取得更多與肌肉測試有關的進一步資訊，可以上網查詢肌肉動力學（kinesiology）。此外，相關的學院也有大量的參考資料，比如應用肌肉動力學學院（College of Applied Kinesiology, www.icak.com）與其他教育機構。

對肌肉測試的駁斥

懷疑論者（測定值 160）與犬儒主義者、無神論者，其測定值都在 200 以下，因為他們反映出未審先判的負面態度。相較之下，真正的探尋者要有開放的胸襟，以及不會對知識產生自負的誠實態度。駁斥肌肉測試所做的負面研究，測定值都低於 200（通常是 160），研究人員本身的測定值也一樣。

一般人可能會感到意外的是，即使是聲名顯赫的教授，他們的測定值也可能低於 200，確實是有這樣的情形。所以說，負面研究就是偏見的結果。舉個例子，英國生物學家弗朗西斯・克里克（Francis

Crick）的研究設計，讓他發現了 DNA 雙股螺旋模式（測定值 440），
但他最後的一項研究，目的是證明意識只是神經元活動的產物，測試
值只有 135（他是個無神論者）。

研究者本人的失格或研究設計有疏失，測定值都低於 200（通常
是 160），這證實了他們所宣稱的不實測試法反而是正確的。他們應
該得到負面的結果，而確實也是如此，這弔詭地證實了肌肉測試可以
偵測出公正與不公正之間的差異。

任何的新發現都可能造成混亂，威脅到大行其道的信念系統的地
位，因而被視為威脅。肯定靈性實相的意識研究，當然會遇到阻力，
因為它實際上是跟小我的自戀本質直接對抗，挑戰小我的統治權，而
小我天生就是專橫又固執的。

意識等級低於 200 的人，他們的理解力是由低階心智（Lower
Mind）所主導，低階心智可以辨識事實，但無法了解「真相」一詞
的意義（它們常將本身的想法與外在的觀察混為一談），而真相引發
的生理反應完全跟虛妄不一樣。此外，透過聲音分析、肢體語言研
究、瞳孔反應、腦電圖變化、呼吸與血壓變化、膚電反應、探測術或
甚至是測量氣場範圍的胡納技巧（Huna technique），都可以知道真
相是直觀的，由直覺得知的。有人使用非常簡單的技巧，直接把站立
的身體當成靈擺使用（向前傾為「真」，向後傾為「偽」）。

從宏觀的視界來看，普遍存在的一個原則是「謬誤者不能證明真
理為假」，就如同「黑暗不能證明光明為假」的道理一樣。非線性不
受制於線性的局限，而真理是超脫於邏輯之外的典範轉移，因此是不

可證明的，能夠證明的只有在測定值為 400 之內的東西。意識的研究方法都位於能量測定值 600 的高階等級，那是線性與非線性維度的分界處。

不一致的測試結果

隨著時間推移或是不同的調查人員，可能會得出不同的測定值，原因如下：

一、情況、相關人物、時局、政策及心態隨著時間改變了。

二、當人們把某件事記在腦子裡時，往往會使用不同的感官模式，例如視覺、觸覺、聽覺或感覺。因此，當你想起母親時，可能想的是她的樣子、她給人的感覺、她說話的口吻等等；或者提到亨利・福特時，你所得出的不同結果，可能是因為他代表不同的角色：父親、實業家、對美國的影響或反猶太等等。

三、精確度會隨著意識等級往上升而提高（測定值 400 以上最精確）。同一組測試夥伴執行同樣的技巧，更可能得到一致的結果。等到測試經驗更豐富以後，測試技能也會跟著改善。但如果無法抱持客觀、超然的態度，測驗結果當然不可能準確。窮究真相的決心與意圖，必須凌駕於個人意見之上，不能企圖利用肌肉測試來證明自己是「對的」。

──────── 作者介紹 ────────

　　霍金斯博士是國際知名的靈性導師、作家、演講人，專精的主題是高階的靈性狀態、意識研究，以及證悟高我就是人類覺醒的神性。

　　他出版的著作及錄製的講堂內容，因為本身的學經歷背景，而普遍被視為相當珍貴且獨一無二。霍金斯博士具備科學及臨床醫學背景，也親身經歷了非常高階的靈性覺知狀態，最後又能將這種不尋常的現象化為文字語言，解釋得清楚又易於理解

　　在《心靈能量：藏在身體裡的大智慧》（*Power vs. Force*, 1995）、《真我之眼》及《真我：實相與主觀性》（暫譯，*I: Reality and Subjectivity*, 2003）三部曲中，描述了從心智正常的自我狀態過渡到被臨在取代的過程，第一部曲甚至獲得德蕾莎修女的讚譽，並翻譯為世界上的各大語言。《真與偽：辨別的方法》（暫譯，*Truth vs. Falsehood: How to Tell the Difference*, 2005）、《超越意識層》（暫譯，*Transcending the Levels of Consciousness*, 2006）、《發現神的臨在：修練非二元性》（暫譯，*Discovery of the Presence of God: Devotional Nonduality*, 2007）、《實相、靈性與現代人》（暫譯，*Reality, Spirituality and Modern Man*, 2008）則持續探索小我（我執）的表達及局限，以及如何超越這些限制。

　　在三部曲問世之前，霍金斯博士研究的是意識的本質，研究成果發表為博士論文〈人類意識等級的定性與定量分析暨校準〉（暫譯，Qualitative and Quantitative Analysis and Calibration of the Levels of Human Consciousness, 1995），將乍看之下毫不相干的科學及靈性領域銜接起來。霍金斯能夠進行這項研究，要感謝一項重要的技術問世，這是人類史上首度出現的辨別真偽的方法。

　　《腦心公報》（Brain/Mind Bulletin）雙月刊相當肯定這一份研究論文，認同其重要性，並以不少篇幅進行評論，後來這篇論文也在包括科學暨意識國際大會（International Conference on Science and Consciousness）、英格蘭的牛津論壇（Oxford Forum）等海內外多個場合公開發表，均廣受好評，現場聽眾有各種組織、靈性研討會、教會團體、修女及僧侶等等。而在遠東地區，霍金斯博士則被一致推舉為「開悟之道的導師」。霍金斯博士觀察到，許多屬靈真理都缺乏闡述，長期遭到誤解，有鑑於此，他每個月都會舉辦研討會提供詳細的解釋。不過，這些解釋因為過於冗長而不適合出書，因此只能以影片方式呈現，最後並留有問與答的時間，提供進一步的澄清。

　　他將畢生的精力投注在從意識進化的角度來重新看待人類的經驗，並整合對心智與靈性的理解，因兩者都是內在神性的展現，而內在神性則是生命與存在的基礎及活水源頭。他的此番奉獻可以總結為一句話：「榮耀歸主」，這也是他在著作中自始至終所秉持的精神。

生平簡介

霍金斯博士是美國精神醫學學會（American Psychiatric Associa-tion）及許多專業組織的終生會員，從一九五二年起開始成為精神醫學的執業醫師，也先後應邀在全美電視節目現身，包括《麥尼爾與李爾新聞時間》（*MacNeil/Lehrer NewsHour*）、《芭芭拉‧華特斯秀》、《今日秀》（*The Today Show*）、科學紀錄片等等，並曾接受歐普拉專訪。

霍金斯博士有許多科學及靈性的相關出版物、CD、DVD 及講座系列，也與諾貝爾化學獎得主萊納斯‧鮑林（Linus Pauling）合作劃時代的《分子矯正精神醫學》（*Orthomolecular Psychiatry*）一書。身為研究人員、醫師及靈性導師的多重身分，讓他廣受矚目，其生平分別被載入《美國名人錄》及《世界名人錄》。

霍金斯博士在聖公會、天主教教區、修道院及其他宗教組織擔任顧問多年，並應邀在各地講學，包括牛津論壇、西敏寺、阿根廷大學、聖母大學（University of Notre Dame）、密西根大學、福坦莫（Fordham）大學、哈佛大學，以及加州大學醫學院年度蘭茨堡講座（Landsberg Lecture）。

他也曾經出任國際政策顧問，協助化解長期的衝突，致力於排除破壞世界和平的重大威脅。由於人道工作上的貢獻，於一九九五年受封為耶路撒冷聖約翰主權教團（Sovereign Order of the Hospitallers of St. John of Jerusalem）騎士，該教團於一〇七七年創立。

❦❧　致謝　❦❧

感謝眾多靈修學生的熱情，以及他們踴躍提出的相關問題。

特別感謝林恩・詹森（Lynn Johnson）的研究和資料蒐集；蘇珊・霍金斯（Susan Hawkins）不眠不休的研究、勇於挑戰的參與，以及她啟發人心的直覺。

感謝文振熙（音譯，Moon Jin Hee）博士、Radha Soami 禪修中心、章景錫（音譯，Kyong-Suk Jahng）將軍和他們的靈修社群。感謝他們能夠堅守靈修本心，另外感謝文博士的韓語翻譯。

感謝大韓民國國會議員的盛情好客與慷慨。

感謝索尼婭・馬丁（Sonia Martin）為編寫和編輯稿件所花的心力。

———— 參考書目 ————

A Course in Miracles, 1975. Foundation for Inner Peace. Amityville, NY: Coleman Graphics.

"Applied Kinesiology." *Time*. April 16, 2001.

Barnes, T. 1999. *The Kingfisher Book of Religions*. Kingfisher, New York.

___. 1980. *Wholeness and the Implicate Order*. London: Routledge & Kegan Paul.

Briggs, J. And Peat, F.D. 1989.*Turbulent Mirror: An Illustrated Guide to Chaos Theory and the Science of Wholeness*. New York: Harper & Row.

Brinkley, D. 1994. *Saved by the Light*. New York: Villard Books/Random House.

Diamond, J. 1979. *Behavioral Kinesiology*. New York: Harper & Row.

Eadie, B. J.1992.*Embraced by the Light*. Placerville, California: Gold Leaf Press.

Glerck, J. 1987. *Chaos: Making a New Science*. New York: Viking Penguin.

Hawkins, David R. 1986."Consciousness and Addiction." (Videotape) Sedona, Arizona: Veritas Publishing.

___. 1986. Sedona Lecture Series: "Map of Consciousness"; "Death and Dying"; "Hypertension and Heart Disease"; "Cancer'; and "Alcohol and Drug Addiction." (Videotapes) Sedona, Arizona: Veritas Publishing.

___. 1986. Twelve Lectures: "Weight"; "Alcoholism"; "Illness"; "Health"; "Spiritual First Aid"; "Pain and Suffering";"Sex";"Worry, Fear, and Anxiety"; "The Aging Process", and "Handling Major Crises". (Video-tapes) Sedona, Arizona: Veritas Publishing.

___. 1995. *Power vs. Force: An Anatomy of Consciousness*. Sedona, Arizona: Veritas Publishing.

___. 1995."Power vs. Force." (Videotape) Sedona, Arizona: Veritas Publishing.

___. 1995. *Quantitative and Qualitative Analysis and Calibration of the Levels of Human Consciousness*. Sedona, Arizona: Veritas Publishing.

___. 1996."Realization of the Presence of God." Concepts. July 1996, 17-18.

___. 1997. "Consciousness and Spirituality." (Videotape) Sedona, Arizona: Veritas Publishing.

___. 1997. "Dialogues on Consciousness and Spirituality." Sedona, Arizona: Veritas Publishing.

___. 2001. "The Nature of Consciousness: How to Tell the Truth About Anything." Sedona, Arizona: Veritas Publishing.

Henon, J. 1976."Mapping with a Strange Attractor." *Com. Math. Physics*: 50, 69-77.

History and Culture of Buddhism in Korea, 1993. Korean Buddhist Research Institute. Seoul Korea: Dongguk University Press.

Huang Po. 1958. *The Zen Teaching of Huang Po: On Transmission of the Mind*. John Blofield, trans. New York: Grove Press.

1969. *Bhagavad-Gita – Essays*. Pasadena, California: Theosophical University Press.

Jung, CJudge, W.O. . G. 1973. *Synchronicity as a Causal Connecting Principle*. R. F. Hull.

Korean Buddhism, Chogye Order, 1996. Seoul, Korea: Ven. Song Wol-Ju, Kum Sok Publishing Co.

Lamsa, G. M. 1933. *Holy Bible from Ancient Eastern Manuscripts (Aramaic, Peshotta)*. Philadelphia: A. J. Holmes & Co.

Lamsa, G. M. 1957. *Holy Bible from Ancient Eastern Manuscripts*. Philadelphia: A. J. Holmes & Co.

Lee, Yang Hee. 1999. *Omniology "Secret of Cosmos."* Koyang City, Korea: Wisdom Publishing Co.

Maharaj, Nisargadatta. 1973. *I Am That*. Bombay, India: Chetana.

Maharshi, Ramana. 1958. *Collected Works*. Madras, India: Jupiter Press.

Maharshi, Ramana. 1972. *Spiritual Teachings*. Boulder, Colorado: Shambala.

Monroe, R. 1971. *Journeys Out of the Body*. New York: Anchor/Doubleday.

Pelmen, M., and Ramsay, J. 1995. *Juan Yiu*. San Francisco: Thorsons.

Rahula, Walpola. 1959. *What the Buddha Taught*. New York: Grove Press.

Rodriguez, M. 1995. "Quest for Spiritual Rapid Change," in *Rediscovering the Soul of Business*. Defeore, B., and Renalch, J. (Eds.). San Francisco: New Leaders Press, Sterling and Stone, Inc.

Rosband, S. N. 1990. *Chaotic Dynamics of Non-Linear Systems*. New York: John Wiley & Sons.

Ruelle, D. 1989. *Chaotic Evolution and Strange Attractors: Statistical Analysis of Time Series for Deterministic and Nonlinear Systems*. New York: Cambridge University Press.

Stewart, H. B. and Thompson, J. M. 1986. *Nonlinear Dynamics and Chaos*.

New York: John Wiley & Sons.

The Teachings of Buddha. 1966. Tokyo: Bukkyo Dendo Kyokai, Kosardo Printing Company.

Varvoglis, M. 1994."Nonlocality on a Human Scale…Consciousness Research." *Toward a Scientific Basis for Consciousness; an Interdisciplinary Conference*. University of Arizona, Health Sciences Center, Tucson, Arizona, April 12-17, 1994.

Wang, L., et al. 2001. *Nature*, July 20.

Yorke, J. A., and Tien-Yien, L. 1975. "Period Three Implies Chaos." *American Math Monthly* 82, 985-992.

國家圖書館出版品預行編目資料

真我之眼：讓虛幻無所遁形的真實覺醒世界 / 大
衛·霍金斯作；魏佳芳譯. -- 初版. -- 臺北市：
三采文化股份有限公司, 2022.05
　　面；　公分. -- (Spirit；35)
譯自：The eye of the I：from which nothing
is hidden.
ISBN 978-957-658-576-0(平裝)

1. 靈修

192.1　　　　　　　　　　　110008117

◎封面圖片提供：
LedyX / Shutterstock.com

suncolor 三采文化集團

Spirit 35

真我之眼：
讓虛幻無所遁形的真實覺醒世界

作者｜ 大衛·霍金斯博士 David R. Hawkins, M.D., Ph.D.　 翻譯｜ 魏佳芳
企劃主編｜ 張芳瑜　 特約執行主編｜ 莊雪珠
美術主編｜ 藍秀婷　 封面設計｜ 高郁雯　 內頁排版｜ 曾綺惠　 校對｜ 黃薇霓

發行人｜ 張輝明　 總編輯｜ 曾雅青　 發行所｜ 三采文化股份有限公司
地址｜ 台北市內湖區瑞光路 513 巷 33 號 8 樓
傳訊｜ TEL:8797-1234　 FAX:8797-1688　 網址｜ www.suncolor.com.tw
郵政劃撥｜ 帳號：14319060　 戶名：三采文化股份有限公司
本版發行｜ 2022 年 5 月 20 日　 定價｜ NT$550

THE EYE OF THE I: From Which Nothing Is Hidden By David R. Hawkins, M.D., Ph.D.
Copyright © 2001 by David R. Hawkins
Original English language publication 2001 by Veritas Publishing, Arizona, USA
Traditional Chinese edition copyright © 2022 by Sun Color Culture Co., Ltd.
All rights reserved.